Tilman Fichter/
Siegward Lönnendonker

Kleine Geschichte des SDS

Der Sozialistische Deutsche Studentenbund von 1946 bis zur Selbstauflösung

Rotbuch Verlag
Berlin

Bitte verlangen Sie vom Verlag den kostenlosen Almanach »Das kleine Rotbuch«. Postkarte genügt:

Umschlag Monika Funke
Satz und Druck Fuldaer Verlagsanstalt, Fulda
Printed in Germany.
ISBN 3 88022 174 x

Inhalt

Vorbemerkung

Das Buch hat zwei Ebenen. Den Text, in dem die politische Linie durchgehend dargestellt wird, und einen umfangreichen Anmerkungsapparat. Darin werden weniger Zitate nachgewiesen als Informationen geliefert, die für das Verständnis der Geschichte des SDS und der gesellschaftlichen Rahmenbedingungen notwendig sind, jedoch den Haupttext unleserlich machen würden. Unsere Anmerkungen sind also keine Fußnoten, um den Text krampfhaft zu verwissenschaftlichen, sondern notwendiger Bestandteil der politischen Argumentation. Wer es sich zeitlich leisten kann, sollte das Bändchen vielleicht doch zweimal lesen, einmal ohne Anmerkungen und das zweite Mal beides zusammen.

Im März dieses Jahres haben wir uns relativ kurzfristig entschlossen, dieses Buch zu schreiben, und zwar hauptsächlich aus Verärgerung über einige hingehauene Veröffentlichungen anläßlich des 10. Jahrestags der Erschießung von Benno Ohnesorg.* Eine Reihe von politischen Positionen, die in der antiautoritären Studentenbewegung nur eine marginale Bedeutung hatten und inzwischen zu Sekten verkommen sind, spielen sich heute als legitime Nachfolger der damaligen Massenbewegung auf. Das hindert sie jedoch nicht, wie der Teufel das Weihwasser gerade die Eigenschaften zu meiden, die den SDS seit spätestens Anfang der 60er Jahre vor allem auszeichneten: Ablehnung jeglicher Bevormundung und kritische Distanz gegenüber jedwedem tradierten Führungsanspruch der Arbeiterparteien. Mit der sich totlaufenden Mao-, Lin-, Tschou-, Tschiang-, Teng- usw. -Bewegung einerseits und dem wahrscheinlich kurzen undogmatischen Frühling der von selbsternannten Stadtteilindianern gegründeten Mescalero-Stämme andererseits scheint es uns jetzt sinnvoll, die historischen Erfahrungen des SDS wieder in die Diskussion einzubringen.

In Seminaren mit Jungarbeitern, Schülern und Studenten zeigte sich, daß man heute Kenntnisse über die deutsche Nachkriegsgeschichte nicht mehr einfach voraussetzen kann. Deshalb ist dies Büchlein bis zu einem gewissen Grade auch eine kleine Geschichte der Bundesrepublik Deutschland, besonders der Sozialdemokratie nach Hitler. Soweit das in diesem Rahmen überhaupt möglich ist, versuchen wir, eine lesbare und übersichtliche Gesamtdarstellung der Organisationsgeschichte und der Politik des SDS zu geben.

Um unsere Hauptthese zu verdeutlichen, daß es dem SDS Mitte der 60er Jahre gelungen ist, an den seit ca. 100 Jahren von Rechten beherrschten Universitäten eine Tendenzwende nach links zu initiieren und voranzutreiben, skizzieren wir im Vorwort und im 1. Kapitel kurz die Geschichte der deutschen Studentenschaft seit den Freiheitskriegen.

Berlin, Juli 1977

Tilman Fichter
Siegward Lönnendonker

Vorwort

Die politische Geschichte der deutschen Studentenschaft im industriellen Zeitalter läßt sich grob in drei Phasen einteilen: die fortschrittlich bürgerlich-republikanische Periode bis 1848, die nationalkonservativ-völkische und aggressiv antisemitische Phase bis 1945 mit ihren Auswirkungen bis Anfang der 60er Jahre und die Wende nach links seit ungefähr 1965.
In der ersten Hälfte des 18. Jahrhunderts war die deutsche akademische Jugend noch für Ideen eingetreten, die man weder als außenpolitisch aggressiv-chauvinistisch noch als innenpolitisch erzkonservativ bezeichnen kann: der Kampf gegen die Kleinstaaterei und für die Einheit des Reiches einschließlich des katholischen Österreichs und Süddeutschlands, die Verwirklichung der bürgerlichen Freiheiten und die Gründung einer allgemeinen deutschen Studentenschaft.
Die Kette immer neuer politischer Niederlagen führte die Studenten von individueller Enttäuschung über den Verlust ihrer politischen Identität schließlich zu opportunistischer Anpassung an die bestehenden Machtverhältnisse. Dieser Prozeß sei hier durch einige Daten skizziert: Der Kampf der studentischen Freiwilligen in den Freiheitskriegen 1813-1815 gegen die Armee Napoleons, oft auch gegen die eigenen Könige oder Fürsten, die mit Napoleon Bonaparte paktierten; die »Heilige Allianz« fast aller europäischen Monarchen gegen das »Gespenst« der bürgerlichen Revolution; das Wartburgfest der deutschen Burschenschaften am 18. Oktober 1817; die Ermordung des konservativen Schriftstellers August von Kotzebue durch den republikanischen Studenten Carl Ludwig Sand und als Reaktion darauf die Karlsbader Beschlüsse 1819, durch die die »Allgemeine Deutsche Burschenschaft« illegalisiert, massenhaft Berufsverbote verhängt und die »Demagogenverfolgungen« eingeleitet wurden. Der Restauration war es noch einmal gelungen, die Generation von Akademikern, die in den Freiheitskriegen politisch sozialisiert worden war, durch Repression an die Kandare zu nehmen. Das Wiedererstarken des studentischen politischen Selbstbewußtseins und schließlich — ermutigt durch die Pariser Juli-Revolution von 1830 — das demonstrativ öffentliche Auftreten der verbotenen Burschenschaften auf dem »Hambacher Fest«, einem traditionellen Volksfest, am 27. Mai 1832; erneute Verfolgungen und das Verbot, die Farben Schwarz-Rot-Gold zu tragen; wer einen republikanischen Freiheitsbaum aufstellte, wurde eingekerkert. Am 3. April 1833 stürmten Studenten mit schwarz-rot-goldenen Schärpen die Hauptwache in Frankfurt am Main. Dieser dilettantisch vorbereitete und wahrscheinlich durch Spitzel verratene Versuch einer direkten Aktion war als Fanal für eine bürgerliche Revolution in Deutschland gedacht. Die auf ihre Souverä-

nität bedachten Könige und Fürsten waren bei solchen Anlässen durchaus zu einer negativen Einheit fähig: Sie reagierten mit einer »Zentraluntersuchungskommission« und ergriffen Maßnahmen, die die Demagogenverfolgungen des Jahres 1819 weit in den Schatten stellten. Eine willfährige Justiz verhängte 39mal die Todesstrafe wegen Hochverrats, die später in hohe Freiheitsstrafen umgewandelt wurden; das ach so liberale Kammergericht in Berlin verurteilte bis 1836 allein 204 Studenten. Schließlich die gescheiterte bürgerliche Revolution von 1848/49. Auf den Barrikaden in Dresden, Leipzig, Frankfurt, Breslau und Berlin kämpften die Studenten ebenso wie im Rheingebiet und in Baden Seite an Seite mit Handwerksburschen und Bürgern. Innerhalb von 35 Jahren war die akademische Jugend trotz der langen Zwischenphasen von Illegalität, Berufsverboten und Bespitzelungen dreimal zum Kampf für die bürgerlichen Freiheiten und die Einheit Deutschlands angetreten und hatte dreimal eine entscheidende Niederlage erlitten.
In der Phase der Restauration bestimmten zunehmend nur noch zwei Fragen das politische Selbstverständnis der Burschenschaftler: die Auseinandersetzung um den Grundsatz der unbedingten Genugtuung mit der Waffe (Satisfaktion) und der Antisemitismus. Prof. Heinrich von Treitschke mit seinem Traum vom »heldischen Nationalismus«, der Hofprediger des preußischen Königshauses Prof. Dr. Adolf Stoecker und der früher republikanische, später aggressiv antisemitische Turnvater Friedrich Ludwig Jahn, das waren die neuen Idole der politisch geschlagenen und zunehmend verängstigten Studentenschaft. Akademische Lehrer, die wie Theodor Mommsen, Gustav Droysen, Rudolf Virchow oder Werner von Siemens öffentlich gegen Antisemitismus, preußischen Kadavergehorsam und das Image des korporierten Reserveleutnants auftraten, waren im Bismarckschen Kleindeutschland bald hoffnungslos isoliert. Die bürgerliche Jugendbewegung zu Beginn des 20. Jahrhunderts war eine unpolitische bürgerliche Kulturrevolution gegen den unerträglichen Mief und das Duckmäusertum im Wilhelminischen Deutschland. Der größte Teil der akademischen Jugend begrüßte begeistert den Ausbruch des ersten imperialistischen Weltkriegs. Am 10. November 1914 stürzten sich bei Langemarck Tausende von Studenten und Abiturienten mit dem Deutschlandlied auf den Lippen in die Maschinengewehrgarben der Briten: ein militärisch vollkommen sinnloser kollektiver Selbstmord, der sich nur zum Teil durch die unselige Verstrickung in Germanisierungsdünkel, Deutschtümelei, England- und Frankreichhaß und menschenfeindlichen Antisemitismus erklären läßt. Die momentane menschliche Solidarität zwischen Studenten und Arbeitern im Schützengraben blieb eine Episode. In den Materialschlachten des Ersten Weltkrieges entstand kein Bündnis zwischen den »Arbeitern der Faust« und den »Arbeitern der Stirn«. Die obrigkeitsstaatliche Tradition war so stark, daß die Studenten-

schaft in der Weimarer Republik mehrheitlich im nationalkonservativ-völkischen Lager verharrte. Die erschreckende Verelendung der Studenten während der Inflation und der Weltwirtschaftskrise und die Angst vor der drohenden Proletarisierung trieben die akademische Jugend in die Arme Hitlers. Als den Nazis klar wurde, daß die deutschen Akademiker die Bücherverbrennungen, die Vertreibung jüdischer, bürgerlich-demokratischer und marxistischer Intellektueller ins Exil, schließlich sogar die Reichskristallnacht duldeten oder teilweise unterstützten, konnte ein Julius Streicher vor dem angetretenen Lehrkörper der Berliner Universität auftrumpfend die historische Frage stellen: »Wenn man die Gehirne sämtlicher Universitätsprofessoren in die eine Waagschale legte und das Gehirn des Führers in die andere, welche Waagschale, glauben Sie, wird sich senken?«
Die Traditionen autoritären Denkens und Verhaltens waren so stark, daß auch noch nach 1945 sozialistische oder bürgerlich-demokratische Studentenverbände im Vergleich zu den Burschenschaften und Korps nur einen relativ geringen Einfluß auf die intellektuelle und politische Sozialisation der ersten Studentengenerationen nach Hitler ausübten. Statt sich mit den innen- und außenpolitischen Ursachen der Spaltung Deutschlands auseinanderzusetzen, schlugen sich die Korporierten gegenseitig ihre Standesnarben ins Gesicht und rieben allenfalls einen feierlichen Salamander auf die Wiedervereinigung. Noch im Sommersemester 1957 — auf dem Höhepunkt der Adenauer-Ära — konstatierten Jürgen Habermas, Ludwig von Friedeburg, Christoph Oehler und Friedrich Weltz in einer empirischen Studie an der Frankfurter Universität recht voreilig, das »definitiv demokratische Potential« unter den Studenten betrage lediglich 9 %. 66 % der Studenten zählten sie zum »unprofilierten Potential« (später auch »graue Mäuse« genannt), 16 % zum »definitiv autoritären Potential« und 9 % zum »disparaten Potential«. Zu dieser Zeit waren noch fast 30 % der männlichen Studenten an wissenschaftlichen Hochschulen in Verbindungen organisiert.

I. Kontinuität oder Bruch

Seit Mitte des vorigen Jahrhunderts stand die Studentenschaft in Deutschland — im Gegensatz zu anderen europäischen Ländern — traditionell rechts. Erst ab Mitte der 60er Jahre dieses Jahrhunderts gelang sozialistischen Studenten der Durchbruch im akademischen

Raum. Diese Tatsache ist der heutigen Universität weitgehend nicht mehr bewußt. Trotz aller Fraktionierung besteht innerhalb der Studentenschaft ein vager linker Konsensus, der als selbstverständlich vorausgesetzt wird. In diesem Getto der akademischen Linken wird die Gefahr einer Tendenzwende der bundesrepublikanischen Gesellschaft nach rechts nicht ernst genommen und die Notwendigkeit der Verteidigung des gewonnenen Terrains an den Universitäten nicht gesehen.
Deutschland führte in diesem Jahrhundert zwei Weltkriege. 1918 war der erste verloren, der zweite 1945. Nach beiden Niederlagen verhielt sich die deutsche Studentenschaft mehrheitlich abwartend und — mit zeitlicher Verschiebung — offen reaktionär. Die im Vorwort nur grob skizzierte Entwicklung nach dem Ersten Weltkrieg sei hier noch etwas genauer dargestellt.

Männerbünde: Schwarz-Weiß-Rot

Der »deutsche Professor« bestand darauf, »unpolitisch« zu sein, und betrachtete es gleichzeitig als selbstverständliche Pflicht, sich als Teilelite der jeweils herrschenden politischen Obrigkeit zur Verfügung zu stellen. Beim Ausbruch des Ersten Weltkrieges unterstützten fast alle amtierenden Professoren die annexionistischen Kriegsziele des »Alldeutschen Verbandes«.[1] Nachdem der Aggressor den Krieg militärisch verloren hatte und die Repräsentanten der preußischen Militärmonarchie durch die November-Revolution vorübergehend zum Abtritt von der politischen Bühne gezwungen worden waren, flohen die alldeutschen Professoren vor der politischen Verantwortung gegenüber ihren Studenten und dem Volk in den Elfenbeinturm unpolitischen Geistes zurück. Sie verweigerten jede Diskussion über die Kriegsschuldfrage. Unter dem Banner der »unpolitischen« Kultur und Wissenschaft hieß es jetzt, die traditionell korporativen Privilegien und die hierarchische Gliederung der Universität gegen die Republik zu verteidigen. Am 22. Juni 1919 stimmte die Mehrheit der Nationalversammlung (u. a. SPD, USPD und Zentrum) den Friedensbedingungen von Versailles aufgrund der militärischen Kräfteverhältnisse weitgehend zwangsläufig zu. Auch die Oberste Heeresleitung war sich im klaren, daß Deutschland militärisch nicht in der Lage war, weiterzukämpfen. Unter den traditionellen bürgerlichen Führungsschichten, die für den Krieg verantwortlich waren, brach ein unreflektierter und antirationaler »konservativer Aufstand« gegen die »nationale Schmach« von Versailles und die Republik los.
Teil dieser »nationalen Opposition« war die deutsche Studentenschaft in ihrer überwiegenden Mehrheit. Ungefähr 110000 Studenten — meist Reserveoffiziere — waren aus den Schützengräben und Kriegsgefangenenlagern an die wiedereröffneten Universitäten zurückgekehrt, die diesem Andrang schon damals nicht gewachsen

waren. Weit mehr als die Hälfte der Studenten hatte ein Einkommen unterhalb des Existenzminimums. Trotz der im großen und ganzen erfolgreichen studentischen Selbsthilfe verdiente ein Werkstudent 1923 nur ein Fünftel des monatlichen Lohnes eines ungelernten Arbeiters. Nicht nur die soziale Notlage, sondern vor allem die weitverbreiteten monarchistischen Ressentiments und die Unfähigkeit, sich mit den Folgen des verlorenen Krieges rational auseinanderzusetzen, führten Anfang der 20er Jahre innerhalb der Studentenschaft zu einem militanten völkisch-nationalen Grundkonsensus.

Das »Republikanische Studentenkartell«

Die Verbände des im Juli 1922 aus Anlaß der Ermordung Walther Rathenaus gegründeten »Republikanischen Studentenkartells« spielten im politischen Alltag der Universität nur eine Außenseiterrolle: So z. B. der im Juni 1922 als überregionaler Zusammenschluß bis dahin autonomer sozialistischer und sozialdemokratischer Studentenzirkel gegründete »Verband Sozialistischer Studentengruppen Deutschlands und Österreichs« (ab 1929 »Sozialistische Studentenschaft Deutschlands und Österreichs«), der ebenfalls im Jahre 1922 konstituierte nationalliberale »Reichsausschuß der Hochschulgruppen der Deutschen Volkspartei« und der unmittelbar nach Kriegsende gegründete »Reichsbund deutscher demokratischer Studenten«, der der Deutschen Demokratischen Partei (DDP) nahestand.[2] Wie hoffnungslos isoliert sozialistische Politik an den Hochschulen der Weimarer Republik war, zeigt u. a. die Tatsache, daß die »Sozialistische Studentenschaft Deutschlands und Österreichs«, die 1931 an 33 Hochschulen ungefähr 5500 Mitglieder hatte, eine nicht im entferntesten vergleichbare Attraktivität für die Studenten entfaltet hat wie der bundesrepublikanische »Sozialistische Deutsche Studentenbund« (SDS), dessen Mitgliederzahl bis 1967 niemals höher als 1500 war.[3]

Der Arierparagraph

Allerdings kämpften 1919 noch Teile der studentischen »Kriegsgeneration« hauptsächlich für das schon von republikanischen Burschenschaftlern 1810 formulierte Ziel des Zusammenschlusses aller deutschen Studenten in einem repräsentativen Verband und setzten im Juli 1919 auf dem Würzburger Studententag die Gründung der »Deutschen Studentenschaft« (DSt) gegen den Widerstand vor allem der Waffenstudenten durch. Um die Integration der nationalkonservativen und völkischen Studenten zu erreichen, wurden in die Verfassung der »Deutschen Studentenschaft« vom 19. Juli 1919 — wie sich zeigen sollte — höchst verhängnisvolle Kompromißformulierungen in der Frage der Volkszugehörigkeit aufge-

nommen. Zwar konnte der nationalliberale Führungskern um Otto Benecke und Arnold Bergstraesser noch einmal die Einführung eines rassisch-völkischen »Arierparagraphen« verhindern; um jedoch die hochschulpolitische Einheit der Studentenschaft nicht zu gefährden, verzichteten sie auf eine öffentliche inhaltliche Auseinandersetzung mit dem Antisemitismus.
Mit dieser ersten Tagung eines für die deutsche Studentenschaft repräsentativen Studentenparlamentes in Würzburg vom 17. bis 19. Juli 1919 fand die Aufsplitterung der studentischen Korporationen in der Wilhelminischen Epoche formal ein vorläufiges Ende. Die Burschenschaften und Corps traten dem Dachverband DSt bei und bildeten später politische Fraktionen. Dies bedeutete jedoch nicht das Ende des gekünstelten Verbindungschauvinismus. Trotz halbherziger Bereitschaft zur Zusammenarbeit mit der Republik in Teilen der Kriegsgeneration läßt sich eine Kontinuität konservativer Gesinnungs- und Verhaltensweisen des Besitz- und Bildungsbürgertums nachweisen.

Fememorde

Die Studenten, die nicht zuletzt aufgrund ihrer Fronterlebnisse dem akademischen Milieu entfremdet worden waren und sich in der Nachkriegsgesellschaft nicht mehr zurechtfanden, flohen in die Freikorps und deren Zeitfreiwilligen-Verbände, in die Feme-Organisationen und die Verbände der Schwarzen Reichswehr. Ein rechter Typus des Desperados entstand: Von der bürgerlichen Gesellschaft ausgestoßen, von der Regierung in Krisenzeiten zum Schutz der Republik mobilisiert, von der demokratisch-bürgerlichen Presse als reaktionär abgestempelt und von der Arbeiterklasse gefürchtet und gehaßt. Bis 1922 wurden nachweislich mehr als 350 politische Morde von Mitgliedern rechter Organisationen begangen, nur der Mord an Reichsaußenminister Walther Rathenau wurde gesühnt: Oberleutnant a. D. Erwin Kern wurde von Polizeibeamten erschossen, Oberleutnant a. D. Hermann Fischer beging angesichts der Umstellung durch das Polizeiaufgebot Selbstmord. (Während derselben Periode wurden von 22 von links begangenen Morden 17 teilweise äußerst hart bestraft.[4]) Diese blutige Spur prägte das Bewußtsein der Arbeiterklasse über die Studenten bis auf den heutigen Tag: Selbst auf dem Höhepunkt der antiautoritären Studentenbewegung der 60er Jahre in West-Berlin spielten diese Erfahrungen aus den 20er Jahren in der Konfrontation zwischen Studenten und Bevölkerung neben faschistoiden Ressentiments im Kleinbürgertum und proletarisch-antikommunistischen Einstellungen spürbar eine wichtige Rolle.
Spätestens seit 1923 lehnte auch die Mehrheit der Studentenschaft die republikanische Staatsform bewußt ab. Die uferlos erscheinenden Reparationsforderungen der Alliierten, die Besetzung des

Rheinlands im März 1921 und des Ruhrgebiets im Januar 1923 durch französische und belgische Truppen, die hausgemachte Geldinflation, die Forderung nach Auslieferung der Kriegsverbrecher an die Siegermächte, führten zu politischer Verbitterung, beruflicher Verunsicherung und Republikfeindlichkeit — ein Klima, in dem die Sehnsucht nach einem autoritären Obrigkeitsstaat, Anti-Intellektualismus, Ausländerfeindlichkeit, Antisemitismus und radikaler Nationalismus das politische Bewußtsein der Studentenschaft entscheidend bestimmten.

In dem im Juli 1920 gegründeten Deutschen Hochschulring (DHR), dem stärksten politischen Studentenverband Anfang der 20er Jahre, setzte sich nach schweren innerverbandlichen Auseinandersetzungen im Frühjahr 1922 die militant antisemitische völkische Fraktion durch. Der Antisemitismusstreit in der Deutschen Studentenschaft fand seinen Abschluß auf dem 4. Studententag 1922 und dem 5. Studententag 1923 in Würzburg: Die vom Deutschen Hochschulring beherrschte Diskussion unterminierte in ihrem Ergebnis das in der republikanischen Reichsverfassung garantierte Gleichheitsprinzip, der entsprechende Paragraph der Verfassung der Deutschen Studentenschaft erhielt eine entschieden antisemitisch-völkische Stoßrichtung. Erst 1927 entzog der preußische Kultusminister Carl Heinrich Becker (DDP) der Deutschen Studentenschaft in Preußen die öffentliche Förderung und Anerkennung, nachdem sich 77 % der Studenten in einer Urabstimmung gegen das 1925 vom Preußischen Landtag beschlossene neue Studentenrecht ausgesprochen hatten, das die preußische Studentenschaft dazu verpflichtete, auch »nicht-arische« Auslandsdeutsche als Mitglieder zuzulassen. In der Phase der relativen Stabilisierung der Weimarer Republik von 1924 bis 1928 bauten die rechtsradikalen studentischen Korporationen ihre Vormachtstellung an den Universitäten aus. Im Sommersemester 1930 waren 62 % der männlichen Studentenschaft in Korporationen, von diesen wiederum fast 62 % im »Allgemeinen Deutschen Waffenring«, dem Dachverband der schlagenden Verbindungen, organisiert.[5]

Damit befand sich die Deutsche Studentenschaft im Unterschied zu anderen gesellschaftlichen Schichten schon lange vor der eigentlichen Bewährungsprobe der Weimarer Republik — der Weltwirtschaftskrise — auf dem Marsch ins »Dritte Reich«. Im Sommer 1932 zogen dann auch die studentischen Delegierten zur Abhaltung ihres 15. Deutschen Studententages in Königsberg (Ostpreußen) in geschlossenen Marschkolonnen im Gleichschritt unter der Regie des Nationalsozialistischen Deutschen Studentenbundes (NSDStB) nicht in eine Universität, sondern in eine Kaserne ein. Bereits ein halbes Jahr vor der Machtergreifung der Nazis beauftragten die Delegierten den Vorstand mit 155 gegen 3 Stimmen bei 24 Enthaltungen, eine neue Verfassung vorzubereiten, in der das demokratische Prinzip der studentischen Selbstverwaltung durch das Führerprinzip ersetzt werden sollte.

Die Roten Studentengruppen

Der Versuch der KPD-Hochschulgruppen, ab 1929 eine »Rote Studentenfront« im »Reichsverband frei-sozialistischer Studenten« (RFS) gegen den »Hochschulfaschismus« aufzubauen, blieb nach relativen Anfangserfolgen (z. B. dem Gebührenstreik an der Universität Freiburg/Breisgau im Wintersemester 1931/32) ohne durchschlagende Wirkung. Im Gegensatz zu den im Republikanischen Studentenkartell zusammengeschlossenen, betont nüchtern auftretenden politischen Studentenverbänden bemühte sich der RFS vergeblich, die immanenten Widersprüche im Hochschulbereich aufzugreifen und eine kampagnenartige Mobilisierung nach links zu erzielen. Im nachhinein muß man feststellen, daß sowohl die parteipolitischen Gruppen der Mitte als auch die der Linken in den Universitäten damals auf verlorenem Posten gestanden haben.
Auch nach der Machtergreifung der Nazis konzentrierte sich die illegale Aufklärungsarbeit der kommunistischen Widerstandsgruppen an der Universität auf die »Gewinnung der Mehrheit der kleinbürgerlichen Studenten als aktive Verbündete des Proletariats«. Dieses Programm hatte eine eindeutig reformistische Stoßrichtung und zielte darauf ab, in der Studentenschaft eine Massenbasis zu gewinnen. Bis 1935 stand die Praxis der kommunistischen Studenten damit im Widerspruch zur offiziell noch von der KPD vertretenen Sozialfaschismus-Doktrin.
Auch nach 1933 hatte sich die materielle Situation der Studenten nicht verbessert. Zu den finanziellen Sorgen kamen noch neue Belastungen: So war der Student verpflichtet, dem NSDStB beizutreten, am Arbeitsdienst und am Wehrsport teilzunehmen und einer der Massenorganisationen der NSDAP, der HJ, SA, NSKK oder der SS anzugehören. Bei der wachsenden Unzufriedenheit der akademischen Jugend setzte die Aufklärungsarbeit der kommunistischen Studenten an. Dabei riskierten sie in spektakulären Flugblattaktionen nicht nur die individuelle Freiheit, sondern auch die Existenz ihrer Gruppen überhaupt. Die Praxis stand in krassem Widerspruch zum Konzept der subversiven Arbeit klandestiner Gruppierungen wie »Neu Beginnen« und des »Internationalen Sozialistischen Kampf-Bundes« (ISK), in denen neben Jungsozialisten auch zahlreiche ehemalige kommunistische und sozialistische Studenten mitarbeiteten.[6] Diese Widerstandszirkel konnten im Gegensatz zu den kommunistischen Gruppierungen ihre illegale Arbeit teilweise bis zum Jahr 1938 fortsetzen.

Renaissance oder Neubeginn?

Nach dem militärischen Sieg der Anti-Hitler-Koalition über das NS-Regime stand die deutsche Studentenschaft zum zweiten Mal in diesem Jahrhundert vor der Entscheidung: Bruch oder Kontinuität; rationale Auseinandersetzung mit den Ursachen des Nationalsozialismus und den Folgen des verlorenen Krieges oder neuerliche Flucht in die unpolitische »Ohne-mich-Haltung«, die sich aus der Verantwortung schleicht; Reform der Universität an Haupt und Gliedern oder Übernahme der alten Strukturen und Inhalte unter Verzicht auf jegliche Entnazifizierung, um den Studienbetrieb nicht zu gefährden. Ob die Deutsche Universität bereit war, aus ihrer Vergangenheit die notwendigen Lehren zu ziehen, sollte sich nicht zuletzt an der Entscheidung zeigen, ob sie die Korporationen und den elitären Sumpf der Alten Herren weiterhin zu dulden bereit war. Ende der Korporationen oder Renaissance des Waffenstudenten als Ideal des deutschen Akademikers, das war im Bewußtsein der aus Deutschland emigrierten antifaschistischen Intellektuellen und der Organisationen der Arbeiterbewegung die Nagelprobe für die Studentenschaft.

Nur zwei Prozent der männlichen Studentenschaft hatten bei Kriegsende weniger als ein Jahr Wehrdienst hinter sich. Die materielle Not war mindestens ebenso groß wie nach dem Ersten Weltkrieg. Im Gegensatz zu 1918 war das gesamte Territorium des ehemaligen Deutschen Reichs von Siegertruppen besetzt und in vier Besatzungszonen aufgeteilt. Ungefähr 11 Millionen »Umsiedler« wurden aufgrund des Potsdamer Abkommens auf diese vier Besatzungszonen verteilt: die Oder-Neiße-Linie sollte die zukünftige Ostgrenze Deutschlands sein. Im Unterschied zu 1918 gab es niemanden, der die militärische Niederlage nicht Tag für Tag existentiell erlebt hätte. Nach menschlichem Ermessen war es 1945 für die Deutschen unmöglich, eine bestimmte Bevölkerungsgruppe wie »die Juden«, »die Arbeiter«, »die Frauen«[7] zum Sündenbock zu machen.

Trotzdem gründeten am 17. Juni 1950 — fünf Jahre nach Kriegsende — Delegierte von 65 studentischen Verbindungen aller Universitäten und Technischen Hochschulen der Bundesrepublik und West-Berlins (insgesamt hatten sich Vertreter von 89 Verbindungen versammelt) erneut die »Deutsche Burschenschaft« unter dem Wahlspruch »Ehre, Freiheit, Vaterland«. Was war geschehen?

Der SDS: Gründung und organisatorischer Kompromiß

Als am 2. September 1946 in der Elbschloßbrauerei zu Hamburg der Gründungskongreß des Sozialistischen Deutschen Studentenbundes stattfand, an dem 84 Delegierte, Gruppenvorsitzende, Beobachter und Verbindungsleute aus etwa 20 Hochschulorten teilnahmen[8], glaubte ein großer Teil dieser sozialistischen Studenten, daß dieses Mal die Konsequenz aus der Niederlage nur heißen konnte: Neuorientierung.

Die Delegierten repräsentierten im wesentlichen vier politische Hauptströmungen:

— eine Mehrheitsfraktion von sozialdemokratischen Studenten (und Hochschullehrern), die im SDS einen »akademischen Vortrupp« der SPD sahen;
— eine antifaschistische Minderheitsfraktion von Kriegsteilnehmern, die weder in einer sozialdemokratischen noch in einer kommunistischen Tradition standen und die sich parallel zu den fast in allen größeren Orten existierenden »Volkskomitees« (auch »Wiederaufbau-Ausschüsse«, »Antifaschistische Komitees« oder »ANTIFA« genannt) in den Hochschulen organisiert hatten und im SDS mitarbeiteten;
— eine kleine Gruppe von unabhängigen Sozialisten und Kommunisten, die entweder in der Tradition der IV. Internationale oder der »Sozialistischen Arbeiterpartei« (SAP) standen und die sowohl der Politik der stalinisierten KPD als auch der reformistischen SPD kritisch, oft auch ablehnend gegenüberstanden;
— eine regional unterschiedlich starke Fraktion von KPD-Mitgliedern oder -Sympathisanten (besonders an den Universitäten in München, Münster und Hannover).
Das Zusammengehörigkeitsgefühl dieser vier verschiedenen Fraktionen war aufgrund der gemeinsamen Erfahrung im NS-Regime so stark, daß sie sich trotz aller Differenzen auf eine Minimalplattform, die »Hamburger Richtlinien«, einigten.

Die Delegierten des Gründungskongresses, die ein zusammengewürfeltes Konglomerat differierender politischer Fraktionen aus regional unterschiedlichen Hochschulgruppen darstellten, verstanden sich jedoch ausnahmslos als Sozialisten. »Als Sozialisten erstreben wir eine Gesellschaftsordnung, in der die Freiheit von Not und Zwang allen Menschen eine harmonische Entwicklung ihrer Persönlichkeit ermöglicht.« Diese utopische Zielsetzung war nicht Ergebnis einer abstrakten Theorie-Aneignung, sondern Reaktion auf das materielle Elend der letzten Kriegsjahre und das Erlebnis ständig zunehmenden Terrors der Gestapo gegen jede Art von Opposition. Ein Teil der Delegierten befand sich jedoch — zum Teil sicher unbewußt — auch in der Tradition der alten Sozialdemokratie. Sie forderten einen »demokratisch kontrollierten Staat« und eine Wirtschaftsordnung, die nicht auf kapitalistischer Ausbeutung und Profitstreben, sondern auf bedürfnisorientierter Planung beruhe. Die Vollendung dieser Wirtschaftsordnung sei nicht im nationalen Rahmen möglich, sondern nur »durch den Zusammenschluß aller Völker. Nur so wird es möglich sein, Kriege zu verhindern und der Menschheit den Frieden zu geben.« Nicht die Befreiung der Arbeiterklasse, sondern Friede war der Traum dieser Kriegsgeneration. Wer diese Vorstellung von Sozialismus akzeptierte, »gehört zu uns, ungeachtet seiner wissenschaftlichen, ethischen oder religiösen Antriebskräfte«. Nicht kritische Analyse der bestehenden Verhältnisse, sondern moralisches Engagement gegen Kapitalismus, Faschismus und Krieg war Motivation für die Arbeit in einem sozialistischen Intellektuellenverband.[9]

Interessant ist, daß diese Einigung nur möglich war, nachdem der zweite Vorsitzende der SPD, Erich Ollenhauer, die organisatorische Unabhängigkeit des SDS von der SPD offiziell garantiert hatte.[10] Die Tatsache, daß der SDS im Gegensatz zu den Jungsozialisten keine Arbeitsgemeinschaft der SPD war, war entscheidend für seine Entwicklung bis zum Abbruch der Beziehungen durch den SPD-Parteivorstand im Juni 1960 und dessen Unvereinbarkeitsbeschluß von SPD- und SDS-Mitgliedschaft im November 1961. Auch in den 50er Jahren, als der SDS noch weitgehend ein SPD-konformer Studentenverband mit Aufstiegschancen im Parteiapparat war, garantierte diese organisatorische Unabhängigkeit Minoritätspositionen und Freiräume, die in offiziellen Arbeitsgemeinschaften der Partei nicht existierten.

In seinem Schlußreferat vertrat Kurt Schumacher die These von der zunehmenden Verarmung der akademischen Jugend. Er ging dabei von der Verelendung immer größerer Teile der deutschen Bevölkerung aus, weil die arbeitenden Massen schließlich die Kosten des Zweiten Weltkrieges bezahlen müßten. Auch die akademische Jugend werde zukünftig zu den Armen gehören. In dieser Situation warnte er besonders vor opportunistischer Anpassung und Strebertum, um doch noch den Aufstieg in die Bourgeoisie zu schaffen, nach dem Motto: »Erst 'mal fleißig lernen — eine feine Sache — und sich um Politik nicht kümmern...« Eine Aufgabe des SDS an den Hochschulen sei, der gesamten Studentenschaft klarzumachen, daß es »keine Anknüpfung« an die reaktionären Traditionen des Kaiserreiches oder des Dritten Reiches mehr geben könne. Schumacher lehnte auch den — bis heute gebräuchlichen — Rekurs auf die »Solidarität der Demokraten« von Weimar ab: »...das damalige Gleichgewicht der Klassen ist zerstört worden, und letzten Endes ist mit dem Zusammenbruch der Nazis, die ja nur als Funktion des modernen Hochkapitalismus in diese politische Machtposition kommen konnten, auch der Kapitalismus als Prinzip in Deutschland, in Mittel- und Westeuropa zusammengebrochen.« Dieses Zitat zeigt, daß Schumacher wie viele andere Sozialdemokraten im Jahre 1946 sich noch nicht klar darüber war, daß 1945 nicht die soziale, sondern nur die politische Ordnung zusammengebrochen war. Um so bemerkenswerter ist, daß er auf dieser Delegiertenkonferenz die SDS-Hochschulgruppen aufforderte, den Marxismus, »die Methode der großangelegten ökonomischen Analyse«, zu studieren.[11] Tatsächlich hat dann auch der SDS — allerdings mit einer zeitlichen Verschiebung von zehn Jahren — dieses Studium aufgenommen.

Der SDS war der erste politische Studentenverband, der sich nach der Kapitulation 1945 neu konstituierte. Unter dem Präsidium von Emil Gross, dem letzten Vorsitzenden der Berliner Sozialistischen Studentenschaft vor 1933, wurden von der Versammlung Hans-Joachim Heydorn (Hamburg) für die Britische Zone und Alfred Hooge (Frankfurt/Main) für die Amerikanische Zone als gleichberechtigte Bundesvorsitzende gewählt. Der übrige Vorstand setzte sich aus den Vorsitzenden der verschiedenen Landesgruppen zusammen. Grundlage für die Lizenzierung der SDS-Gruppen in der Britischen und später auch in der Amerikanischen Besatzungszone war der »Drei-Phasen-Plan«, dessen Ziel es war, die einzelnen Stadien des Organisationsprozesses zu kontrollieren.

Dieser Plan war zunächst nur für den Aufbau von Gewerkschaften konzipiert worden, wurde dann aber auch auf die politischen Parteien und die Jugend- und Studentenorganisationen angewandt. Für die Studentenorganisationen bedeutete das in der ersten Phase die Zulassung an den Universitäten, in der zweiten Phase in den Ländern der Zonen und erst in der dritten Phase auf zonaler Ebene. Diese, dem SDS durch die Alliierten-Zulassungspraxis aufgezwungene künstliche föderalistische Organisationsstruktur (je ein organisatorisch eigenständiger Vorsitzender für jede Zone) sowie die Zusammensetzung des übrigen BV wurden erst auf der IV. ordentlichen Delegiertenkonferenz in Ratingen im September 1949 durch die 1951 verabschiedete Bundessatzung abgelöst: Auf jährlich stattfindenden ordentlichen Bundeskonferenzen (später: Delegiertenkonferenzen) wurden ein 1. und als Stellvertreter ein 2. Bundesvorsitzender sowie ein Beirat gewählt. Die organisatorische Effektivität des Gesamtverbandes wurde durch ein gemeinsames Sekretariat für alle SDS-Hochschulgruppen erhöht. In der Französischen Besatzungszone waren bis zur Gründung der Bundesrepublik politische Studentenverbände offiziell verboten. Trotzdem existierten unter Duldung der französischen Militärregierung z. B. in Tübingen und Freiburg SDS-Hochschulgruppen in einer Art Halb-Legalität.

Erste Unvereinbarkeitsbeschlüsse

Auf der ersten hochschulpolitischen Tagung der SPD im Januar 1947 einigten sich SDS und SPD informell darauf, daß zukünftig die Mitgliedschaften im SDS und in der KPD bzw. der CDU unvereinbar sein sollten. Auf der zweiten Reichskonferenz des SDS in Bielefeld im August 1947 — auf dieser Konferenz wurden Helmut Schmidt (Hamburg) und Karl Wittrock (Frankfurt/Main) zu neuen Bundesvorsitzenden und Zonenbevollmächtigten gewählt — wurden mit 30 gegen 12 Stimmen bei 9 Enthaltungen die Mitgliedschaften im SDS und in der KPD/SED offiziell für unvereinbar erklärt. In einer weiteren Entschließung hieß es: Schon eine »Unterschrift unter ein Aktionsprogramm oder eine ähnliche Erklärung« der KPD/SED sei mit dem Bekenntnis des SDS zum »demokratischen und freiheitlichen Sozialismus« unvereinbar. Bei dem Zustandekommen dieses Beschlusses spielte die SPD-Hochschulgruppe Berlin (ab Oktober 1950 »SDS-Landesverband Berlin«) eine wesentliche Rolle.

In Berlin hatte sich seit Frühjahr 1946 die Konfrontation zwischen der »Deutschen Verwaltung für Volksbildung« in der Sowjetischen Besatzungszone einerseits und der Redaktion der Studentenzeitschrift »Colloquium« und der Mehrheitsfraktion des Studentenrates an der Humboldt-Universität andererseits von Woche zu Woche zugespitzt. In der SDS-Hochschulgruppe Berlin entwickel-

te sich so schon zu einem sehr frühen Zeitpunkt ein von der Mehrheit der Mitglieder getragener Konsensus über eine Abgrenzungspolitik gegenüber der sowjetischen Deutschland-Politik und der KPD/SED. Nach der Gründung der Freien Universität Berlin am 4. Dezember 1948, bei der die SPD-Hochschulgruppe an der Humboldt-Universität eine durchaus eigenständige Rolle gespielt hatte[12], übernahmen die Berliner im Gesamtverband die politische Initiative bei der Formulierung und Durchsetzung einer Abgrenzungsstrategie gegenüber der FDJ. Man sollte sich heute davor hüten, diese immer militanter werdenden Auseinandersetzungen mit dem realen Stalinismus als platten Antikommunismus zu bezeichnen: Die Spaltung Berlins in zwei voneinander getrennte Stadt-Organismen mit eigenen Gewerkschaften, eigenem Polizeiapparat, eigener Universität usw. sowie die Blockade des Güterverkehrs in der Periode zwischen Juni 1948 und Mai 1949 durch den Oberbefehlshaber der sowjetischen Besatzungstruppen in Deutschland, das waren die entscheidenden Erfahrungen dieser Generation. Für die sozialistischen Studenten kam ein entscheidendes Faktum hinzu: Unmittelbar nach der in Spitzengesprächen ausgehandelten bürokratischen Vereinigung von SPD und KPD zur SED in der Sowjetischen Besatzungszone am 22. April 1946 wurden auch die SDS- und SPD-Hochschulgruppen mehr oder minder zwangsweise in die FDJ eingegliedert bzw. aufgelöst. Die Empörung über diese von vielen Studenten als »Gleichschaltung« empfundene Maßnahme läßt sich heute vergegenwärtigen, wenn man sich vorstellt, daß das »Sozialistische Büro« oder die Redaktion des »Langen Marsches« in den »MSB Spartakus« eingegliedert oder, falls aufmüpfig, aufgelöst werden sollte.
Diese Konstellation führte dazu, daß der SDS-Landesverband Berlin seit Frühjahr 1951 regelmäßig mehrtägige »Ostertagungen« organisierte, auf denen eine offensive Auseinandersetzung des Gesamtverbandes mit der FDJ inhaltlich vorbereitet und organisatorisch koordiniert wurde. Ein Teil der Ironie der SDS-Geschichte liegt darin, daß diese kontroversen Diskussionen über Themen wie »Demokratie und Sozialismus«, sowjetische Deutschlandpolitik nach 1945, Geschichte der KPD und »Ursprünge des Stalinismus» einen Stil und eine Tradition kritischer Auseinandersetzung prägten, die dann Anfang der 60er Jahre die intellektuelle Schärfe der Konfrontation mit dem SPD-Parteivorstand bestimmte. Mit denselben gesellschaftswissenschaftlichen Kategorien, mit denen man Ende der 40er Jahre die Bürokratisierung und Verselbständigung der kommunistischen Parteien gegenüber der Arbeiterklasse analysiert hatte, wurden Anfang der 60er Jahre in der vom Bundesvorstand des SDS herausgegebenen theoretischen Zeitschrift »neue kritik« die Geschichte, der organisatorische Aufbau und die aktuelle Politik der SPD kritisiert. Andererseits soll hier nicht verschwiegen werden, daß die zunehmend militante Auseinanderset-

zung mit der FDJ seit Frühjahr 1946 die analytischen Fragestellungen in der Diskussion über den sowjetischen Marxismus so verengt hatte, daß sozialistische Studenten oft zu legitimierenden Interpreten der amerikanischen Deutschlandpolitik verkamen. Man kann fast sagen, daß die politische Identität dieser Generation von sozialistischen Studenten durch die Konfrontation mit dem sowjetischen Marxismus entscheidend geprägt wurde. Dagegen traten andere, damals aktuelle Fragestellungen wie die Ursachen und Folgen des Nationalsozialismus, die Rekonstruktion des Kapitalismus in den drei Westzonen, die sich abzeichnende Entpolitisierung der Bevölkerung durch re-education-Maßnahmen und klassenunspezifische bürokratische Entnazifizierung in den Hintergrund und spielten für das politische und intellektuelle Selbstverständnis dieser Generation keine bestimmende Rolle mehr. Auch an den Hochschulen schlitterte der SDS in eine immer stärker werdende Polemik gegen den Stalinismus hinein. Die Tragik des Verbandes zeigt sich last not least an den bündnispolitischen Konsequenzen dieser Entwicklung.[13]

Restauration

Der Antikommunismus jener Jahre erklärt jedoch nicht die Kontinuität der tradierten elitären Bewußtseinsformen an den Universitäten, eine These, die heute mit Vorliebe von den Kollegen in der DDR vertreten wird. Unter dem unmittelbaren Eindruck der Niederlage bestimmten Betroffenheit und Angst vor einer kollektiven Verantwortung die Sichtweise der studentischen Kriegsgeneration.

So formulierten die Delegierten des 1. Studententages der Britischen Zone im Juli 1946 in Göttingen deren lebensphilosophisches Credo: »Wir sind der Ansicht, daß die deutsche Jugend für die geschichtliche Entwicklung und die Geschehnisse der vergangenen 13 Jahre nicht verantwortlich gemacht werden kann.«[14] Auf dieses Argument stößt man allenthalben, wenn man in den Studentenzeitungen der ersten Nachkriegsjahre blättert: fehlgeleiteter Idealismus, Mißbrauch der jugendlichen Begeisterung, Unkenntnis, Überschwang etc., diese Begriffe bilden das Vokabular einer psychologisierenden Bewältigung individueller Vergangenheit. Der ehemalige VDS-Vorsitzende Lothar Krappmann wies zu Recht darauf hin, daß die Studentenschaft durch solche Formulierungen ihre politische Glaubwürdigkeit unterminierte: »Ich befürchte, daß dies Argument sehr gefährlich für die studentische Selbstverwaltung ist, die nur existieren kann, wenn Studenten für ihre Entscheidungen und ihr Tun auch Verantwortung zu übernehmen bereit sind. Diese... Äußerungen hören sich so an, als ob Studenten Torheit und Fehler nicht anrechenbar sind.«[15] Das bedeutet aber auch, daß eine ganze studentische Generation durch kollektive Regression in kindlicher Unschuld indirekt auf das politische Mandat verzichtete.

In dieses Vakuum fehlenden Selbstbewußtseins konnten die Korporationen mit ihrem tradierten Wertekodex und ihrer autoritären Lebensphilosophie einbrechen. Verbindungsprotektion, Ämterpatronage, Männerbündelei mit Trinkzwang und Ehrenhandel bestimmten das intellektuelle Klima auf dem Campus und dominierten die Hochschulpolitik an den meisten Fakultäten bis Mitte der 60er Jahre. Das Bedürfnis nach kollektiven Lebensformen, »studentischem Gemeinschaftsleben«, verkam zu Festkommers und Bierseligkeit.

II. Die große Illusion

Für den politisch bewußten Teil der Studentenschaft gab es zwei Zäsuren vor Anbruch der Adenauer-Ära: eine ökonomisch-soziale und eine politische. Die separate Währungsreform in den drei westlichen Besatzungszonen Deutschlands am 20. Juli 1948 hatte kaum vorstellbare Auswirkungen auf den Lebensstandard der Studenten. Wenige Tage nach der Geldentwertung faßte die »Notkonferenz« des SDS in Eddinghausen bei Göttingen Beschlüsse zur Linderung der katastrophalen sozialen Lage der Studenten, die in die SDS-Hochschuldenkschrift aus dem Jahre 1961 als Forderung nach einem allgemeinen Studienhonorar eingingen.

Die erste verlorene Bundestagswahl

Die politische Zäsur war die Wahl zum 1. Bundestag am 14. August 1949. Die CDU/CSU erhielt 31 %, die SPD 29,2 %, die FDP 11,9 %, die KPD 5,7 %, die Deutsche Partei (DP) 4 %, das Zentrum 3,1 % und mehrere Splitterparteien der politischen Rechten zusammen ungefähr 10 %. (Die 5-%-Klausel wurde vom Bundestag erst im Jahre 1953 eingeführt, so daß im ersten Deutschen Bundestag auch fast alle Parteien vertreten waren, die sich an der Wahl beteiligt hatten.) Adenauer bildete gegen den Widerstand der christlichen Gewerkschaftler in den Sozialausschüssen eine Kleine Koalition aus CDU/CSU, FDP und DP, die Kurt Schumacher treffend als »Besitzbürgerblock« bezeichnete. Obwohl sich das Ergebnis der Bundestagswahl bereits in den vorhergehenden Landtagswahlen angekündigt hatte, traf diese Niederlage die Sozialdemokratie unvorbereitet.
Bis zu diesem Zeitpunkt war die sozialdemokratische Mehrheitsfraktion im SDS davon überzeugt gewesen, die bisherigen Eingriffe der drei Westalliierten in den Rekonstruktionsprozeß der parlamentarischen Demokratie könnten durch einen Wahlsieg der SPD auf Bundesebene nachträglich wieder modifiziert werden.[16] Der

SDS, der ja als sozialistischer Studentenverband in einem gewissen Spannungsverhältnis zur SPD stand, hatte davon auszugehen, daß die SPD nach 1945 keines ihrer politischen essentials in die Praxis hatte umsetzen können. Deshalb stellte sich für den Gesamtverband nun die grundsätzliche Frage, welche Auswirkungen einerseits die Wahlniederlage auf das Selbstverständnis, die theoretische Diskussion und die organisatorische und politische Entwicklung des SDS haben würde und welchen Stellenwert andererseits z. B. die Bildungsarbeit sozialistischer Studenten in Ortsgruppen, Arbeitsgemeinschaften und Jugendorganisationen der SPD zukünftig einnehmen könnte. Zum Zeitpunkt der Bundestagswahl 1949 war klar, daß die Teilung Deutschlands in eine sowjetische und eine amerikanische Einflußsphäre weitgehend abgeschlossen war und daß nur eine grundsätzliche außenpolitische Veränderung entweder auf seiten der UdSSR oder der USA, vielleicht aber auch der massenhafte Druck der Bevölkerung in allen vier Besatzungszonen eine Korrektur dieser Entwicklung ermöglichen oder erzwingen könnten. Die SPD hatte durch ihre Politik seit Mai 1945 weder die Teilung Deutschlands verhindern noch die absolute Mehrheit im westdeutschen Teilstaat erringen können.

Begeisterung für Europa

Statt mit dem bisherigen Zweckoptimismus Schluß zu machen und eine kritische Bestandsaufnahme zu erarbeiten, die erst eine offensive Strategie gegen die Restaurationen ermöglicht hätte, flüchtete sich die sozialdemokratische Mehrheitsfraktion des SDS in eine romantische Europa-Begeisterung.

Zwar schloß der SDS seine organisatorische Konsolidierungsphase Ende September 1949 auf der IV. Delegiertenkonferenz in Ratingen bei Düsseldorf ab, verzichtete jedoch weitgehend auf eine inhaltliche Auseinandersetzung mit der bisherigen SPD-Politik. Wichtigstes Ergebnis dieser Konferenz war eine Satzungsänderung, die keine individuelle Mitgliedschaft im SDS mehr vorsah, sondern nur die Mitgliedschaft in den jeweiligen Hochschulgruppen. Dadurch wurde die Autonomie der einzelnen Hochschulgruppen (z. B. für den Fall des Ausschlusses seiner Mitglieder) gegenüber dem Bundesvorstand gestärkt. Der SDS ging zwar ohne eine politische Perspektive in die Adenauer-Ära, jedoch mit einer organisatorischen Struktur, die es den einzelnen Gruppen ermöglichte, auch nonkonformistische, der SPD-Linie widersprechende Positionen in den Gruppen und an den Hochschulen zu diskutieren, ohne einen bürokratischen Ausschluß durch den BV befürchten zu müssen. Insofern läßt der Ende der 60er Jahre von antiautoritären Studenten erhobene Vorwurf gegen die »sozialdemokratische Organisationsstruktur« des SDS hier ein wesentliches Element vollkommen außer acht.

Nach Ausbruch des Korea-Krieges im Juli 1950 forderte Bundeskanzler Konrad Adenauer erstmals öffentlich in einem Interview mit der »New York Times« am 18. August 1950 westdeutsche

Verteidigungstruppen. 11 Tage später verlangte er in einem Memorandum an die Hohen Kommissare der drei West-Alliierten eine stärkere Berücksichtigung der Sicherheitsinteressen der Bundesrepublik. Auf der V. Delegiertenkonferenz des SDS vom 8.-12. September 1950 in Mainz wehrte sich die Mehrheit der Delegierten erstaunlicherweise nicht prinzipiell gegen jede Wiederbewaffnung, wie z. B. das als Gast anwesende Zentralvorstandsmitglied der »Sozialistischen Jugend Deutschlands, Die Falken«. Zwar lehnte die Konferenz in einem Beschluß die Remilitarisierung Westdeutschlands ab, stellte jedoch die »Tatsache« fest, daß eine »Verteidigung nur durch die vereinten Kräfte der Welt-Demokratien« möglich sei, wobei Deutschland als gleichberechtigter Partner »bestimmte Aufgaben« zu übernehmen habe. Das entsprach genau der Parteilinie unter Kurt Schumacher nach Ausbruch des Korea-Krieges. Was die Delegierten jedoch hauptsächlich interessierte, war ein Ausbau der Zusammenarbeit des SDS mit anderen westeuropäischen Jugend- und Studentenorganisationen, die wie der SDS Mitglieder der »Internationalen Union der Sozialistischen Jugend« (IUSY) waren. Diese Europa-Begeisterung erklärt sich einmal aus dem Verlangen, die individuell erlebte Isolation als Deutscher in der europäischen Jugend zu durchbrechen, zum anderen aus dem Wunsch, sich als gleichberechtigte Demokraten zu legitimieren. In dieser Frage nahm die sozialdemokratische Mehrheitsfraktion im SDS eine vom Parteivorstand der SPD abweichende Position ein.
Am 9. November 1949 beschloß der Ständige Ausschuß der »Europa-Versammlung« die Aufnahme der Bundesrepublik Deutschland. Bedingung war, daß das weiterhin von Frankreich wirtschaftlich und außenpolitisch abhängige Saargebiet zum selben Zeitpunkt als eigenständiges Mitglied aufgenommen werden sollte. Der SPD-Parteivorstand lehnte dieses Junktim der »Europa-Versammlung« entschieden ab. Außerdem verweigerte er jede deutsche Mitarbeit in der geplanten »internationalen Ruhrbehörde« und forderte statt dessen eine »allgemeine Internationalisierung der westeuropäischen Großindustrie«. Trotz dieser eindeutigen Stellungnahme der SPD-Opposition zu den Plänen der Westalliierten konferierte Adenauer Mitte November 1949 in den »Petersberger Verhandlungen« mit den »Drei Hohen Kommissaren« über das Ruhrstatut, einen eventuellen Stopp der Demontage, die Saarfrage, den Status von West-Berlin und den Zeitpunkt, zu dem die drei Westalliierten der Bundesrepublik die volle Souveränität zurückgeben würden. Adenauer lehnte es ab, die informellen Diskussionsergebnisse dieser Geheimverhandlungen vor dem Bundestag bekanntzugeben, da er ja nur den langfristigen Handlungsspielraum für eine deutsche Politik ausgelotet habe. Diese Geheimdiplomatie verstieß aber nach dem Demokratieverständnis des gesamten SPD-Parteivorstandes gegen das Prinzip

der »vollen Souveränität des Parlaments«. (Dieser Standpunkt spielte später auch in der Debatte über die Remilitarisierung Deutschlands eine wesentliche Rolle.) Da aber die Westalliierten grundsätzlich nur bereit waren, die bisherige Demontage-Politik aufgrund von langfristigen informellen Absprachen mit der deutschen Bundesregierung zu stoppen, erklärte sich der DGB-Vorstand unter Hans Böckler im Gegensatz zur SPD-Bundestagsfraktion bereit, in der »Internationalen Ruhrbehörde« mitzuarbeiten. In der Debatte über die »Petersberger Verhandlungen« am 24. November 1949 kam es zum offenen Bruch zwischen Adenauer und Schumacher. Schumacher bezeichnete Adenauer als »Bundeskanzler der Alliierten« und stellte mit dieser Äußerung den zerbrechlichen Kompromiß zwischen den bürgerlichen Parteien und der sozialdemokratischen Mehrheitsfraktion in der deutschen Arbeiterbewegung in Frage. Dieser Kompromiß war letztlich deshalb so wichtig, weil er die Gründung einer separaten Bundesrepublik erst ermöglicht und darüber hinaus die Integration dieses Teilstaates in eine europäische Wirtschaftsunion und langfristig in ein atlantisches Militärbündnis vorbereitet hat.
Die Diskussion über die europäische Einigung innerhalb der informellen SDS-Kader wurde weniger durch Fragen wie die »Internationale Ruhrbehörde« und das Saarstatut geprägt als durch die Vorbereitung studentischer internationaler Arbeitslager oder in Planung regionaler Arbeitsgemeinschaften sozialistischer Studenten längs des Rheins. Die SDS-Generation der ersten Stunde pflegte ein abstraktes und vorwiegend emotionales Europabild.

Heute führende SPD-Mitglieder, z. B. der ehemalige Bundesvorsitzende (1947/48) und Beauftragte für die Britische Besatzungszone Helmut Schmidt (Hamburg) und für die Amerikanische Besatzungszone Karl Wittrock (Frankfurt/Main, seit 1967 Staatssekretär im Bundesverkehrsministerium), der Bundesvorsitzende der Jahre 1949 und 1950 John van Nes Ziegler (Köln, heute dort Oberbürgermeister), Günther Bantzer (Berlin, 1951 Bundesvorsitzender, heute Oberbürgermeister in Kiel), Ulrich Lohmar (Bundesvorsitzender der Jahre 1952 bis 1954, 1951 bis 1954 Assistent bei Helmut Schelsky in Hamburg, 1954 bis 1968 Chefredakteur der sozialdemokratischen Zwei-Monats-Zeitschrift »Die Neue Gesellschaft«, 1957 bis 1976 Bundestagsabgeordneter, heute o. Prof. für politische Wissenschaft an der Pädagogischen Hochschule Westfalen Lippe, Abteilung Paderborn) und Claus Arndt (Zweiter Bundesvorsitzender 1952 und 1954, Bundestagsabgeordneter von 1968 bis 1972, heute Regierungsdirektor und Lehrbeauftragter in der Verwaltungs- und Polizeischule Hamburg) sind in dieser Phase politisch und intellektuell sozialisiert worden. Das heißt aber, daß sie weniger in der europäischen Tradition der sozialdemokratischen Arbeiterbewegung standen als in der Tradition der europäischen Jugendarbeit.[17]

Erste Theorie-Diskussionen

Im SDS gab es bis zu diesem Zeitpunkt theoretische Diskussionen nur in Minoritätszirkeln. Das änderte sich erst zur Zeit der VI. Delegiertenkonferenz, die vom 15. bis zum 17. September 1951 in Braunschweig stattfand. Im Hauptreferat kritisierte der Professor für Politische Soziologie, Dr. Otto Stammer[18], die intellektuelle Interessenlosigkeit weiter Kreise der Studentenschaft. In diese Kritik schloß er den SDS mit ein, der bisher weitgehend versäumt habe, die Diskussionen und Analysen der sozialistischen Intelligenz der Weimarer Republik aufzuarbeiten und einer größeren universitären Öffentlichkeit zugänglich zu machen. Nach der Diskussion des Referates beschlossen die Delegierten, zukünftig Bundesseminare zu bestimmten Themenkreisen abzuhalten. Auf einem der ersten Bundesseminare, der Ludwigsteiner Tagung vom 27. April bis zum 3. Mai 1952, diskutierten die Delegierten mit Prof. Dr. Leo Kofler allgemeine Grundlagen des theoretischen Marxismus. Im Schlußprotokoll der Tagung werden eine »Zusammenfassung aller theoretisch arbeitenden Kräfte in der deutschen sozialistischen Bewegung« und die Herausgabe sowohl eines zentralen theoretischen Organs der Sozialdemokratie als auch einer überregionalen parteilichen Tageszeitung durch den SPD-Parteivorstand gefordert. Die erstmals im August 1954 erschienene »Neue Gesellschaft« fand jedoch als Diskussionsforum außerhalb der SPD nur wenig Beachtung. Was die Studenten anbetrifft, so läßt sich die Bedeutung dieses Organs z. B. während der 60er Jahre nicht im entferntesten mit der der »neuen kritik« oder des »Arguments« vergleichen. Zu einer überregionalen Tageszeitung hat es die SPD niemals gebracht.

Auf einer weiteren Ferientagung im Sommer 1952 in Speyer diskutierten die Delegierten u. a. über die Notwendigkeit der Einrichtung von Lehrstühlen für Soziologie und Politikwissenschaft an den westdeutschen Universitäten gegen den Widerstand der klassischen Fakultäten. Anfang der 50er Jahre versuchten engagierte deutsche Sozialwissenschaftler, von denen viele aus der Emigration zurückgekehrt waren, — oft gezwungenermaßen außerhalb der Universitäten — sozialwissenschaftliche Forschungsinstitute zu etablieren, so das Berliner Institut für politische Wissenschaft und das Frankfurter Institut für Sozialforschung.[19] Die tradierte Universität fürchtete durch die Einrichtung solcher Lehrstühle eine Politisierung der Hochschulen und empfand die Institutionalisierung der Politikwissenschaft als akademische Disziplin als direkten Eingriff ausländischer politischer Instanzen in die Autonomie der Hochschule. Es ist kennzeichnend für die damalige Situation, daß nicht eine repräsentative Gruppe aus der Professorenschaft, sondern ein politischer Studentenverband wie der SDS solche Initiativen öffentlich unterstützte.

Der Tod von Kurt Schumacher

Am 20. August 1952 verlor die SPD mit Kurt Schumacher ihre dominierende Persönlichkeit. Schumacher hatte das innerparteiliche Leben der SPD nach dem Ende des Zweiten Weltkrieges bestimmt. Ohne Widerspruch zu dulden definierte er die Einstellung der Partei gegenüber dem Marxismus, dem Kommunismus und dem bürgerlichen Parlamentarismus. Es ist Theo Pirker zuzustimmen, wenn er konstatiert, daß Schumacher über eine Partei dominierte, »die ideologisch ausgelaugt und in Fragen der Theorie uninteressiert war. Die SPD hatte weder Weimar noch Hitler überwunden oder bewältigt. Für diese Partei war Kurt Schumacher die Politik und die Doktrin«.[20] Die Überführung des Leichnams von Bonn nach Hannover — vorbei an Hunderttausenden von Arbeitern mit roten Fahnen — wurde zu einer der mächtigsten Demonstrationen der Existenz der sozialdemokratischen Arbeiterbewegung. Diese tatsächlich vorhandene gesellschaftliche Kraft zu mobilisieren stand auf der Tagesordnung. Dazu hätte die Partei ein strategisches Konzept ausarbeiten müssen. Statt dessen schwankte die Oppositionspolitik der SPD unter Erich Ollenhauer zwischen Anpassung, Nachtraben und Verweigerung, zwischen sozialdemokratischem Milieu und Integration in die bundesrepublikanische »Wirtschaftswundergesellschaft«, permanent irritiert und beleidigt über irgendwelche Wahlniederlagen, aber stets der Tradition der Arbeiterbewegung treu.

Wie die Alten, so die Jungen

Auch der SDS als sozialistischer Intellektuellenverband bewies im Herbst 1952 auf seiner VII. Delegiertenkonferenz, daß er unfähig war, die politischen Konsequenzen aus dem Ende der Schumacher-Ära zu ziehen. Statt die notwendige Bestandsaufnahme sozialdemokratischer Nachkriegspolitik in Angriff zu nehmen, diskutierten die Delegierten vom 4. bis 6. Oktober in Münster eine äußerst vage Erklärung über »Grundsätze und Ziele des Sozialistischen Deutschen Studentenbundes«, die in Teilen sogar hinter die Hamburger Richtlinien aus dem Jahre 1946 zurückfielen.

Der Verband verstand sich zwar noch weiter als »ein Glied der Arbeiterbewegung«, während in den Hamburger Richtlinien jedoch noch Vorschläge zur Veränderung der kapitalistischen Wirtschaftsordnung gemacht worden waren, wurde jetzt ein so unspezifischer Begriff von Sozialismus verwendet, daß sich jedes Mitglied des Verbandes dabei denken konnte, was es wollte. Der Erklärung lag das klassenunspezifische humanistische Ideal des sich frei entfaltenden Individuums zugrunde. »Als Gleicher unter Gleichen soll er zum Wohle der Allgemeinheit wirken. Er soll im Mittelpunkt allen gesellschaftlichen Lebens stehen.« Als Voraussetzung dafür forderten die Delegierten denn auch nur noch einen »freiheitlichen Rechtsstaat« und eine »demokratische Wirtschaftsordnung«. Ohne die Benennung der materiellen Bedingungen für juristische und soziale Gleichheit blieb dieser Appell an das Gute im Menschen abstrakt und idealistisch. Diese Beschwörung der Rechtsstaatlichkeit muß allerdings als Reaktion auf die Praxis der Klassenjustiz von oben in der DDR gesehen werden. Besonders auffallend ist, daß der Begriff Planung in den »Grundsätzen und Zielen« nicht mehr vorkam, zu einer Zeit, in der er in der SPD noch gang und gäbe war. Entscheidend neu — auch im Vergleich zu Programmen der »Sozialistischen Studentenschaft Deutschlands und Österreichs« seit den 20er Jahren — war jedoch die These: »Studium ist Arbeit und ist als solche zu bewerten. Die Gesellschaft hat die Voraussetzungen für diese Arbeit zu schaffen.« Diese programmatische Erklärung war in den nächsten zwanzig Jahren Grundlage der Hochschulpolitik des Verbandes.

Die Sozialistische Hochschulgemeinschaft (SHG)

Am 29. Januar 1953 wurde erneut die »Sozialistische Hochschulgemeinschaft« gegründet.[21] Die Initiative ging von vereinzelten Professoren aus, die wie Wolfgang Abendroth und Hans-Joachim Heydorn in einer links-sozialdemokratischen Tradition standen, vom Betriebsratsvorsitzenden der Stuttgarter Zeitung, Fritz Lamm, und vom damaligen SDS-Bundesvorstand mit Ulrich Lohmar und Claus Arndt als Vorsitzenden. Die Gemeinschaft sollte dem zunehmend spürbaren Einfluß der Korporationen und der Alten Herren entgegentreten und die neue Studentengeneration über die historische Rolle der Burschenschaften und Corps aufklären. Darüber hinaus sollte endlich für die Bildungspolitik der SPD an den Hochschulen eine fundierte Konzeption ausgearbeitet werden. Spätestens nach Gründung der Freien Universität in der sozialdemokratischen Hochburg Berlin hatte sich erneut gezeigt, daß die Partei keine konkreten Vorstellungen über den Universitätsbereich entwickelt hatte, weshalb auch an der FU konservative Professoren an Einfluß gewinnen konnten.
Das herausragende Ereignis vor der Bundestagswahl 1953 war der niedergeschlagene Arbeiteraufstand des 16./17. Juni 1953. Die Tatsache, daß Kommunisten nach 1945 in einem Teilstaat Deutschlands, der DDR, auf demonstrierende Arbeiter schossen, bedeutete für die KPD in dem anderen Teilstaat, der Bundesrepublik Deutschland, das politische Ende. Auch die DKP steht bis zum heutigen Tag unter diesem Trauma. Die Versuche des SDS, sich von außen mit Flugblättern und Kommentaren mit den aufständischen Arbeitern in der DDR zu solidarisieren, blieben hilflos und hölzern: »Die gerechte Sache wird siegen«, »Das Volk ist unbesiegbar«, »Das Volk hat sie in eine Sackgasse getrieben, aus der es keinen Ausweg gibt«.[22] Diese Sprache der Ohnmacht ähnelt gespenstisch der Ausdrucksweise der heutigen maoistischen Studentenorganisationen KSV und KHG, die auch die Unbesiegbarkeit »des Volkes« beschwören. Trotz zahlreicher Niederlagen seit

der Pariser Commune im Jahre 1871 verdrängen immer wieder Teile der linken bürgerlichen Intelligenz die Möglichkeit des historischen Scheiterns der Arbeiterbewegung.

Die zweite verlorene Bundestagswahl

Kurze Zeit später verlor die SPD mit 28,8 % die zweite Bundestagswahl, während das bürgerliche Parteienkartell aus CDU/CSU (45,2 %), FDP (9,5 %), BHE (5,9 %) und DP (3,2 %) fast eine Zwei-Drittel-Mehrheit erzielte. Auch im SDS war das »Trotz alledem!«-Bewußtsein nach dieser Wahlniederlage einem Gefühl von Hoffnungslosigkeit und Vergeblichkeit gewichen. Statt eines Leitartikels zierte die Titelseite des Bundesorgans »Unser Standpunkt« ein Gedicht »An die Schwankenden«, ein Konglomerat aus Melancholie und Selbstmitleid, oberflächlichen Assoziationen und theoretischer Perspektivlosigkeit.[23] Wie schon nach der ersten verlorenen Bundestagswahl des Jahres 1949 erwies sich die deutsche Sozialdemokratie auch dieses Mal als unfähig, den Tatbestand der Niederlage ohne Rationalisierungen und Verdrängungen zu akzeptieren. Statt die Ursachen des Fiaskos zu analysieren, ging der Parteivorstand erneut auf die Pirsch nach dem Sündenbock. (Wenn Wolfgang Abendroth ausnahmsweise mal auf Parteilinie lag, Peter von Oertzen noch Schonzeit hatte oder Viktor Agartz später nicht mehr zur Verfügung stand, weil man ihn bereits gefeuert hatte, blieb da immer noch ein gewisser Sachse namens Walter Ulbricht.)

Die FU-Gruppe: Auf nach Godesberg!

Im Dezember 1953 erstellte eine Arbeitsgruppe von SDS- und SPD-Mitgliedern in der Freien Universität ein Thesenpapier, das sich mit den vermeintlichen Ursachen der Niederlage in der Bundestagswahl vom 6. September 1953 auseinandersetzte. Angelpunkt der programmatischen Argumentation war die Behauptung, es gebe keine Klassengesellschaft mehr und die Marxisten befänden sich daher in einer »geistigen Krise«. Zwar muß man den Autoren zugestehen, daß sie sich nicht davor drückten einzugestehen, daß ihre Partei auf Bundesebene von einem Waterloo zum nächsten taumelte. Mit der Ideologie der nivellierten Mittelstandsgesellschaft, in der die Klassen wegdefiniert werden, konnten sie jedoch nicht die wirklichen Gründe für den (bisher) zweifachen Sieg des Besitzbürgertums in den Griff bekommen. Nicht zuletzt deshalb mußte der programmatische Alternativ-Entwurf für eine neue sozialdemokratische Politik in einer tagespolitisch zurechtgeschusterten Auflistung der Ziele der bürgerlichen Revolution steckenbleiben: »Als verbindliche Ziele der Sozialdemokratie können nur noch die großen sozialen Werte gelten:

persönliche Freiheit, Hebung des allgemeinen Wohlstands, soziale Sicherheit und Solidarität.« Das heißt im Klartext aber nichts anderes als Integration der SPD in die bundesrepublikanische Gesellschaft der Kleinbürger in freier Marktwirtschaft.

Spannend wird das Thesenpapier dort, wo es für eine (aufgrund der Erfahrungen der letzten zehn Jahre würde man heute sagen:) Sanierung des historisch gewachsenen sozialdemokratischen Milieus eintritt. Eine SPD neuen Typs setze voraus:
— die Ablösung des alten Funktionärskörpers aus der Arbeiterklasse;
— die Mobilisierung der jungen gegen die alte Generation;
— die Einmottung der herkömmlichen Symbole der Arbeiterbewegung.
Forthin sollten berufliche Fähigkeiten, Charakter und Tüchtigkeit die Kriterien für die Auslese des Funktionärskörpers sein. Damit tat man so, als könnten nur Akademiker und nicht Arbeiter diesen Persönlichkeitsmerkmalen gerecht werden. Letztlich aufgrund einer solchen Konzeption wurden gestandene sozialdemokratische Arbeiterführer wie Franz Neumann in die Wüste geschickt.[24] Die »Fähigen«, »Charakterstarken« und »Tüchtigen« von heute heißen in West-Berlin z. B. Klaus Schütz (Regierender Bürgermeister a. D.), Dietrich Stobbe (Regierender Bürgermeister bis 1978) und Klaus Riebschläger (Senator für Finanzen), in den 50er Jahren typische Vertreter solcher Vorstellungen.
Die ältere Generation, deren politisches Bewußtsein durch die Erfahrung des Klassenkampfs in der Weimarer Republik, der Weltwirtschaftskrise und des Terrors der Nazis geprägt worden war, dominiere — so die Verfasser der Thesen — die Partei und verhindere den Aufstieg dynamischer junger Männer. Deshalb gelänge es auch nicht, die Jungwähler für die SPD zu gewinnen. Begriffe wie »Marxismus«, »Genosse«, »Planwirtschaft«, aber auch die rote Fahne hätten endgültig zu verschwinden. Begründung: Sie seien »vom Bolschewismus restlos kompromittiert«.
Die organisatorischen Forderungen des Papiers zielten nicht auf einen Ausbau der innerparteilichen Demokratie, sondern auf die Stärkung des Parteivorstandes, die satzungsmäßige Absicherung der Verselbständigungstendenzen der Bundestagsfraktion und die Einrichtung eines nach Fachsektoren untergliederten Generalsekretariats ab. Diese Überlegungen stellten einen Vorgriff auf die Beschlüsse zur Organisationsstruktur auf dem Parteitag der SPD in Stuttgart im Mai 1958 dar, auf dem die innerparteilichen Voraussetzungen für den Godesberger Parteitag geschaffen wurden.

Diese Thesen wurden am 15. Januar 1954 auf der Mitgliederversammlung der SDS-Gruppe an der FU mit 12:10 Stimmen angenommen. Bereits vier Tage später lehnte die SDS-Gruppe an der Hochschule für Politik (das spätere Otto-Suhr-Institut) die 15 Thesen inhaltlich ab. Im Februar verschickte eine Gruppe um Harry Ristock (damals dort wissenschaftlicher Hilfsassistent) eine kritische Stellungnahme, in der die Auffassung zurückgewiesen wurde, die »zu wenig ›bürgerliche‹ Haltung« der SPD sei für die Wahlniederlagen verantwortlich. »Wir wissen, daß die Partei zu wenig sozialistisch und vielleicht sogar zu wenig revolutionär ist und darin sehen wir die Ursachen unseres Mißerfolges.«[25]

III. Der Bundesvorstand Lohmar/Arndt

Andererseits setzte sich in dieser allgemeinen Resignation eine Gruppe um den Bundesvorsitzenden Ulrich Lohmar im SDS durch, die nicht mehr explizit in der Tradition der Sozialdemokratischen Arbeiterbewegung stand, sondern eher dazu tendierte, praktische ad hoc-Antworten auf den Vormarsch der CDU/CSU unter Konrad Adenauer zu finden. Für diese SDSler bedeutete eine Führungsposition im Studentenverband den bewußten Beginn einer Parteikarriere in der SPD. Zwar war der SDS nach 1945 immer ein Rekrutierungsfeld für die Parteielite gewesen, diese jungen Macher stellten jedoch einen neuen Typus von Berufspolitikern dar, für den Wissenschaft und Universität nur noch Karriere-Sprungbrett waren.[26]

Beginn der Wehrdebatte

Diese Gruppierung veranstaltete unmittelbar vor der VIII. Delegiertenkonferenz des SDS in Hamburg vom 3. bis 6. Oktober 1953 eine »Wehrpolitische Arbeitstagung« und bereitete Diskussionsthesen für die Delegiertenkonferenz vor.[27] Im Verlauf der Wehrdebatte auf der DK zeichnete sich ab, daß zwischen den Befürwortern einer bundesrepublikanischen Beteiligung an der Europäischen Verteidigungsgemeinschaft (EVG) und einer pazifistisch-sozialistischen Minderheitsfraktion keine inhaltliche Einigung möglich war. Um den Verband nicht kurz nach der verlorenen Bundestagswahl auch noch zu spalten, verzichteten beide Fraktionen offensichtlich auf einen Machtkampf.

Die Mehrheit um Ulrich Lohmar vertrat die Auffassung, die bürgerliche Demokratie sei grundsätzlich verteidigungswert, auch mit militärischen Mitteln. Der demokratische Sozialismus habe nur im »freien Westen« eine Verwirklichungschance. Für beide Fraktionen hatte die Wiedervereinigung Deutschlands Priorität. Die Mehrheitsfraktion gestand in der Diskussion ein, daß die Wiederbewaffnung und die Eingliederung der Bundesrepublik in ein westliches Verteidigungssystem die Spaltung Deutschlands zementieren würden. Die Intensität und die Schärfe der Auseinandersetzungen waren für den Arbeitsstil des Verbandes bis zu diesem Zeitpunkt ungewöhnlich. Daß es die Gruppe um Ulrich Lohmar früher oder später jedoch auf eine Konfrontation ankommen lassen würde, zeichnete sich schon in der von vielen Delegierten als Provokation empfundenen Einladung Prof. Dr. Helmut Schelskys ab, der zum zweiten Hauptthema der DK, »Das hochschulpolitische Programm des SDS«, das Einleitungsreferat »Bildung als soziale Macht« hielt. Der SDS beschloß, auf der Grundlage der vom Bundesvorstand vorgelegten Hochschuldenkschrift »Hochschule in der modernen Gesellschaft«[28] für die nächste DK ein grundsätzliches und umfassendes Hochschulprogramm zu erarbeiten, in dem ein intensiverer Ausbau der Sozialwissenschaften, eine stärkere Integration der Hochschule in die Gesamtgesellschaft und eine größere Durchlässigkeit des Studiums als Forderungen konkretisiert werden sollten. Einen weiteren Schwerpunkt der Diskussionen bildete die These, Studium sei Arbeit für die Gesellschaft, für die der SDS die Einführung eines allgemeinen Studienhonorars fordern müsse. An diesen Thesen der Hochschuldiskussion hielt der SDS im wesentlichen auch nach der durch die Wehrdebatte eingeleiteten Spaltung fest. Die Tatsache, daß der SDS Ende der 60er Jahre durchaus mit SPD-Länderregierungen bei der Vorbereitung von Hochschulgesetzen zusammenarbeiten konnte, ist darauf zurückzuführen, daß sowohl die Vertreter des SDS in den Studentenparlamenten als auch die Mitglieder der SPD-Hochschularbeitskreise in der Tradition der SDS-Hochschuldenkschriften standen.

Hochschule und Gesellschaft

Auf der IX. Bundesdelegiertenkonferenz des SDS in Marburg vom 27. bis 29. Oktober 1954 wurde die Denkschrift »Hochschule in der modernen Gesellschaft«[29] beschlossen.

In seinem Einleitungsreferat zur Hochschuldebatte wies der 1. Bundesvorsitzende Ulrich Lohmar auf einen Generationenwechsel hin. Er stellte fest, daß zwei Drittel der Delegierten in Marburg zum ersten Mal an einer DK teilnahmen. Die Kriegsgeneration, die 1946 den Verband gründete, habe die Universität verlassen und eine neue Generation sei in den SDS »hineingewachsen«. Dies sei besonders bemerkenswert, weil die neue Generation an den Hochschulen im allgemeinen nur auf eigenen Vorteil bedacht sei. Daher erkläre sich die besondere Anziehungskraft der Korporationen mit ihrer Ämterpatronage durch die Alten Herren. Ein weiterer Grund für den studentischen Zulauf zu dem tradierten Verbindungswesen erkläre gleichzeitig die fehlende Attraktivität des SDS für große Teile der Studentenschaft: das »emotionale Bedürfnis«, die zunehmende Anonymität der Universität durch Anschluß an eine Gemeinschaft zu durchbrechen. Diesem Bedürfnis könne der SDS »nur bis zu einem gewissen Grade Rechnung tragen. Politische Arbeit verlangt ein Minimum an rationeller Einsicht, Bereitschaft, sich von emotionalen Einflüssen zu lösen, zu rationaler Erkenntnis zu gelangen.« (Protokoll) Neben einer konstruierten Entschuldigung für die Stagnation des Verbandes klingt hier ein Appell an die »Sachzwänge« an, mit der der alte Vorstand die Delegierten zur Realpolitik mahnen wollte.

Lohmars undialektische Trennung von politischem Lernprozeß, wissenschaftlicher Rationalität und Bewußtseinsveränderung verdeutlicht das Politikverständnis eines bestimmten Typus sozialdemokratischen Parlamentariers, der weniger durch Klassenkampf als durch kontinuierliche, oft g'schaftelhuberische Kleinarbeit in den Institutionen der Arbeiterbewegung sozialisiert wurde. Bierernst, Sauertöpfigkeit, Phantasielosigkeit, aber auch organisatorische Zuverlässigkeit sind charakteristisch für diesen Funktionärstypus. Erst die antiautoritäre Protestbewegung der 60er Jahre stellte dem eine in der Studentenschaft äußerst attraktive Unmittelbarkeit von politischer Praxis und Theorie gegenüber.

Militanter Protest und Bewußtsein

Es ist bezeichnend, daß in Lohmars Bericht die Initiativen der SDS-Hochschulgruppen Freiburg/Breisgau, Göttingen, Marburg, Frankfurt/Main und West-Berlin zu oftmals militanten Demonstrationen gegen die Aufführung von Veit-Harlan-Filmen[30] oder die Schlägereien mit Korporationen und Polizisten, soweit diese für die Verbindungsstudenten Partei ergriffen, unerwähnt bleiben, obwohl diese Erfahrungen für die Politisierung der Mitglieder offensichtlich eine wichtige Rolle gespielt haben.[31] Bei diesen Demonstrationen handelte es sich nicht — wie später in den 60er Jahren — um symbolische »direkte Aktionen« innerhalb einer offensiven Strategie gegen politische Kommandostellen des Staatsapparates, sondern eher um vereinzelte, oft spontane, z. T. militante ad hoc-Reaktionen zur Abwehr von Symptomen der Restauration. Indem man die Wiederaufführung von Spielfilmen NS-belasteter Regisseure verhinderte, sollte die stillschweigende Rehabilitierung antisemitischer Propagandisten in die bundesrepublikanische Kulturlandschaft abgeblockt werden; Gegendemonstrationen sollten das öffentliche Auftreten von Corpsstudenten in Couleur und vollem Wichs unmöglich machen; durch gewaltsame Besetzung eines Paukbodens erzwangen die linken Studenten den Abbruch von Bestimmungsmensuren. Solche Aktionsformen orientierten sich Anfang der 50er Jahre noch an den antifaschistischen Stoßtrupp-Unternehmen der »Sozialistischen Arbeiterjugend« (SAJ) und der »Eisernen Front« gegen SA-Lokale in Arbeitervierteln in den letzten Jahren der Weimarer Republik. Das studentische Verbindungswesen wurde von diesen Studenten nicht nur als anachronistischer Mummenschanz begriffen, sondern als Wegbereiter des Nationalsozialismus. Das später geflügelte Wort »Bonn ist nicht Weimar« hatte für die damalige Generation noch eine ganz andere Bedeutung als für uns heute. War nämlich die Bestimmungsmensur in der Weimarer Republik noch als »Zweikampf mit tödlicher Waffe« verboten, so entschied der 5. (Berliner) Strafsenat des Bundesgerichtshofs am 29. Januar 1953, die Bestimmungsmensur gelte nicht mehr als Zweikampf mit tödlicher Waffe.[32] Damit sanktionierte er ausdrücklich diesen Initiationsritus einer autoritären ständischen Männerwelt als mit dem Grundgesetz vereinbar. Abgesehen von der traditionellen reaktionären Gesinnung im Justizapparat zeigte dieses Grundsatzurteil, daß die kleinen antifaschistischen Restgruppen schon zu Beginn der 50er Jahre wieder mit dem Rücken an der Wand standen.

Studentenschelte

Der Vortrag zum Thema »Die Hochschule — rechts von der Demokratie?«, das sich Ulrich Lohmar gestellt hatte, wurde nur auf der Ebene der Verbandsarbeit konkret. Eine differenzierte Analyse der Ursachen für die schleichende Restauration gab Lohmar nicht und konnte deshalb auch nicht die Bedingungen für einen historisch notwendigen Strukturwandel der Gesellschaft benennen, der Demokratie erst möglich macht. Der Bundesvorstand Lohmar/Arndt hatte seit 1952 aus Gründen der Parteiräson die kritische Diskussion über Grundsatzentscheidungen besonders der westlichen Militärregierungen, die zur Herausbildung eines separaten Weststaates geführt hatten, systematisch ausgeklammert und die Verantwortung für die Teilung Deutschlands ausschließlich der sowjetischen Regierung angelastet. Die permanente Tabuisierung wesentlicher Aspekte der Nachkriegsgeschichte verhinderte sowohl die theoretische Aufarbeitung der politischen Niederlage der SPD als auch des Sieges des bürgerlichen Blocks. Diese vom Bundesvorstand Lohmar/Arndt mit zu verantwortende Sprach- und Begrifflosigkeit führte denn auch dazu, daß Lohmar am Ende seines Referats die Studentenschaft als »rechts« beschimpfte. Andererseits machte er es sich durch eine solch oberflächliche Abhandlung des Themas unmöglich, die politischen Lernprozesse der verschiedenen SDS-Hochschulgruppen, die für die zukünftige Entwicklung des Verbandes von ausschlaggebender Bedeutung waren, in die Debatte auf der Delegiertenkonferenz mit einzubeziehen. Man muß jedoch sagen, daß nicht nur der Bundesvorstand, sondern der damalige Gesamtverband sein Thema: das Verhältnis zwischen Hochschule/Wissenschaft und nachfaschistischer bürgerlicher Gesellschaft verfehlte. Erst im September 1961 legte der Verband eine hochschulpolitische Denkschrift vor, die von einer marxistischen Position aus die Voraussetzungen für die Demokratisierung der Universität benannte und konkrete Forderungen aufstellte.[33]

SDS und Gewerkschaften

Der Auftritt des geschäftsführenden DGB-Vorstandsmitglieds Ludwig Rosenberg auf der Marburger Delegiertenkonferenz signalisierte eine Intensivierung der Zusammenarbeit zwischen SDS und DGB jenseits der SPD. In Zukunft, so Rosenberg, solle die gewerkschaftlich organisierte Arbeiterschaft durch die verbandseigene Presse besser über die soziale Lage der Studentenschaft und die Hochschularbeit des SDS informiert werden. Der DGB werde die Auslandsarbeit des SDS finanziell und politisch unterstützen. Es blieb nicht bei der Absichtserklärung. In den folgenden Jahren wurden die bisher nur zufälligen und lockeren Kontakte in der gewerkschaftlichen Schulungsarbeit zwischen einzelnen SDS-Mitgliedern und Gewerkschaftsfunktionären kontinuierlich ausgebaut. Insbesondere der SDS-Landesverband Hessen und hier wiederum besonders die Frankfurter Gruppe stellten nicht nur Referenten, sondern wirkten auch bei der Ausarbeitung von Schu-

lungsprogrammen des DGB und einzelner Industrie-Gewerkschaften mit. Zur Zeit des Unvereinbarkeitsbeschlusses zwischen SPD- und SDS-Mitgliedschaft im Herbst 1961 bestand eine Vertrauensbasis, die schon so stark war, daß besonders die IG Metall und die IG Chemie noch bis 1967/68 Bundesseminare des SDS finanzierten, ohne damit politische Auflagen zu verknüpfen. Diese Erfahrungen mit der gewerkschaftlichen Schulungsarbeit hatten natürlich auch Rückwirkungen auf die theoretischen Diskussionen innerhalb des SDS über die Rolle der sozialistischen Intelligenz in der bundesrepublikanischen Gesellschaft und auf die Frage, wie Klassenbewußtsein entsteht und sich verändert.[34]
Andererseits initiierte und unterstützte der SDS seit 1951 den Aufbau unabhängiger studentischer Arbeitskreise für Gewerkschaftsfragen, die sich ab 1953 als sowohl vom SDS als auch vom DGB unabhängige »Gewerkschaftliche Studentengemeinschaften« (GSG) konstituierten. Der SDS verzichtete bewußt auf einen Hegemonie-Anspruch in den GSG-Gruppen, um das Prinzip der Einheitsgewerkschaft auf der Hochschulebene nicht in Frage zu stellen. Zwar ist der DGB keine Einheitsgewerkschaft im ursprünglich 1945 geforderten Sinne, sondern nur ein Dachverband für weitgehend selbständige Industriegewerkschaften. Durch die Gründung des DGB im Herbst 1949 wurde jedoch eine erneute Zersplitterung der gewerkschaftlichen Kräfte in politische und religiöse Richtungsgewerkschaften verhindert.[35] Mitte der 50er Jahre bestand in weiten Kreisen der katholischen Studentenvereine und -verbindungen die Tendenz, die beabsichtigte Spaltung der Einheitsgewerkschaft durch die Gründung eines »Christlichen Gewerkschaftsbundes Deutschlands« (CGD) zu unterstützen. In dieser Situation sollte »linken« Mitgliedern des RCDS und der Sozialausschüsse in der CDU durch den Verzicht auf einen SDS-Führungsanspruch die Möglichkeit der Mitarbeit in der GSG offengehalten werden.
Zum Verständnis des damaligen Klimas an den westdeutschen Universitäten muß man sich vergegenwärtigen, daß die GSG in weiten Kreisen der Akademikerschaft noch in weit größerem Maße auf Unverständnis, Mißtrauen, Vorurteile, Aggressionen und politische Ablehnung stieß als der SDS. Akademisch gebildet und gleichzeitig Marxist zu sein, so etwas wurde an einer philosophischen oder theologischen Fakultät vielleicht gerade noch geduldet. Aber Sympathien für Gewerkschaften, das war einfach zu viel. Lohnkämpfe, Streiks und Klassenkampf waren im klassenspezifischen Bewußtsein der bürgerlichen Elite als Unruhestiftung verpönt. »Prolet« war damals an den Universitäten noch Schimpfwort und nicht Ehrentitel.[36]

Wiederbewaffnung und nationale Frage

Auf der Marburger Delegiertenkonferenz wurde die auf der VIII. DK in Hamburg durch einen Kompromiß vorübergehend auf Eis gelegte Diskussion über die Wiederbewaffnung verschärft fortgesetzt. Zwei Hochschulgruppen stellten zu diesem Komplex Anträge: einmal die Gruppe Marburg, die stark unter dem Einfluß des linkssozialistischen Juristen und Sozialwissenschaftlers Wolfgang Abendroth stand, und zum andern die Berliner FU-Gruppe.

Der Marburger Antrag ging davon aus, daß eine Wiederbewaffnung beider deutscher Teilstaaten nur durch die Aufnahme direkter Verhandlungen zwischen den Regierungen der Bundesrepublik Deutschland und der DDR verhindert werden könnte. Die Bundesregierung dürfe solchen »Verhandlungen über alle Fragen im Zusammenhang mit der Wiedervereinigung Deutschlands« nicht ausweichen, »weil darin eine Anerkennung des rechtlichen Charakters dieses Regimes gesehen werden könne«. Wenn erst hie Bundeswehr, da Nationale Volksarmee existierten, dann sei Deutschland verloren. Um die nationale Einheit zu wahren, nahmen sie bewußt die Möglichkeit in Kauf, daß eine Aufnahme direkter Kontakte zwischen der Regierung der Bundesrepublik und der Regierung der DDR im Ausland als indirekte völkerrechtliche Anerkennung interpretiert werden könnte. Der Antrag forderte weiter, daß der SDS diese Position offensiv in der Partei und in der »deutschen Öffentlichkeit« vertreten und verbreiten sollte.
Demgegenüber hatte der Antrag der Berliner FU-Gruppe eine völlig andere Stoßrichtung: Er forderte die sofortige Einsetzung einer »Studienkommission zur Ausarbeitung von Empfehlungen für eine sozialdemokratische Wehrverfassung«, die die Erfahrungen der österreichischen Sozialdemokraten nach dem Ersten Weltkrieg sowie die der Labour Party und der skandinavischen sozialistischen Parteien einbeziehen sollte. Die Berliner vertraten also einen Standpunkt, der sich zu diesem Zeitpunkt auch im rechten Flügel der SPD durchsetzte. Wenn schon die Wiederaufrüstung nicht verhindert werden könne, dann müsse die Sozialdemokratie Einfluß nehmen, um ein Wiederaufleben des deutschen Militarismus zu verhindern. Die Kommission hätte dann — als intellektueller Zuliefererbetrieb — eine vergleichende Studie erarbeiten sollen, inwieweit die Institution des schwedischen Ombudsmans oder des österreichischen Parlamentskommissärs auf die neue Deutsche Wehrmacht zu übertragen sei.

Daß diese beiden Anträge getrennt dem Plenum vorgelegt wurden, ist offensichtlich darauf zurückzuführen, daß sich die Mitglieder der Antragsprüfungskommission, die am ersten Tag der DK eingesetzt wurde[37], nicht hatten einigen können. Das Plenum ging einer Kampfabstimmung aus dem Weg, indem es eine neue Kommission einsetzte, die diese beiden konträren Anträge vereinheitlichen sollte.[38]

Der schließlich mit 35 gegen 11 Stimmen bei 8 Enthaltungen angenommene Kompromißantrag hatte drei Kernpunkte: 1. die Signatarmächte des Potsdamer Abkommens, die jetzigen Großmächte, sollten endlich Verhandlungen und Vereinbarungen über eine friedliche Regelung des

Problems der deutschen Wiedervereinigung einleiten; 2. die Regierung der Bundesrepublik sollte direkte Verhandlungen mit der UdSSR, der Garantiemacht der DDR, aufnehmen; 3. zusätzlich sollte die Regierung der Bundesrepublik Deutschland mit der »sogenannten DDR« Verhandlungen über »bestimmte Fragen im Zusammenhang mit der Wiedervereinigung Deutschlands« aufnehmen, da solche Kontakte »mit der Regierung der DDR keine Anerkennung ihrer demokratischen Legitimität bedeuten«. In diesem letzten Punkt hatten sich die Marburger eindeutig durchgesetzt. Der Berliner Vertreter in der neugebildeten Kommission hatte offensichtlich den ursprünglichen Antrag der FU zurückgezogen, um eine Entschärfung in der Frage der möglichen Anerkennung der DDR auszuhandeln. Dieser Beschluß zur Deutschland- und Außenpolitik sollte an den Hochschulen und innerhalb der SPD die Diskussion über eine Neuorientierung des deutsch-sowjetischen Verhältnisses und des Alleinvertretungsanspruchs (Hallstein-Doktrin) und über die Integration ins westliche Verteidigungssystem und die damit verbundene Konzeption der Politik der Stärke initiieren.

Die Bedeutung dieses Beschlusses liegt nicht so sehr darin, daß hier Ansätze der »Ost-Politik« erkennbar wären, wie man aus heutiger Sicht überinterpretieren könnte, sondern darin, daß in der nationalen Frage die Enttabuisierung erstarrter Doktrinen eingeleitet wurde. In den folgenden Jahren sollte sich zeigen, daß diese Debatte auch innerhalb des SDS zu einer weiteren Polarisierung und letztlich zur Trennung der Mehrheit seiner Mitglieder von der SPD führte.

Der Beschluß ist auch Indiz dafür, daß der SDS sich als Intellektuellenverband im Vorfeld der Sozialdemokratischen Partei und nicht als eine der tradierten Parteidisziplin unterworfene Unterorganisation der Partei verstand. Folgende Tatsache mag das verdeutlichen: Seit Anfang Mai 1951 gehörte der Bundesvorsitzende Ulrich Lohmar dem neugegründeten SPD-Sicherheitsausschuß an. Zusammen mit Fritz Erler, Adolf Arndt, Horst Ehmke u. a. arbeitete er an einem Alternativ-Entwurf der SPD zu den Fragen der Regelung der Kommando-Struktur, der Absicherung der zivilen Leitung des Verteidigungsministeriums, der parlamentarischen Kontrolle über die Armee, der kontrollierten Personalauslese des zukünftigen Offizierskorps und der verfassungsmäßigen Verankerung des Parlamentsbeauftragten für die Streitkräfte. Obwohl Ulrich Lohmar während der Diskussion über den Beschluß mehrfach versuchte, den Verband auf diese realpolitische Linie des SPD-Parteivorstands in der Wehrfrage festzulegen, bestanden die Delegierten auf ihrem Recht, die Wiederbewaffnung weiterhin abzulehnen und alternative Vorschläge zur Deutschlandpolitik zu unterbreiten. Zeichnete sich auf den Delegiertenkonferenzen bis 1950 bei der ersten Nachkriegsgeneration noch mehrheitlich eine zustimmende Grundhaltung zur Wehrfrage ab, also eine Position rechts von der SPD, so kündigte sich im Herbst 1951 eine Kräfteverschiebung innerhalb des SDS an, die auf der Marburger DK zu einer mehrheitlichen Ablehnung der Remilitarisierung führte —

der SDS stand nun links von der SPD. Dieser Prozeß der Umorientierung vollzog sich unter dem Primat der Einheit. Da eine Spaltung für die damaligen sozialistischen Studenten unvorstellbar war, prägte der politische Kompromiß das Erscheinungsbild des Verbandes. Kompromisse kamen jedoch nicht durch Entpolitisierung zustande. Kontroverse Positionen wurden nicht ausgeklammert, sondern eine Reihe von Beschlüssen spiegelte indirekt auch immer die verschiedenen Mehrheitsverhältnisse im SDS wider. Die ständige Bereitschaft, sich trotz massiver interner Auseinandersetzungen auf einen Minimalkonsens zu einigen, erklärt sich letztlich aus der minoritären Position der Linken an der Universität. Gemeinsames Ziel war, die Hegemonie der Konservativen und Reaktionären zu brechen. Dieser Grundkonsens gegen rechts war so stark, daß sich auch der im Mai 1960 auf Anregung des SPD-Parteivorstandes gegründete »Sozialdemokratische Hochschulbund« (SHB) gemeinsam mit dem »Bundesverband Deutsch-Israelischer Studiengruppen« (BDIS) und dem »Liberalen Studentenbund Deutschlands« (LSD) in der Höchster Vereinbarung am 30. Mai 1964 zur Zusammenarbeit mit dem SDS verpflichtete, um die Vormachtstellung des »Ringes Christlich-Demokratischer Studenten« (RCDS) und der Korporierten in fast allen studentischen Gremien für die Zukunft zu verhindern.[39]

SDS versus FDJ

Am 18. November 1954 krachte es zwischen FDJ und SDS. Im »Forum«, dem »Organ des Zentralrats der FDJ für die deutschen Studenten«, erschien auf der Seite 1 unter der Schlagzeile »SDS sagt: Nein« ein für diese Zeitschrift ungewöhnlich ausführlicher Bericht über die Marburger Delegiertenkonferenz des SDS. Die Schlagzeile war Teil einer Fotomontage, in der ein Panzer ein friedliches Bauernhaus niederwalzte. Die Beschlüsse der SDS-DK wurden so dargestellt, daß die in dem Artikel von der FDJ vertretene bündnispolitische Konsequenz als einzig logische Schlußfolgerung erscheinen mußte: sofortige Aufnahme direkter Kontakte zwischen FDJ und SDS als wichtige Voraussetzung für gesamtdeutsche Gespräche. Diese Interpretation war Teil des damaligen Versuchs der SED und der kommunistischen Massenorganisationen in der DDR, in der Bundesrepublik unterhalb der Regierungsebene eine Massenbewegung für die Aufnahme diplomatischer Beziehungen als ersten Schritt für die Wiedervereinigung beider deutscher Teilstaaten zu initiieren. Für den SDS war dieser Artikel eine reine Provokation. Er hatte bewußt Verhandlungen zwischen der Bundesrepublik und der UdSSR (als Signatarmacht des Potsdamer Abkommens und Garant für die Existenz der DDR) auf Regierungsebene gefordert. An direkte Kontakte zur FDJ war überhaupt nicht zu denken, und das aus mehreren Gründen: Der

SDS war an den Universitäten der DDR verboten[40], die SPD war seit Frühjahr 1946 in der DDR illegalisiert, durch die Spaltung Deutschlands hatte die Sozialdemokratie ihre traditionellen Wähler-Hochburgen in Sachsen, Thüringen und der Mark Brandenburg verloren. Darüber hinaus war das Beispiel des »Aufbaus des Sozialismus« in der DDR ein ständiger Wahlkampfschlager der bürgerlichen Parteien der Bundesrepublik.[41] Statt sich in dieser Situation mit den Vorstellungen des SDS intellektuell redlich auseinanderzusetzen, versuchte hier der Zentralrat der FDJ, den SDS als willfährigen Bündnispartner zu vereinnahmen.
Die Reaktion des Gesamtverbandes war unzweideutig: Zum ersten Mal in der Geschichte des SDS berief der Bundesvorstand eine außerordentliche Bundesdelegiertenkonferenz für den 12. und 13. April 1955 nach Berlin ein. Schon der Tagungsort war ungewöhnlich und mußte von der FDJ als Kampfansage aufgefaßt werden. Die a. o. DK fand parallel zur V. Internationalen Ostertagung des SDS-Landesverbandes Berlin statt.[42] Ein Delegierter der Gruppe Marburg protestierte denn auch gegen Ort und Zeitpunkt der überstürzt einberufenen Konferenz. Egon Erwin Müller[43] vom Berliner Landesverband wies in seiner Antwort darauf hin, daß die DK in Berlin nur stattfinden könne, weil Sozialdemokraten »sich vor 9 Jahren...zusammenfanden, die ›nein‹ sagten zur Vereinigung mit den Kommunisten«. Dieser historische Rückblick sollte die Delegierten auf den heroischen Geist des sozialdemokratischen Widerstandes gegen den Führungsanspruch der Kommunisten im Frühjahr 1946 verpflichten.

Die weiteren Ausführungen von Müller zeigten deutlich, daß der »Forum«-Artikel nur Aufhänger für die Einberufung der außerordentlichen DK gewesen war. Tatsächlich ging es dem parteikonformen Flügel um Lohmar/Arndt neben der Frage der Aufnahme direkter Kontakte zur FDJ um Wichtigeres: Abwehr der befürchteten Unterwanderung durch KPD-Mitglieder. Müller versuchte mit seiner Argumentation die Delegierten zu verunsichern und einzuschüchtern: »Wir sollten eine klare Linie in der Frage der Wiedervereinigung vertreten! Der SDS ist das schwächste Glied der Sozialistischen Bewegung! Hier sind Einbruchsmöglichkeiten und Einbruchsstellen, die gut ausgenutzt werden könnten. Der Beschluß der FDJ ist ja bekannt: Alle mit ihm in Verbindung stehenden Studenten sollen dem SDS beitreten. Damit sie die Möglichkeit haben, in unseren Verband einzugreifen, versuchen sie, bestimmte Leute zu stützen und so ihre Politik weiter zu betreiben. Meiner Ansicht nach sollten wir grundsätzlich jeden Kontakt zwischen dem SDS als Organisation und der FDJ als Organisation ablehnen!«
Müller verkörperte den Typus des traditionellen SPD-Funktionärs, der sich im Hörsaal und sogar auch im SDS eigentlich auf feindlichem Gebiet wähnte. Bei den Intellektuellen vermißte er den sozialdemokratischen Stallgeruch und war schnell bereit, die Kritik am Parteivorstand mit kommunistischer Unterwanderung gleichzusetzen. Das Zitat stellt ein Schulbeispiel für rechtes Vorgehen gegen linke innerparteiliche Opposition in der SPD dar: Zur Einstimmung wurde den Delegierten die

relative Bedeutungslosigkeit ihres Verbandes im Vergleich zu anderen Organisationen der Sozialdemokratie vorgehalten, sodann folgten Andeutungen über ein langfristiges Unterwanderungskonzept der mächtigen FDJ-Organisation und zu guter Letzt operierte Müller mit einem so vagen Begriff von Kommunismus, daß im Zweifelsfall jede oppositionelle Regung in dieses unterstellte Unterwanderungskonzept eingepaßt werden konnte. Am Schluß der harten Diskussion folgte Müllers Bekenntnis, das Credo eines gestandenen mittleren Kaders der klassischen Arbeiterbewegung: »Unser Verhältnis muß klar bestimmt werden, wir haben ja nur zu ratifizieren, was die politische Praxis der Partei bisher gewesen ist.«

Mit 50 gegen 2 Stimmen (bei 10 Enthaltungen) nahm die Konferenz eine »Grundsatzerklärung des SDS zum Ost-West-Kontakt« an. »Zwischen dem freiheitlichen Sozialismus und dem Leninismus-Stalinismus gibt es keine politische Gemeinsamkeit. Zwischen dem SDS als Organisation und stalinistischen Organisationen gibt es keine Gleichheit, weder in der politischen Zielsetzung noch in der politischen Methode und der politischen Praxis. Für den SDS als Organisation sind die stalinistischen Organisationen weder Gesprächs- noch Verhandlungspartner....«[44]

Unser Standpunkt

Im Oktober 1950 erschien zum ersten Mal die SDS-Zeitschrift »Unser Standpunkt« als »Mitteilungsorgan des Landesverbandes des Berliner SDS«.[45]

Im Editorial der ersten Nummer faßte Egon Erwin Müller den Titel der Zeitschrift als Programm: »Wir wählten den Namen ›Unser Standpunkt‹, weil wir zu allen Problemen eine klare, unmißverständliche Haltung einnehmen wollen.« In der Wahl der Themen werde es ebensowenig Tabus geben, wie in deren Behandlung unverbindliche Objektivität einen Platz haben sollte.

Die Monatszeitschrift stellte sich erst gar nicht das eingegrenzte Ziel einer Klärung des Selbstverständnisses des Berliner Landesverbandes, sondern erhob von vornherein bewußt einen Anspruch für den Gesamtverband. In einem Studentenbund wie dem SDS mit unterschiedlich großen Hochschulgruppen, in dem sich die ohnehin nicht zahlreichen Kontakte hauptsächlich auf der Funktionärsebene (Bundes-, Landes- und Gruppenvorstände) abspielten und Mitglieder sich bestenfalls auf Delegiertenkonferenzen oder Bundesseminaren trafen, bedeutete die Verfügung über ein regelmäßig erscheinendes Mitteilungsblatt eine innerverbandliche Machtposition. In jedem Heft sollte in einem »grundlegenden Leitartikel ein aktuelles Thema« so behandelt werden, daß die einzelnen Gruppen dies als Schulungsmaterial benutzen könnten. Müller machte auch gleich den Versuch, den Verband durch seine parteiische Themenauswahl auf bestimmte Fragestellungen festzulegen: ausführliche Berichterstattung über die »Verhältnisse an ostdeutschen Universitäten und Hochschulen«, Artikel über osteuropäische Fragen und »andere Beiträge« über Westberliner Hochschulpolitik und die Arbeit der Studentenvertretungen. In dieser bemerkenswerten Horizontverengung spiegelt sich einmal mehr der Realitätsverlust der Berliner SPD — auch der jungen Generation — wider. Der weitaus größte Teil der Funktionäre, aber auch der einfachen Parteimitglieder sah in der alten Reichshauptstadt den Mittelpunkt nicht nur Europas, sondern, man kann sagen, der Welt. Für diese Scheuklappensicht waren Probleme wie Kolonialpolitik, Dritte Welt, Klassenkampf in den westlichen kapitalistischen Ländern, Fragen der marxistischen Theorie, ja sogar die soziale Lage der Studenten in der Bundesrepublik keine brisanten Themen — ganz zu schweigen von Unterdrückung der Frau, Sexualität und Herrschaft oder Antisemitismus.

Die Berichterstattung über die Delegiertenkonferenz in Mainz ist symptomatisch für die Fixiertheit auf den allgegenwärtigen Feind Kommunismus. Der tatsächliche Verlauf der DK interessierte den Verfasser des Artikels offenbar überhaupt nicht. Der Leser muß den Eindruck gewinnen, als hätte sich die Konferenz nur um die Frage der Kontakte zu Hochschulen der DDR gedreht. Wer für offizielle Kontakte zwischen den Studentenvertretungen und politischen Studentenverbänden in der Bundesrepublik und Studentenräten, FDJ- und FDGB- Hochschulgruppen in der DDR eintrat, wurde im »Standpunkt« bis Ende der 50er Jahre grundsätzlich als Feind West-Berlins disqualifiziert. SDS-Hochschulgruppen, die nicht auf Linie lagen, wurden als FDJ-infiltriert verdächtigt. So wirft Eberhard Beigel zur Einstimmung in die Berliner Sprachregelung der Göttinger SDS-Gruppe »Naivität und Instinktlosigkeit« vor. Die Göttinger hatten gleich zwei Todsünden begangen: Sie hatten das Vorgehen der »Adenauer-Polizei« gegen FDJ-Mitglieder Ende Mai 1950 eindeutig verurteilt. (Mehr als 9000 FDJ-Mitglieder waren bei ihrer Rückkehr vom »Ersten Deutschlandtreffen der Jugend« in Berlin [DDR] am Grenzübergang Lübeck-Herrenburg in improvisierten Lagern interniert worden, weil sie sich nicht einer »ärztlichen Untersuchung wegen Seuchengefahr« — d. h. auf Tripper, Läusebefall etc. — unterziehen wollten.) Und sie verwandten in der Diskussion die zweite Todsünde — Begriffe wie »Kampf gegen die Bourgeoisie«, »klassenbewußtes Proletariat« und »revolutionärer Elan«. Die Verwendung des klassischen Vokabulars der Arbeiterbewegung konnte der Autor des Artikels nur als »marxistische Romantik« begreifen. Es blieb offen, ob Beigel die Göttinger für »Trojanische Esel im SDS«[46] (so die Überschrift des Artikels) oder für agents provocateurs der FDJ hielt.

Bereits drei Monate später hatte sich das Blatt zum »Bundesorgan des Sozialistischen Deutschen Studentenbundes« gemausert. Diese Umstellung wurde vor allem durch die finanzielle Unterstützung des Bielefelder Verlegers der »Freien Presse«, Emil Gross[47], ermöglicht.

Seit September 1951 gab Hans Matthöfer[48] die illustrierte Monatszeitschrift »links« heraus, zunächst im Familienunternehmen zusammen mit seiner Frau Traute. Einige Monate später unterstütz-

ten einige Industriegewerkschaften, die Jungsozialisten Hessen-Süd und der Landesverband Hessen des SDS finanziell dieses Zeitungsprojekt. »links« erschien dann in drei Ausgaben: für den SDS, für die Jungsozialisten Hessen-Süd und die Jungsozialisten Hamburg. Schon vom lay-out her unterscheidet sich dieses Blatt angenehm von dem, was einem damals (und heute) von linken Zeitungsmachern zugemutet wird. Die gut lesbaren Artikel waren durch zum Teil großformatige Fotos, Collagen und Karikaturen aufgelockert. Auffällig ist eine Reihe von Beiträgen aus der internationalen Gewerkschaftsbewegung, besonders aus dem englischen Sprachraum.
Die Berliner Standpunkt-Redaktion sah in dieser Neugründung ein Konkurrenzunternehmen[49], und das aus zwei Gründen. Einmal sah sie darin einen Angriff auf ihr innerverbandliches Informations-Monopol, zum anderen waren ihr Redaktion und Inhalt der Frankfurter Zeitschrift ohnehin suspekt, weil für diese der Kampf gegen den Kommunismus offensichtlich nicht das Hauptthema war. Dazu kam, daß sich »links« bis zum November 1952 als »Zeitschrift des Sozialistischen Deutschen Studentenbundes« bezeichnete. Nach Intervention der Berliner beim Bundesvorstand fand Ende Oktober ein Treffen zwischen dem Bundesvorsitzenden Ulrich Lohmar und seinem Stellvertreter Günther Bantzer als Interessenvertretern der Standpunkt-Redaktion mit Vertretern der Redaktion von »links« statt, unter ihnen Hans Matthöfer. Nachdem auf diesem Treffen keine Einigung erzielt werden konnte, beschloß der Bundesvorstand des SDS auf seiner Sitzung am 22./23. November in Hamburg mit knapper Mehrheit, der Zeitschrift »links« aus »technischen, finanziellen und auch politischen Gründen« künftig die Verwendung des Namens »Sozialistischer Deutscher Studentenbund« im Untertitel zu verbieten.[50]

IV. Der lange Marsch nach links

Im Frühjahr 1955 waren in der nationalen Frage die Würfel gefallen. Am 18. März ratifizierte der Bundesrat die »Pariser Verträge«, durch die das Besatzungsstatut aufgehoben wurde, der westliche Teil des ehemaligen Deutschen Reiches ohne das Saargebiet, die Bundesrepublik Deutschland, seine Souveränität erhielt und eine geplante eigene deutsche Armee in die »North Atlantic Treaty Organization« (NATO) integriert wurde. Diese Entscheidung war gegen den jahrelangen Widerstand von drei gesellschaftlichen Machtfaktoren zustande gekommen. Die Sozialdemokratische Partei und die übergroße Mehrheit sowohl des Deutschen Gewerkschaftsbundes (DGB) und der Evangelischen Kirche in Deutschland (EKD) hatten den Abschluß des Handels »Biete Souveränität gegen Westintegration und Wiederbewaffnung« nicht verhindern können. Seit Februar 1952 hatte sich in den Debatten zunächst über die »Europäische Verteidigungsgemeinschaft« (EVG) und später über den »Generalvertrag« und die »Pariser Verträge« gezeigt, daß Parteivorstand und Bundestagsfraktion der SPD im Unterschied zur Parteibasis die Remilitarisierung weniger aus einer antimilitaristischen oder pazifistischen Haltung heraus ablehnten, sondern vielmehr in einer patriotischen Tradition argumentierten. Obwohl die amerikanische Luftwaffe schon Anfang August 1945 die beiden japanischen Großstädte Hiroshima und Nagasaki mit Atombomben vernichtet hatte und die Regierung der UdSSR nach der erfolgreichen Zündung im Juli 1949 über die Atombombe verfügte, spielte die Problematik der Existenz von Kernwaffen in der Wehrdebatte eine relativ geringe Rolle. Erst nach Zündung transportfähiger Wasserstoffbomben durch die USA im November 1952 und die UdSSR im August 1953[51] trat dieses Problem mit zeitlicher Verschiebung ins Bewußtsein der Öffentlichkeit.

Remilitarisierung

Nachdem seit dem Sommer 1949 das amerikanische Atomwaffenmonopol nicht mehr bestand, wurden in amerikanischen Militär- und Regierungskreisen erstmals nach dem Zweiten Weltkrieg ernsthafte Überlegungen zum Aufbau eines deutschen Militärkontingents im Rahmen einer internationalen Streitmacht angestellt. Bereits bei der ersten Lesung des Vertragswerks zur »Europäischen Verteidigungsgemeinschaft« (EVG) vor dem Deutschen Bundestag im Februar 1952 formulierte Kurt Schumacher die Gründe für das Nein der SPD zu einem deutschen Wehrbeitrag, die von der Partei im wesentlichen bis zum Frühjahr 1955 vertreten wurden.

Schon diesem ersten Entwurf hing ein Hauch von Erpressung an, da die drei westlichen Alliierten die Wiederbewaffnung unverhohlen als Vorbedingung des Zustandekommens des »Deutschlandvertrages« (= »Generalvertrag«) verlangten, durch den das Besatzungsstatut abgelöst werden und die Bundesrepublik ihre Souveränität erhalten würde. Schumacher wies zu Recht darauf hin, daß — ganz abgesehen von der Saarfrage — hier allenfalls eine begrenzte Souveränität zur Diskussion stand. Erstens sei die SPD erst bereit, über die Frage der Wiederaufrüstung und der Westintegration zu diskutieren, nachdem das Besatzungsstatut aufgehoben sei — nicht umgekehrt. Zweitens wollten sich die Westalliierten in dem vorgelegten »Generalvertrag« das Notstandsrecht vorbehalten. Das würde bedeuten, daß die drei Hohen Kommissare angesichts eines drohenden Konflikts den Bundestag in die Ferien schicken und den Notstand ausrufen könnten. (Diese 1955 in den »Pariser Verträgen« abgesicherte Regelung spielte dann in der Auseinandersetzung zur Notstandsgesetzgebung in den 60er Jahren eine entscheidende Rolle.)

Am 10. März 1952 versuchte die Sowjetunion mit Vorschlägen für einen Friedensvertrag diese Entwicklung zu verhindern und regte eine Vier-Mächte-Konferenz an, auf der unverzüglich die Frage eines solchen Friedensvertrages für ganz Deutschland abgeklärt werden sollte. Die Regierung der UdSSR ließ dabei offen, ob eine gesamtdeutsche Regierung aus allgemeinen freien Wahlen hervorgehen sollte. Durch eine systematische Verzögerungspolitik sowohl der deutschen als auch der amerikanischen Regierung wurde verhindert, daß dieser Vorschlag, der auf eine bewaffnete Neutralität Gesamtdeutschlands hinauslaufen sollte, überhaupt ernsthaft überprüft wurde. Statt dessen schufen Adenauer und die Vertreter der Westalliierten durch die Unterzeichnung des »Generalvertrages« am 26. Mai 1952 in Bonn und des EVG-Vertrags bereits einen Tag später in Paris vollendete Tatsachen.[52] Nachdem die Forderung der SPD, vor der dritten Lesung neue Wahlen durchzuführen und so der Bevölkerung die Gelegenheit zu geben, direkt über die Wiederaufrüstung und die Teilung Deutschlands zu bestimmen, von der Mehrheit des Parlaments abgelehnt worden war, verabschiedete der Bundestag beide Vertragswerke am 19. März 1953 gegen die Stimmen der SPD und KPD. Der EVG-Vertrag scheiterte schließlich an der Ablehnung durch die Französische Nationalversammlung Ende August 1954, eine Entscheidung, die von der SPD als letzte Chance für die Einheit Deutschlands interpretiert wurde.

Bereits im September 1954 zeigte sich, daß die britische und die amerikanische Regierung konkrete Vorstellungen für eine alternative Bündniskonzeption ausgearbeitet hatten. Am 3. Oktober schlugen sie auf der Londoner Neun-Mächte-Konferenz der Bundesrepublik die Souveränität bei gleichzeitigem Aufbau einer eigenen Armee und Integration in die NATO vor. Knapp drei Wochen später wurde das Vertragspaket am Ende der Pariser Konferenz paraphiert und bereits Mitte Dezember in erster Lesung im Bundestag behandelt. Offensichtlich waren die Amerikaner über die Verzögerung und schließliche Ablehnung des EVG-Vertrages durch die Franzosen derart verärgert, daß sie nun innerhalb eines halben Jahres die Voraussetzung für den Aufbau eines neuen Verteidigungsbündnisses erzwangen.

Die »Paulskirchenbewegung«

Die SPD stand im Parlament mit dem Rücken an der Wand. Man hörte sich die Argumente der Sozialdemokraten mehr oder weniger geduldig an und stimmte sie dann nieder. In dieser Situation versuchte die Partei, in den zehn Wochen bis zur dritten Lesung eine außerparlamentarische Bewegung aus dem Boden zu stampfen. Die SPD wiederholte ihren alten Fehler: Als staatstragende Partei verzichtete sie darauf, die Arbeiterklasse und Teile des politischen Protestantismus in außerparlamentarischen Kampagnen parallel zur parlamentarischen Auseinandersetzung aufzuklären und zu mobilisieren. Wie gewöhnlich in solchen Situationen initiierte sie Massenaktionen erst, als nichts mehr zu retten war. Wie gewöhnlich verstärkte sie — weil die viel zu spät überhastet eingeleitete plebiszitäre Kampagne natürlich nichts mehr ändern konnte — im Bewußtsein großer Teile der Bevölkerung das Gefühl des »die-machen-da-oben-doch-was-sie-wollen« (ganz zu schweigen von der Möglichkeit, den Bundestag zur Arena der Aufklärung der Bevölkerung umzufunktionieren).

Unter dem Motto »Rettet Einheit, Frieden und Freiheit! Gegen Kommunismus und Nationalismus!« veranstalteten u. a. der SPD-Vorsitzende Erich Ollenhauer, der DGB-Chef Walter Freitag, der evangelische Theologe Prof. D. Helmut Gollwitzer[53], der Soziologe Prof. Dr. Alfred Weber[54] und der Vorsitzende der Gesamtdeutschen Volkspartei (GVP) Gustav W. Heinemann[55] eine Protestkundgebung gegen die »Pariser Verträge« in der Paulskirche in Frankfurt am Main. Durch die Auswahl des Ortes knüpften sie bewußt an die Tradition der bürgerlichen Revolution von 1848 an. Galt es damals, die Einheit Deutschlands gegen die Kleinstaaterei der deutschen Fürsten und Könige durchzusetzen, so wollte man jetzt die Aufteilung Deutschlands in zwei separate Teilstaaten feindlicher Interessensphären verhindern. Bei dieser außerparlamentarischen Aktion handelte es sich jedoch nicht um eine Massenveranstaltung im Stile etwa der antiautoritären Studentenbewegung der 60er Jahre, sondern um Vorträge vor tausend geladenen Gästen. Die Versammlung verabschiedete das »Deutsche Manifest«, zu dem in verschiedenen Bundesländern Unterschriftensammlungen durchgeführt wurden. In dem Appell an die Bundesregierung hieß es, »daß jetzt die Stunde gekommen ist, Volk und Regierung in feierlicher Form zu entschlossenem Widerstand gegen die sich immer stärker abzeichnenden Tendenzen einer endgültigen Zerreißung unseres Volkes aufzurufen«. Durch die Annahme der »Pariser Verträge« werde das deutsche Volk dazu verurteilt, »in dem unnatürlichen Zustand der staatlichen Aufspaltung und einer fortschreitenden menschlichen Entfremdung leben« zu müssen. Im Zuge der von der SPD als »disziplinierte Volksbewegung« bezeichneten »Paulskirchenbewegung« fanden u. a. in Hannover, Dortmund, Aschaffenburg, Essen und Braunschweig Großkundgebungen statt.

Die Bundesregierung reagierte mit einer scharfen Erklärung, jedoch weniger weil sie die Verabschiedung der Verträge durch die außerparlamentarische Initiative der SPD gefährdet sah, sondern

weil sie befürchtete, daß die »Paulskirchenbewegung« einen Präzedenzfall für zukünftige plebiszitäre Kampfmaßnahmen darstellte. Am 27. Februar 1955 verabschiedete der Bundestag den Deutschlandvertrag und das Protokoll zur Beendigung des Besatzungsstatutes (324:151 Stimmen, keine Enthaltung), den Truppenvertrag über den Aufenthalt ausländischer Streitkräfte (321:153:0), den Beitritt der Bundesrepublik zur Westeuropäischen Union und zur NATO (314:157:2) und das Saarabkommen (264:201:9). Die anwesenden Mitglieder der SPD-Fraktion lehnten geschlossen alle vier Gesetzentwürfe ab. Die Paulskirchenbewegung verlief sich, einzelne anpolitisierte Individuen aus den Gewerkschaften, der evangelischen Kirche und den Universitäten waren enttäuscht über das lasche Verhalten der SPD und standen dieser Partei forthin kritisch gegenüber. Viele von ihnen arbeiteten später als Aktivisten in der »Ostermarsch-Bewegung«.
Mit der Ratifizierung dieses Vertragspaketes durch den Bundesrat am 18. März ging die erste Dekade der deutschen Nachkriegspolitik zu Ende. Den bürgerlichen Parteien, die 1945 noch kompromittiert waren, da ihre Vorgänger im März 1933 Hitlers Ermächtigungsgesetz zugestimmt hatten, war es gelungen, ihre Macht zumindest in einem deutschen Staat neu zu etablieren. Die wichtigste Veränderung in der bundesrepublikanischen Parteienlandschaft war zweifellos die Herausbildung einer überkonfessionellen bürgerlichen Massen- und Integrationspartei neuen Typs, der CDU/CSU. Der Preis, den die deutsche Bourgeoisie für die Wiedererlangung der politischen Macht zahlte, war die eindeutige Entscheidung gegen die Einheit.

Das zerrissene Testament des Ulrich Lohmar

In dieser Situation verabschiedete sich Ulrich Lohmar auf der X. o. DK in Göttingen vom 21. bis 23. Oktober 1955 als Bundesvorsitzender. Seine Abschiedsrede »Die Hochschule in der westdeutschen Restauration« hatte er als Vermächtnis für den Verband konzipiert.

Die Mahnung, die er den sozialistischen Studenten mit auf ihren Weg gab, lautete: »Die Flucht in die Außenpolitik ist bei uns zum Teil eine kompensatorische Verdrängung, ein Ausweichen vor der Bewältigung konkreter hochschulpolitischer Aufgaben.« Das Protokoll vermerkt an dieser Stelle »Protest«. Die Söhne waren über die etwas kümmerliche Erbschaft sauer. »Die Diskussion kann mich nachher zerreißen, aber erst laßt mich meine Meinung begründen. Mir scheint die Frage der Ostpolitik, der Wiedervereinigung, der Wehrpolitik eine Angelegenheit, über die wir selbstverständlich auch eine politische Meinung herausarbeiten müssen, aber die Durchsetzung erfolgt nach meiner Überzeugung nur in Zusammenarbeit aller sozialistischen Organisationen, und dem Prinzip der Arbeitsteilung nach ist das Sache der Partei.«[56]

In leicht akademisierter Sprache stimmte Lohmar hier dasselbe Tedeum an, das auch Egon Erwin Müller auf funktionärslateinisch stets im Munde führte. Im Klartext: Die Partei, die Partei hat immer recht!
Solche Sprüche aus dem Parteialltag wurden von vielen Genossen inzwischen nicht mehr hingenommen. Mit dem Hinweis auf Selbstverständlichkeiten wie die, daß die idealistische Konstruktion des Elfenbeinturms illusorisch ist, oder daß durch die Existenz des Grundgesetzes die Freiheit noch nicht gesichert sei, folgten die Delegierten Lohmars Aufforderung und verrissen seine Argumente in der Diskussion.

Aktueller Anlaß für Lohmars Warnung waren Anträge der Hochschulgruppen Göttingen, Tübingen und Frankfurt/Main zu den Berliner Beschlüssen über Ost-West-Kontakte und zur Frage der Wehrdienstverweigerung sowie der Vorschlag, eine außerordentliche Delegiertenkonferenz in Leipzig durchzuführen. Den Antrag zur Frage der Wehrdienstverweigerung stellten die sozialistischen Studenten aus Göttingen.[57] Zu einem Zeitpunkt, als die Ratifizierung der »Pariser Verträge« unter Dach und Fach war und der Parteivorstand der SPD die »Paulskirchenbewegung« ihrem Schicksal überlassen hatte, forderten die Göttinger die Fortsetzung des Kampfes gegen die Remilitarisierung »mit allen außerparlamentarischen Mitteln wie Versammlungen, Demonstrationen, Flugblättern und Streiks. Der SDS lehnt... jede Art der Mitarbeit bei der Aufstellung deutscher Streitkräfte ab. Mitglieder des Sozialistischen Deutschen Studentenbundes werden aufgefordert, den Wehrdienst zu verweigern.« Das Aktionsprogramm umriß einerseits die Position der Vertreter der Kriegsgeneration, die nicht noch einmal die Knarre in die Hand nehmen wollten — und schon gar nicht für den süddeutschen Flügel des politischen Katholizismus. Andererseits schlugen hier aktionistische Traditionen der Arbeiterbewegung durch, was mittelfristig auf eine Konfrontation zwischen linken Studenten und Parteivorstand hinauslief, der um seine reine parlamentarische Weste besorgt war.[58] Der Göttinger Antrag wurde mit einem pazifistisch defensiv gehaltenen Antrag der Tübinger Gruppe gekoppelt und in verwässerter Form mit 37 gegen 12 Stimmen bei 7 Enthaltungen angenommen. Außerparlamentarische Kampfmaßnahmen sollten nur noch »bei einer Beeinträchtigung der demokratischen Grundordnung« ergriffen werden. Der Passus, in dem alle Mitglieder des SDS aufgefordert wurden, den Wehrdienst zu verweigern, fehlte in dem Kompromißantrag völlig.[59]

Lohmar, der den Zweiten Weltkrieg nicht als Soldat miterlebt hatte, setzte seine Bejahung der Landesverteidigung gegen die Vertreter der Kriegsgeneration mit dem Hinweis durch, daß die Wehrdienstverweigerung eine Privatsache sei, die jeder SDSler im stillen Kämmerlein mit seinem Gewissen ausmachen müsse. Das Konzept der Göttinger, durch exemplarische Aktionen wie öffentliche Verbrennungen der Einberufungsbefehle, Sitzstreiks vor den Kreiswehrersatzämtern etc. massenhaft die Verweigerung des Kriegsdienstes zu initiieren, fiel dieses Mal noch dem tradierten Konsensusdenken im Verband zum Opfer. Erst nach dem »Studentenkongreß gegen Atomrüstung« an der Freien Universität Berlin im Januar 1959 und dem vom Bundesvorstand mitgetragenen »Kongreß für Demokratie, gegen Restauration und Militarismus» in Frankfurt am Main im Mai 1959 hatte dieses Kompromißverhalten im SDS keine Basis mehr.

In der Auseinandersetzung um die Berliner Beschlüsse (ursprünglich hatte die Frankfurter SDS-Gruppe die Annullierung gefordert) stellte sich heraus, daß es mehrere Positionen in der Frage der Kontakte zwischen Sozialisten und Kommunisten gab, die im SDS auch nach dem Unvereinbarkeitsbeschluß eine wichtige Rolle spielten:

— Pragmatismus von links
— humanistisches Pathos und
— Linkssozialismus.

Der Würzburger Delegierte Otto Köhler vertrat die Ansicht, daß der SDS sich »nicht für alle Zeiten weigern« könne, zu Stalinisten Kontakte aufzunehmen. Im »Liberalen Studentenbund Deutschland« (LSD) gebe es bereits Tendenzen, direkt mit der FDJ zu verhandeln. Falls die Sozialisten den Liberalen die auf lange Sicht notwendigen Initiativen überlassen würden, bestehe für den SDS die Gefahr, unweigerlich ins Abseits zu geraten. Köhler versäumte, zwischen Kontakten auf Regierungsebene und solchen auf Parteien-Ebene zu unterscheiden. Denn offizielle Beziehungen zwischen einem sozialistischen und einem kommunistischen Studentenverband waren letztlich nur möglich auf der Grundlage eines gegenseitigen minimalen politischen Respekts, was bei zwischenstaatlichen Beziehung nicht unbedingt Voraussetzung zu sein braucht. Für Claus Arndt gab es überhaupt nur einen denkbaren Grund für Kontakte, nämlich »über die FDJ den inhaftierten Studenten und Professoren zu helfen«. Als sich der SDS in den Jahren 1961 bis 1964 für die Freilassung des vom Staatssicherheitsdienst der DDR aus West-Berlin verschleppten Redaktionsmitgliedes der Gewerkschaftszeitung IG Metall, Heinz Brandt, einsetzte, zeigte sich deutlich, daß man nur etwas für die inhaftierten Genossen erreicht, wenn man auf schon bestehende Kontakte zurückgreifen kann. Bei den Verhandlungen über die Entlassung von Heinz Brandt aus der politischen Haft kam dem SDS seiner offiziellen Kontakte zur FDJ wegen eine wichtige Rolle zu, weil zum damaligen Zeitpunkt die IG Metall noch keine solchen Kontakte unterhielt.[60]

Der Göttinger Delegierte Jürgen Kraft umriß in seinem Redebeitrag den Standpunkt der Linkssozialisten zum Stalinismus in der Phase zwischen dem niedergeschlagenen Arbeiteraufstand vom 17. Juni 1953 und dem XX. Parteitag der KPdSU im Jahre 1956 (Chruschtschows Geheimrede über den Personenkult und seine Folgen).

Bei allen Differenzen der Linkssozialisten zum Parteivorstand der SPD und zum Bundesvorstand Lohmar/Arndt war es für sie keine Frage, daß man mit der FDJ erst dann Kontakte aufnehmen könne, wenn sich in den kommunistischen Parteien Ansätze für eine Entstalinisierung aus eigener Kraft abzeichneten.

Zentrales Problem seines Redebeitrags ist deswegen auch das Verhältnis von Sozialismus und Stalinismus: »...ich bin der Auffassung, daß der Stalinismus ein konterrevolutionäres System ist, das gegen die Interessen der Arbeiterschaft gerichtet ist. Wer aus irgendwelchen Nomina der Stalinisten ableitet, sie hätten mehr mit uns gemeinsam als nur die Terminologie, der sollte sich mit der Geschichte der Arbeiterbewegung und des Stalinismus befassen. In der Geschichte der Arbeiterbewegung gibt es keine größere Tragödie, außer vielleicht den Faschismus, der uns viel Blut gekostet hat und den Familien viel Schmerz bereitet hat, als den Stalinismus.« (Das Protokoll vermerkt an dieser Stelle Applaus.) »Warum dieser tosende Beifall? Ich möchte doch zu bedenken geben, daß keineswegs nur die ›Rechten‹ unter dem Beil des Stalinismus gefallen sind, sondern gerade die Linken, die auf äußerst brutale Weise ausgerottet wurden. ...Ich habe mich kräftig gegen die Berliner Beschlüsse gestemmt, aber ich sehe ein, daß es keine Stärke des LSD ist, wenn eine Gruppe von ihnen direkte Kontakte mit der FDJ hat.«[61]

Die linkssozialistische Fraktion im SDS ließ niemals einen Zweifel darüber aufkommen, daß offizielle aber auch inoffizielle Kontakte zu kommunistischen Organisationen nur unter der Bedingung möglich sein sollten, daß diese darauf verzichteten, den SDS zu Propagandazwecken zu instrumentalisieren und zu vereinnahmen. In der Periode bis zum XX. Parteitag der KPdSU lehnten diese SDSler darüber hinaus jede Kontaktaufnahme ab, solange in der DDR die Stalinschen Verbrechen totgeschwiegen und von der jeweiligen Parteilinie abweichende Positionen mit inquisitorischen Maßnahmen verfolgt wurden. Kontakte ohne jede politische Vorbedingung, wie sie Jürgen Kraft in seinem Redebeitrag dem »Liberalen Studentenbund Deutschlands« (LSD) unterstellte, wurden von allen Fraktionen im Verband abgelehnt.[62]

Krafts Kritik von links richtete sich jedoch nicht ausschließlich gegen den Sowjetmarxismus, sondern auch gegen die Sozialdemokratie und den Austromarxismus. In einer ausführlichen Rezension von Joseph Buttingers Standardwerk über die österreichische Sozialdemokratie im Widerstand »Am Beispiel Österreichs«[63] erhebt er den Vorwurf, die SPD habe ebenso wie die »Sozialdemokratische Partei Österreichs« (SPÖ) ihre Unfähigkeit bewiesen, als sie angesichts der bevorstehenden faschistischen Machtergreifung eine parlamentarische »Vogel-Strauß-Politik« betrieben habe. Partei, Presse und Gewerkschaften seien in keiner Weise auf die Illegalität vorbereitet gewesen. Ziel der Sozialdemokratie sei ausschließlich die Eroberung der politischen Macht gewesen und deshalb habe sie sich gänzlich auf den Staat hin organisiert. Beide Hauptströmungen der traditionellen Arbeiterbewegung, die Kommunisten und die Sozialdemokraten, die die Hoffnung der Arbeitermassen gewesen seien, hätten sich heute diesen Massen entfremdet: die Bolschewiki durch Terror, zunächst nur gegen Anarchisten, Sozialrevolutionäre, Menschewiki, bürgerliche Konterrevolutionäre, Großbauern, Linkskommunisten etc., schließlich klassenunspezifisch gegen die gesamte Bevölkerung; die Sozialdemokratie durch ihren parlamentarischen Legalismus, ihr Apparate-Denken, ihre Trennung von Theorie und Praxis, letztlich durch eine Integration der Sozialdemokratie in die bürgerliche Ordnung. Als Konsequenz aus dieser historischen Erfahrung plädierte Kraft für eine Renaissance des Marxismus im SDS, eine kritische Aufarbeitung der Stalinzeit und eine realistische Bestandsaufnahme der Politik der SPD in der Weimarer Republik wie während der Zeit der Illegalität in den ersten Nachkriegsjahren.

Theorie: Tabu oder Fetisch?

Im »Standpunkt« fand zwischen Juli 1955 und August 1958 ein Disput zwischen Michael Mauke (Berlin)[64] und Ulrich Lohmar statt über die Möglichkeit und Funktion einer umfassenden sozialistischen Theorie der Gesellschaft. Ausgelöst wurde die Kontroverse durch eine von Michael Mauke als Brief an Ulrich Lohmar verfaßte Rezension des fast abgeschlossenen ersten Jahrganges der Zeitschrift »Die Neue Gesellschaft«.[65]

Positiv bemerkt Mauke, daß die theoretische Diskussion um konkrete Fragestellungen kreise, »wie z. B. ›Wissenschaft, Bildung und Politik‹ — ›Politischer Katholizismus‹ und ›Probleme der Außenpolitik‹. Offensichtlich sollte damit ein Rückfall in den uferlosen und lärmenden Schriftgelehrtenstreit der Weimarer Jahre vermieden werden«. Er kritisierte aber, daß die Diskussion entlang der Realität offenbar zu einer Aufgabe von Theorie schlechthin geführt habe. »Ist denn nicht das Fehlen einer realistischen Gesellschaftstheorie des Sozialismus schon seit dem Jahre 1918 eine ganz entscheidende Schwäche unserer Bewegung gewesen? Es ist mir interessant, daß der Begriff ›Theorie‹ — und Theorie hier immer verstanden als umfassende Gesellschafts- und Aktionslehre — in den Betrachtungen der Herausgeber gänzlich fehlt.« Statt eine sozialistische Theorie zu entwickeln, hätten die Gestalter der Zeitschrift »die entschiedene Konkurrenz und das heillose Durch- und Nebeneinander der verschiedenen sozial relevanten akademischen Wissenschaften in dieses Organ mit hineingenommen«. Auch Mauke wollte keine Fachzeitschrift für Marx-Exegese, kein Vereinsblättchen für ein »verkauztes Häuflein marxistischer ›Briefmarkensammler‹«, er war auch nicht an der Wiederauflage des fruchtlosen Schlagabtauschs zwischen Sozialreformern und Sozialrevolutionären interessiert. Er wies jedoch auf die Gefahr hin, daß die Beschränkung auf Zentralthemen schon eine indirekte, vielleicht unbewußte Zensur bedeuten könnte, sicherlich aber Ausdruck einer parteilichen Festlegung innerhalb des alten Meinungsstreites war. Mauke fordert Lohmar als Redakteur der »Neuen Gesellschaft« auf, in der Zeitschrift endlich eine Diskussion über die Ideologie der »wertfreien« Wissenschaft einzuleiten. Für Mauke war das Gedankengebäude von Karl Marx als Lehre von Klassenherrschaft, Klassenkampf und Revolution so breit angelegt, daß es die engen praktischen Bedürfnisse der Sozialdemokratie im Nachkriegsdeutschland weit überstieg.
In seiner mit »Lieber Michael! Teurer Theoretiker!« überschriebenen Antwort erklärte Lohmar, daß es ihm vorerst um ein »vollständiges Bild von der gesellschaftlichen Wirklichkeit unserer Tage« gehe. Freiheit und Gerechtigkeit sollten die Maßstäbe für die Anpassung an diese gesellschaftliche Wirklichkeit oder deren Veränderung sein. Während für Mauke eine »relative und dynamische ›Ganzheitsbetrachtung‹« als Hy-

pothese den Beginn der Analyse bilde, stehe sie für ihn am Schluß. Das bedeutete, daß Lohmar, der sich die sozialistische Theorie nur als »Annäherungswert« vorstellen konnte, die theoretische Erfassung der Totalität Gesellschaft auf den Sankt Nimmerleinstag verschob.

Schon bald zeigte sich, daß sich Michael Mauke hier unvorsichtigerweise auf eine Diskussion mit dem Vertreter eines nur schwer greifbaren Pragmatismus eingelassen hatte, der mit theoretischen Versatzstücken — zumeist aus den bürgerlichen Sozialwissenschaften — die jeweilige Generallinie der Partei zu legitimieren versuchte. Während Michael Mauke sich noch ehrlich bemühte, ein Gespräch zwischen Marxisten und ethischen Sozialisten über den Bezug der Theorie zum praktischen Alltagsleben in Gang zu bringen, arbeitete Ulrich Lohmar zusammen mit anderen »Realisten« über die Köpfe der Marxisten hinweg am Entwurf des Godesberger Programms.

Bei diesem Geplänkel zwischen Michael Mauke und Ulrich Lohmar handelt es sich auch keineswegs um den Beginn einer »theoretischen Kontroverse« zwischen Marxisten und »Realisten«, wie Jürgen Briem annimmt.[66] Nach dem freundlichen Austausch von offenen Briefen über den Stellenwert einer theoretischen Zeitschrift im Sommer 1955 hüllten sich Lohmar und Mauke zunächst einmal für fast drei Jahre in Schweigen.

Erst nach der dritten verlorenen Bundestagswahl im September 1957, bei der die CDU/CSU die absolute Mehrheit errang[67], meldete sich Lohmar 1958 in der Mai-Nummer des »Standpunkts« erneut mit einem Artikel »Ideologie und Struktur der deutschen Linken« zu Wort. Nach dieser bisher größten Wahlniederlage der deutschen Sozialdemokratie nach Hitler brach in der Partei die Kontroverse über die Notwendigkeit eines neuen Grundsatzprogramms auf. Die bündnispolitische Konzeption des Parteivorstandes bis zum 15. September 1957 hatte zur Voraussetzung gehabt, daß die CDU/CSU und die konservative Splitterpartei »Deutsche Partei« (DP) unter der 50-%-Grenze blieben. Diese Voraussetzung war nicht mehr gegeben. In dieser verzweifelten Situation übernahm das Triumvirat Fritz Erler, Carlo Schmid und Herbert Wehner die Initiative zur Wiederankurbelung der seit Jahren dahinsiechenden Programmdiskussion. Ziel der jetzt wieder intensivierten Programmberatung war: eine organisatorische Begradigung, personelle Konsequenzen, und die Ausformulierung sowohl eines Grundsatz- als auch eines Aktionsprogramms bis zum Frühjahr 1959. (Die beiden ersten Punkte wurden bereits auf dem Stuttgarter Parteitag abgehakt). Der zentrale Vorwurf des Dreigespanns Erler, Schmid, Wehner gegen Marxisten und reformistische Traditionalisten in der SPD lautete, daß diese mit einem zeitlosen marxistischen Kategoriensystem operierten und die jeweiligen politischen Machtverhältnisse außer acht ließen.

Im Vorfeld von Godesberg stieg nun Ulrich Lohmar in die SDS-

Arena und ritt eine Attacke gegen die Marxisten. Im Unterschied zur SPD und ihren Unterorganisationen befanden sich die Marxisten im SDS zu dieser Zeit nicht mehr in der Defensive, sondern waren dabei, eine eigene theoretische und praktische Identität zu entwickeln. Lohmars Argumentation ging an der im Verband geführten Diskussion — höchstwahrscheinlich aus Unkenntnis — vorbei. Auf zentrale Themen der Auseinandersetzung wie das Verhältnis von Bürokratie und Partei, Intelligenz und Arbeiterklasse, die Auswirkungen des XX. Parteitages der KPdSU auf die kommunistischen Parteien und den immer wichtiger werdenden Problemkomplex Automatisierung, veränderte Arbeitskräftestruktur und Gewerkschaften — alles Schwerpunktthemen der vorangegangenen »Standpunkt«-Hefte — ging er überhaupt nicht ein. Lohmar mußte eigentlich wissen, daß es damals schon Gruppen gab, die sich anhand der Originaltexte mit dem Marxismus ernsthaft beschäftigten. In seinem Beitrag lieferte er den Beweis, daß er niemals eine Zeile von Marx oder Engels gelesen hatte. Im Gegensatz zur Polemik eines Fritz Erler — dessen intellektuelle Sozialisation in »Neu Beginnen« selbstverständlich auch durch Schriften von Hegel beeinflußt worden war [68] — liest sich Lohmars Artikel wie das Einführungskolleg eines bürgerlichen Anti-Marxisten für Hörer aller Fakultäten.

Lohmar setzte sich weder mit dem Werk von Karl Marx noch mit der — durchaus konträr geführten — Diskussion über Marx im SDS auseinander, sondern baute sich einen vulgärmarxistischen Pappkameraden auf. So unterstellt er den Marxisten eine undialektische lineare Bestimmung des Bewußtseins durch das materielle Sein und stellt dem die — angeblich nur von den »Realisten« vertretene — Auffassung gegenüber, das Bewußtsein werde nicht nur durch ökonomische, sondern auch durch tradierte, regional unterschiedliche kulturelle Faktoren bestimmt. So weit, so gut. Das hört man allenthalben. Abenteuerlicher wird seine Argumentation jedoch, wenn er als »Realist« den Marxisten gegenüber den Klassenkampf für beendet erklärt, da »der Streit um dieses Problem... eigentlich mit der Einführung des allgemeinen, gleichen, direkten und geheimen Wahlrechts prinzipiell gegenstandslos geworden« sei. Und das, nachdem 1933 die Nazis durch allgemeine, gleiche, direkte und geheime Wahlen die stärkste Partei geworden waren und am 31. März mit Hilfe der bürgerlichen Parteien das Ermächtigungsgesetz im Reichstag legal verabschiedet hatten. Nachdem Lohmar dann noch ein in der Partei vorherrschendes »Bedürfnis der Mitglieder nach Sicherheit... und den (Wunsch) nach Autorität und Führung« konstatiert hatte, kam er zu dem Schluß: »Hinsichtlich der Bewußtseinslage der Arbeitnehmerschaft und des früheren Mittelstandes wird man mit Schelsky von einer ›nivellierten Mittelstandsgesellschaft‹ sprechen können.»

Es gibt wohl nur eine sinnvolle Erklärung dafür, daß Michael Mauke im folgenden Heft des »Standpunkts« auf Lohmars Aufsatz überhaupt einging: wahrscheinlich versuchte er im Sommer 1958 schon gar nicht mehr, Lohmar von der Widersprüchlichkeit und Oberflächlichkeit seines Ansatzes zu überzeugen, sondern benutzte seine mit »Lohmars Last« überschriebene Antwort, um ein Exempel zu statuieren. Punkt für Punkt widerlegte er vor aller SDS-Öffentlichkeit die antimarxistischen Vorurteile, wie sie auf dem Höhepunkt des Kalten Krieges gang und gäbe waren.

Für Mauke ist Lohmar weder Marxist noch Revisionist, nicht einmal »Realist«, solange er glaube, »mit Hilfe eines sozialpolitischen ›Werkzeugkastens‹ eine Gesellschaft reparieren zu können, die seit Jahrzehnten einen mörderischen und selbstmörderischen Charakter angenommen hat«. Vor diesem Hintergrund erweise sich Lohmars »status-quofrommer« sogenannter Realismus als reine Romantik. Gegen Lohmars theoretisches Durcheinander setzt Mauke seine eigene Position: »Diese von ausbeuterischer Herrschaft und vernichtender Konkurrenz, von vielfältiger Entfremdung und totaler Kommerzialisierung bestimmte Lebensweise kann nicht systemimmanent kuriert werden, denn sie ist das System selbst. Die ›tatsächliche Gleichberechtigung‹ und die konkrete Freiheit und Gerechtigkeit durchsetzen, das bedeutet eine *Revolution*. Revolution nicht als Barrikadenkampf, sondern als ein bewußt gewollter und leidenschaftlich angestrebter geschichtlicher *Prozeß* verstanden, der alle geheiligten Institutionen, alle Idole und Tabus des Bestehenden in Frage stellt und unaufhaltsam die Gesellschaft an ihren Wurzeln umformt. In diesem Sinn muß die SPD wieder revolutionär werden: eine Sammlung aller humanistischen Kräfte.« (Hervorhebungen von M. M.).

Dieser Begriff von Politik und Revolution stellte genau den Minimalkonsens dar, auf den sich der SDS in der Phase zwischen Abspaltung von der SPD und antiautoritärer Revolte einigte.[69]

Adenauers »Weiterentwicklung der Artillerie«

Eines der politisch wichtigsten Ereignisse in der Bundesrepublik während der zweiten Hälfte der 50er Jahre war zweifellos die »Göttinger Erklärung« von 18 der namhaftesten westdeutschen Atomforscher.[70] Dieser Alarmruf war eine direkte Antwort auf eine Stellungnahme Adenauers während der Pressekonferenz vom 5. April 1957: »Unterscheiden Sie doch die taktischen und die großen atomaren Waffen. Die taktischen Waffen sind nichts weiter als die Weiterentwicklung der Artillerie. Selbstverständlich können wir nicht darauf verzichten, daß unsere Truppen auch in der normalen Bewaffnung die neueste Entwicklung mitmachen.« Hier hatte der Vertreter einer Generation von Politikern gesprochen, deren Vorstellungswelt von Waffentechnik bei der »Dicken Berta« des Ersten Weltkrieges endete. Adenauers Äußerung war der schockierende Beweis dafür, daß auch in der Bundesrepublik alte Männer an den Schalthebeln der Macht saßen, die nicht mehr wußten, wovon sie sprachen und — schlimmer noch — worüber sie die politische Macht hatten.[71] Die Göttinger Achtzehn versuchten, die CDU/CSU-Politiker, die sich selbstbetrügerisch in eine Bagatellisierung der Bombe geflüchtet hatten, in die Verant-

wortung zu nehmen. »Taktische Atomwaffen haben die zerstörende Wirkung normaler Atombomben. ...Jede einzelne taktische Atombombe oder Granate hat eine ähnliche Wirkung wie die Atombombe, die Hiroshima zerstört hat. ...Wir kennen keine technische Möglichkeit, große Bevölkerungsmengen vor dieser Gefahr zu schützen.« Die patzige Antwort von Bundeskanzler Konrad Adenauer und Verteidigungsminister Franz Josef Strauß, die Atomwissenschaftler verstünden nichts von Politik und globalen Zusammenhängen, provozierte in der Öffentlichkeit die Frage, ob denn die Regierung mehr über Kernwaffen wisse als die Göttinger Achtzehn über Politik. Die rheinländisch-katholische Schlauheit des Dr. Adenauer war hier offenbar überfordert.
Im Gegensatz zu den Industriegewerkschaften hielt sich der Parteiapparat der SPD in dieser Frage zunächst zurück und beschränkte sich auf eine Kampagne in der Parteipresse unter dem Motto »Adenauer spielt vabanque mit uns!«. Der Widerstand gegen die atomare Bewaffnung manifestierte sich konkret auf drei Ebenen: Gemeinden weigerten sich, die Vermessungsarbeiten für Raketenbasen durchzuführen oder die Genehmigung dazu zu erteilen; an den Universitäten solidarisierten sich zahlreiche Professoren, Akademische Räte und Assistenten in Unterschriftenaktionen mit den Göttinger Achtzehn; und — was heute am interessantesten ist — im Frühjahr 1958 fanden u. a. in den Henschel-Werken in Kassel, bei VW in Braunschweig und Wolfsburg und in mehreren Werften und Großbetrieben in Bremerhaven Warnstreiks in einem Umfang statt, wie er selbst auf dem Höhepunkt der Kampagne gegen die Notstandsgesetzgebung im Mai 1968 nicht erreicht wurde.[72]

Rückzug in den Elfenbeinturm

Vom 27. bis zum 29. Oktober 1956 fand in Frankfurt/Main die XI. Bundesdelegiertenkonferenz des SDS statt. Was sagte die Avantgarde der sozialistischen Intelligenz an den Universitäten zur bevorstehenden Bundestagswahl und zur zunehmenden Unruhe in der bundesrepublikanischen Bevölkerung über die geplante atomare Aufrüstung der Bundeswehr? Buchstäblich nichts. Statt dessen widmete man sich mit Hingabe der Diskussion über den vorläufigen Ausschluß Otto Köhlers (Würzburg) durch den Bundesvorstand, der ohne Absprache mit dem BV am von der FDJ organisierten Wartburgtreffen teilgenommen hatte.[73] Die Delegierten verabschiedeten mit überwältigender Mehrheit ein Papier zur »Neuordnung des Stipendienwesens« mit konkreten Vorschlägen für ein Studienförderungsprogramm. In der »Neuordnung« wird das Werkstudium ebenso abgelehnt wie das von der CDU befürwortete Stipendienwesen auf Darlehensbasis. Weitere Schwerpunkte der Delegiertenkonferenz waren der Ausbau des Gesundheitsschutzes für Studierende und die Förderung des Zweiten Bildungsweges.[74] Der Verband hatte sich offensichtlich zu einer kurzen politischen Verschnaufpause zurückgezogen.

Dornröschens Erwachen

Die XII. DK des SDS in Dortmund am 16. und 17. Oktober 1957 stand unter dem Eindruck von vier historischen Ereignissen: dem Einmarsch der Roten Armee in Budapest im November 1956; den Streikunruhen in Posen und der Ernennung Wladislaw Gomulkas zum Ersten Sekretär der Kommunistischen Partei Polens im Oktober 1956; dem XX. Parteitag der KPdSU im Februar 1956, in dessen Schatten sowohl der polnische Oktober als auch der ungarische November standen; und — als wichtigstem innenpolitischen Ereignis, das wiederum unter dem Eindruck von Budapest zustande kam, — dem absoluten Wahlsieg der CDU/CSU bei der Bundestagswahl am 15. September 1957.
Seit dem Amtseintritt von Gomulka war in Polen die Kollektivierung der Landwirtschaft zurückgedrängt worden, die Partei hatte ihre Beziehungen zur katholischen Kirche intensiviert mit dem Ziel, die Freiheit des Religionsbekenntnisses und der Religionsausübung zu garantieren, den Arbeitern waren durch die Einrichtung von »Arbeiterräten« begrenzte Mitbestimmungsrechte eingeräumt worden, die kommunale und regionale Selbstverwaltung wurde wiederhergestellt, der Prozeß der Dezentralisierung und Entbürokratisierung der Wirtschaft vorangetrieben. In Wissenschaft und Kultur wurde Kritik in gewissen Grenzen erlaubt, der oftmals kafkaeske Polizeiterror in der Epoche des Stalinschen Ausnahmezustandes hörte fast ganz auf.

Die Delegiertenkonferenz des SDS überschätzte in einer wahren Polen-Euphorie die Bilanz des polnischen Oktober. Als Konsequenz für die praktische Auslandsarbeit des Verbandes beschloß die DK, sofort sowohl zum »Nationalverband Polnischer Studenten« (ZSP) als auch zum »Sozialistischen Jugendverband« (ZMS) Kontakte aufzunehmen, um Vereinbarungen über den Austausch von Delegationen, den Besuch von Seminaren und Tagungen etc. zu treffen. Gleichzeitig forderte die Delegiertenkonferenz normale diplomatische, wirtschaftliche und kulturelle Beziehungen der Bundesrepublik Deutschland zur Volksrepublik Polen. Die Erklärung zur Frage der Oder-Neiße-Grenze fiel dagegen sehr vage aus: diese dürfe eine Normalisierung nicht verhindern.

Polen war in jenen Tagen Thema Nr. 1 im SDS. Der friedliche Austausch der politischen Elite in den Oktobertagen des Jahres 1956 ließ trotz des niedergeschlagenen Volksaufstands in Ungarn viele Intellektuelle in Deutschland erneut hoffen, die Sowjetunion werde den Völkern Osteuropas zukünftig einen selbständigen Weg zum Sozialismus erlauben, solange die Hegemonie der UdSSR unangetastet bleibe. (Eine Illusion, die spätestens beim Einmarsch der Warschauer-Pakt-Staaten in Prag im August 1968 von der Wirklichkeit eingeholt wurde.)

Zur Innenpolitik beschloß die DK, einen Antrag der Göttinger Hochschulgruppe, der die höchst undialektische These zum Ausgangspunkt hatte, daß nicht der Inhalt, sondern nur die Form der bisherigen Politik der SPD verändert werden müsse. Die Konsequenzen müßten so aussehen: kritische Überprüfung und eventuelle Reform der Struktur des Parteiapparats, personelle Konsequenzen und eine neue Öffentlichkeitsarbeit. Die DK verzichtete darauf, die Wahlplattform der SPD zur dritten verlorenen Bundestagswahl Punkt für Punkt zu überprüfen und die Frage der Bündnispolitik überhaupt anzudiskutieren. Für die SPD in der Opposition empfahlen die sozialistischen Studenten eine Neuauflage der ach so bewährten Verhinderungsstrategie: Abschaffung der Wehrpflicht, keine Produktion oder Beteiligung an der Produktion und keine Lagerung von Atomwaffen in Deutschland, Abwehr von Übergriffen gegen die demokratische Verfassung und Kampf gegen den weiteren Vormarsch des Klerikalismus. Der Beschluß zeigt zwei Tendenzen im Verband: einmal bekannte sich der SDS voll zum Prinzip der parlamentarischen Demokratie, ohne sich jedoch irgendwelche Gedanken über eine alternative Taktik und Strategie zur Erringung der parlamentarischen Mehrheit durch die SPD zu machen; zum anderen sollte die Mitarbeit in außerparlamentarischen Aktionsbündnissen gegen die Militärpolitik der Bundesregierung intensiviert werden.[75]

Der bisher schwärzeste Sonntag in der SPD-Geschichte nach 1945 kam am 6. Juli 1958, als bei der Landtagswahl in Nordrhein-Westfalen zwar ihr Stimmenanteil von 34,5 auf 39,2 % anstieg, die CDU jedoch mit 50,5 % zum erstenmal an Rhein und Ruhr die absolute Mehrheit gewann. Schwärzer ging's nicht.

Den Ausschlag für den CDU-Sieg hatte die Vollbeschäftigung in der Rekonstruktionsphase gegeben; die Frage der Stationierung amerikanischer Atomwaffen in Deutschland hatte offensichtlich überhaupt keine Rolle gespielt. Während 83 % der Gesamtbevölkerung sich nur wenige Monate vorher — wie die SPD — gegen die Errichtung von Abschußbasen von Atomraketen ausgesprochen hatten[76], wählten das Bürgertum, das Kleinbürgertum und der Teil des Proletariats, der in der Tradition der katholischen Arbeiterbewegung stand, eine CDU, die amerikanische Atomwaffen auf deutschem Territorium ausdrücklich befürwortete. Weder die exemplarische Niederlage der CDU/CSU/DP in der außerparlamentarischen Debatte des Bundestages am 23. Januar noch die vom Parteivorstand der SPD einen Tag später beschlossene »Aufklärungskampagne« der Opposition über die Gefahren einer atomaren Aufrüstung und die Kampagne »Kampf dem Atomtod« hatten dieses Ergebnis verhindern können.[77]

Die SPD hatte aufgrund der Meinungsumfragen zur Lagerung von Atomwaffen und Einrichtung von Raketenbasen ihre Wahlchancen falsch eingeschätzt. Die große Mehrheit der Bevölkerung war zwar abstrakt gegen die Bombe, die Hiroshima zerstört hatte. Für diese Menschen war es jedoch etwas ganz anderes, sich vorzu-

stellen, daß sie in Essen oder Düsseldorf in Bruchteilen von Sekunden verglühten oder — falls sie überlebten — ihre Kinder ohne Mundöffnung oder Gehirn auf die Welt kommen würden. Das Grauen, das nicht vorstellbar ist, kann auch keine konkreten Konsequenzen auf das Wahlverhalten haben. Außer der, daß derjenige, der vor der größten Gefahr warnt, unbewußt mit Gefahr schlechthin identifiziert wird. Also flieht man in die gegen solche Vorstellungen immune Idylle des bundesrepublikanischen Eigenheims mit katholischem Vorgarten und wählt CDU.
Im Frühjahr 1958 glaubte die SPD noch, daß das Volk aus dem Abscheu über den Massenmord in Hiroshima und Nagasaki politische Konsequenzen ziehen würde. (Weder Ollenhauer noch Wehner hatten sich schließlich mit der Kritischen Theorie auseinandergesetzt.) Die Stoßrichtung der »Kampagne Kampf dem Atomtod«[78] zielte nicht auf eine kontinuierliche Mobilisierung und Politisierung der Bevölkerung durch Kundgebungen, Demonstrationen, Warnstreiks etc., sondern bereitete lediglich die Initiative zu einer Volksbefragung auf Bundes-, Länder- und Gemeindeebene vor. Durch die permanenten parlamentarischen Niederlagen entnervt, sah die SPD in der Frage: Atombomben ja oder nein? die Chance, endlich einmal zu gewinnen, und sei es — entgegen ihrer eigenen Tradition und Überzeugung — durch ein Plebiszit.[79]
Zur Zeit der Landtagswahl in Nordrhein-Westfalen stand im Mittelpunkt der veröffentlichten Meinung schon nicht mehr die atomare Aufrüstung der Bundeswehr, sondern die Frage, ob eine Volksbefragung verfassungskonform sei oder nicht. Durch die Einstweilige Anordnung des Zweiten Senats des Bundesverfassungsgerichts vom 27. Mai zur Aussetzung der geplanten Befragungen in Bremen und Hamburg war die SPD in den Geruch der Verfassungsfeindlichkeit geraten.[80] Für den Wahlkampf kramte die CDU aus ihrem bewährten Arsenal die Evergreens hervor: »Christentum oder Sozialismus«, »Sicherheit und Wohlstand oder Kommunismus« und überhaupt: wer unseren Soldaten die Atomwaffen nicht gönne, besorge die Geschäfte Moskaus. In der Hauptentscheidung des Bundesverfassungsgerichts vom 30. Juli 1958 wurden die »Volksbefragungs«-Gesetze von Hamburg und Bremen für verfassungswidrig erklärt, da es außerhalb der Kompetenz der Länderparlamente liege, über Befragungen zu einer Bundesangelegenheit zu entscheiden. Für den Parteivorstand der SPD war das der Anlaß, eine Kampagne fallen zu lassen, die ohnehin keinen Gewinn an Wählerstimmen gebracht hatte.[81]
Auf der XIII. o. DK in Mannheim am 22./23. Oktober 1958 setzte sich die Linke im SDS erstmals bei den Vorstandswahlen durch: 1. Bundesvorsitzender wurde Oswald Hüller (Heidelberg), stellvertretender Vorsitzender Günther Kallauch (Frankfurt/Main). Mitglieder des wissenschaftlichen Beirates: Monika Mitscherlich

(Frankfurt/Main), Horst Steckel (Göttingen) und Jürgen Seifert (Münster). Es wäre jedoch falsch, von einem homogenen linken Vorstand zu sprechen. Hüller hatte im vorangegangenen Jahr als zweiter Bundesvorsitzender die Minderwertigkeitsgefühle der kleineren Gruppen, vor allem den Hochschulgruppen Berlin und Frankfurt/Main gegenüber, erfolgreich für sich mobilisiert. Seine organisatorischen Qualitäten waren unumstritten, wo er jedoch im linken Spektrum einzuordnen war, wußten die wenigsten Delegierten. Kallauch war linker Sozialdemokrat. Er hatte 1946 in Sachsen gegen die bürokratische Vereinigung von SPD und KPD opponiert und deswegen als politischer Häftling neun Jahre im Zuchthaus gesessen. Die Mitglieder des »wissenschaftlichen Beirates« standen der Kritischen Theorie nahe. Allen gemeinsam war aber, daß sie den Bundesvorstand des SDS nicht als Sprungbrett für eine Parteikarriere in der SPD auffaßten. Das war neu. Sie wollten im und mit dem SDS sozialistische Politik machen. Konkret bedeutete das die Fortsetzung ihrer Arbeit in der von der SPD im Stich gelassenen Kampagne gegen die atomare Bewaffnung der Bundeswehr.

Diese Politik wurde auch von der Mehrheit der Delegierten getragen. Auf Antrag der Marburger Hochschulgruppen forderte die Delegiertenkonferenz alle SDS-Gruppen auf, »die studentischen Aktionsausschüsse gegen den Atomtod verstärkt zu unterstützen. Der SDS ist nicht bereit, aus Opportunitätsgründen auf die Weiterführung des Kampfes gegen die atomare Bewaffnung zu verzichten«. Die Delegierten lehnten die Aufforderung des Parteivorstandes der SPD an »Falken« und »Jungsozialisten« ab, sich freiwillig zum Wehrdienst zu melden.[82] Beide Beschlüsse waren eine offene Kampfansage an die Wehrpolitik der Sozialdemokratie seit Sommer 1958. Die vom alten Bundesvorstand eingebrachte Resolution über den französischen Kolonialkrieg in Algerien dokumentierte das wachsende antiimperialistische Selbstverständnis des SDS. Die Delegierten traten für das Selbstbestimmungsrecht des algerischen Volkes, für den Abzug aller französischen Truppen und für freie, allgemeine und durch die UN kontrollierte Wahlen in Algerien ein. Die Bundesregierung wurde aufgefordert, den »algerischen Flüchtlingen« ebenso politisches Asylrecht zu gewähren wie den »ungarischen Freiheitskämpfern«.

V. Der Unvereinbarkeitsbeschluß

Die studentischen Aktionsausschüsse gegen Atomrüstung beschlossen schon im Juni 1958 einen zentralen Kongreß, der in Berlin stattfinden sollte. Tagungsort sollte die Freie Universität sein, wo schon im April 1958 der »Aktionsausschuß der Berliner Jugend gegen den Atomtod« einen Schweigemarsch gegen die ge-

plante Atombewaffnung der Bundeswehr organisiert hatte. Als am 15. April ca. 5000 FU- und TU-Studenten, Jungsozialisten und »Falken« auf dem Kurfürstendamm demonstriert hatten, war die Reaktion des offiziellen Berlin wie eh und je: »Ihr marschiert für Moskau — und wißt es nicht.«
Mitten in die Vorbereitungen für den Studentenkongreß platzte am 27. November 1958 das Berlin-Ultimatum Chruschtschows.[83] Berlin befürchtete wieder mal den Einmarsch der Roten Armee.

Der Studentenkongreß gegen Atomrüstung

Am 3. und 4. Januar 1959 tagten im Neubau der Wirtschafts- und Sozialwissenschaftlichen Fakultät der Freien Universität 318 Vertreter von 20 westdeutschen und Westberliner studentischen Aktionsausschüssen und mehr als zweihundert deutsche und ausländische Gäste. Die Teilnehmer des Kongresses bildeten fünf Arbeitsausschüsse: Demokratie, Wiedervereinigung und Atomrüstung, Außenpolitik der Westmächte, Verantwortung des Wissenschaftlers und christliche Verantwortung. Außerdem wurde ein »Hauptausschuß« gebildet. Nach einem kämpferischen Referat Erich Kubys verabschiedete der Arbeitsausschuß »Wiedervereinigung und Atomrüstung« einen Entschließungsantrag zur Wiedervereinigungspolitik, der dem Plenum auf der Abschlußsitzung vorgelegt werden sollte. Zum Redaktionsausschuß dieses Antrages gehörten außer Erich Kuby die Konkret-Redakteure Reinhard Opitz und Hans Stern.[84] Der Text dieser Resolution, die in den nächsten Tagen und Wochen in Universität, Presse und SPD eine wahre Panikstimmung auslöste, lautete:

»Die weltpolitische Lage wird in Kürze die beiden Teile Deutschlands zwingen, miteinander zu verhandeln. Damit solche Verhandlungen möglich werden, ist es nötig, daß Formeln wie ›mit Pankow wird nicht verhandelt‹ aus der politischen Argumentation verschwinden. Das Ziel notwendiger Verhandlungen, die bisher stets von der Bundesregierung ungeprüft zurückgewiesen wurden, muß sein:

1. die Umrisse eines Friedensvertrages zu entwickeln,
2. die möglichen Formen einer interimistischen Konföderation zu prüfen.«

Das Kongreßplenum nahm diesen Antrag in seiner letzten Sitzung am 4. Januar mit Zwei-Drittel-Mehrheit an. Der SPD-Wehrexperte Helmut Schmidt und der Dekan der Wirtschafts- und Sozialwissenschaftlichen Fakultät der FU, Prof. Dr. Otto Stammer, distanzierten sich in schroffster Form von diesem Beschluß und verließen den Kongreß unter Protest. (Kommentar der Berliner Presse: »Genosse Ulbricht kann sich ins Fäustchen lachen«, »Totengräber unserer Freiheit«, wie gehabt.)

Veranstalter des Kongresses war nicht der SDS, sondern waren die verschiedenen studentischen Aktionsausschüsse. Als Reaktion auf die Berichterstattung der Presse, in der weitgehend der SDS als Veranstalter bezeichnet und bei der Resolution von einer »Nah-

und Fernsteuerung der Kommunisten« und einem »Betrugsmanöver der Ostagenten« gesprochen wurde, bat der Bundesvorsitzende des SDS, Oswald Hüller, alle SDS-Hochschulgruppen, die Studentenschaft über den wahren Verlauf des Kongresses in Flugblättern und auf Veranstaltungen zu unterrichten.[85] Hier entstanden die ersten Ansätze für eine studentische Gegenöffentlichkeit, die in der zweiten Hälfte der 60er Jahre entscheidend zum Zustandekommen der antiautoritären Studentenbewegung beigetragen haben.

Der Kongreß für Demokratie — gegen Restauration und Militarismus

Unmittelbar nach dem Berliner Studentenkongreß ging der SDS-Bundesvorsitzende Oswald Hüller daran, anläßlich des 10. Jahrestages der Verkündung des Grundgesetzes einen weiteren Kongreß zu organisieren, auf dem die verschiedenen Gruppierungen der sozialistischen Jugend vertreten sein sollten. Er konnte sich dabei auf einen Beschluß der XIII. o. DK des SDS berufen, in dem der neue Bundesvorstand beauftragt worden war, in Zusammenarbeit mit der SPD, den Jungsozialisten, den Falken, der Naturfreundejugend und den studentischen Ausschüssen gegen Atomrüstung ein »Konzept für eine neue Form sozialistischer Jugendarbeit« auszuarbeiten. Schon Ende März hatte Hüller konkrete, auf spätere Abstimmungsmehrheiten orientierte Vorstellungen über die Kontingente der einzelnen teilnehmenden Gruppen: so sollten 100 SDSler, 50 Falken, 30 Naturfreunde, weitere 100 Jungsozialisten und Jugendliche aus den Gewerkschaften, vor allem aus Hessen-Süd, und Mitglieder der »Evangelischen Studentengemeinde« (ESG) teilnehmen. Der übrige Bundesvorstand, der unter dem Einfluß der Frankfurter Linken stand, verweigerte zunächst die Zustimmung, weil er nicht an einer von ihm befürchteten Propagandatribüne für die Politik der »Konkret«-Redaktion interessiert war, sondern an einer engagierten Manifestation, die gleichzeitig auch wissenschaftlicher Überprüfung standhalten könnte.
Hüller stellte die übrigen Mitglieder des Bundesvorstandes jedoch vor vollendete Tatsachen: er hatte bereits die Referenten für den Kongreß eingeladen. Der Bundesvorstand stimmte der Durchführung des Kongresses schließlich unter der Bedingung zu, daß es ein »Arbeitskongreß« werden sollte, auf dem die Zusammenarbeit der Arbeiterjugendverbände konkrete Formen annehmen sollte. Der zweiten Auflage des Bundesvorstandes, daß keine Resolutionen beschlossen werden dürften, entzog sich Hüller durch die — unwahre — Behauptung, das Organisationskomitee sei nicht vom SDS, sondern von den mitveranstaltenden Jugendorganisationen eingesetzt und könne somit allein über die Annahme von Resolutionen entscheiden.[86]
Während Hüller am übrigen Bundesvorstand vorbeioperierte und

zu wichtigen Sitzungen nicht erschien, beauftragte dieser Monika Mitscherlich mit der Vorbereitung eines Bundesseminars, auf dem sich die SDSler auf ihre Teilnahme am Kongreß gemeinsam vorbereiten sollten, um nicht Gefahr zu laufen, sich von arrangierten Massenszenen beeindrucken und überrumpeln zu lassen. Die inhaltliche Vorbereitung des Seminars und die Auswahl der Referenten zeigen, daß die Frankfurter Linken das Thema des Kongresses »Für Demokratie — gegen Restauration und Militarismus« wissenschaftlich ernst nahmen.[87]

Am ersten Tag des Kongresses hielt Wolfgang Abendroth nach dem Einleitungsvortrag von Oswald Hüller ein Referat zum Thema »Restauration und Gefährdung der Demokratie in der Bundesrepublik«. Abendroth war von der Frankfurter Linken über den Verlauf der Vorbereitungen des Kongresses und die Rolle des ersten Bundesvorsitzenden Hüller unterrichtet worden. Er versuchte in seinem ausgewogenen Vortrag mäßigend auf die Teilnehmer einzuwirken. Abendroths Versuch wurde jedoch relativ schnell durchkreuzt, als nach ihm das Mitglied der Labour-Fraktion im britischen Unterhaus, Konny Zilliacus[88], die Kongreßteilnehmer nach dem Motto aufpeitschte: »Seid mutig, Genossen, die Labour-Party steht hinter euch!« Derartig eingestimmt, teilte sich der Kongreß in drei Arbeitsgruppen: I. Gesellschaftliche Ursachen der Restauration; II. Der Militarismus in der Bundesrepublik; III. Restaurative Tendenzen in Staat, Justiz und Verwaltung.[89] Wie beim Berliner Kongreß im Januar hatte auch in Frankfurt eine Gruppe von Studenten um die Zeitschrift für Kultur und Politik »Konkret« Resolutionsentwürfe für die einzelnen Arbeitsgruppen vorbereitet, die dann in veränderter Fassung dem Schlußplenum zur Verabschiedung vorgelegt wurden.[90] Die umstrittenste Resolution, die aus der Arbeitsgruppe II kam, nahm zur Existenz der Bundeswehr, zu einem Friedensvertrag und zur Oder-Neiße-Grenze Stellung.[91] Wolfgang Abendroth warnte die Kongreßteilnehmer mit dem Hinweis auf den Deutschlandplan der SPD vom März 1959[92] ausdrücklich vor der Annahme dieser Resolution. Er forderte einen parallelen Abbau der Streitkräfte in beiden deutschen Staaten, also der Bundeswehr wie der Nationalen Volksarmee. Trotzdem nahmen die Kongreßteilnehmer in einer Kampfabstimmung die Resolution mit 108:79 Stimmen bei 12 Enthaltungen an.

Durch dieses Vorpreschen versuchte die Konkret-Fraktion zum zweitenmal innerhalb eines halben Jahres den Gesamtverband auf eine bestimmte Linie in der Deutschlandfrage festzulegen. In der Ablehnung dieses Führungsanspruches waren sich der Berliner Landesverband und die Frankfurter Hochschulgruppe einig. (Wenn die Existenz des Reiches bedroht ist, halten die Fürsten zusammen... aber auch nur dann.) Bei aller kritischen Distanz zur Entwicklung der SPD im Vorfeld von Godesberg war die überwiegende Mehrheit des SDS nicht bereit, der Konkret-Gruppe die Festlegung von Zeitpunkt und Inhalt des politischen Konfliktes mit dem Parteivorstand zu überlassen. Darüber hinaus traten die meisten SDSler für eine Abrüstung in beiden deutschen Staaten ein und waren gegen den einseitigen Abbau der Bundeswehr, wie er auf dem Frankfurter Kongreß gefordert wurde.

Der Rausschmiß

Bereits einen Tag nach dem Frankfurter Kongreß fand eine informelle Sitzung des Bundesvorstands statt, auf der dieser einstimmig beschloß, am 6. Juni eine ordentliche Bundesvorstandssitzung abzuhalten. Eine völlig neue Situation ergab sich durch zwei Briefe am 30. und 31. Mai, die Michael Mauke an Jürgen Seifert schrieb. Alarmiert durch eine polemische Rede des parlamentarischen Fraktionsgeschäftsführers der SDP, Karl Mommer[93], vor der Albert-Schweitzer-Gruppe an der Universität Bonn — eine der SDS-Gruppen, die später den harten Kern des »Sozialdemokratischen Hochschulbundes« (SHB) bildeten — versuchte Mauke herauszufinden, inwieweit die Äußerungen von Mommer nur dessen individuelle Verärgerung widerspiegelten oder ob sie der allgemeinen Stimmung im Parteivorstand entsprachen.

In einem vertraulichen Gespräch teilte ein Mitglied des Berliner Parteivorstandes Mauke mit, daß eine Gruppe um den Vorsitzenden der Friedrich-Ebert-Stiftung und Schatzmeister der SPD, Alfred Nau, systematisch die Spaltung des SDS betreibe. »Das Zentrum«, so Mauke, »das Hauptquartier scheint mir die F.-E.-Stiftung (Nau, Dr. Grunwaldt) zu sein, von der seit langem (gerüchtmäßig) bekannt ist, daß sie eine Zerschlagung des SDS wünscht. Die studentischen ›Hilfskräfte‹ scheinen mir zu sein: Walter Fehling in Freiburg, als Stabschef und Koordinator der ganzen Aktivität; Konny Grube als Verbindungsmann zur AS-Gruppe (Albert-Schweitzer-Gruppe, T.F./S.L.) in Bonn; Kurt Bayer von der Berliner H.f.P.-Gruppe (Hochschule für Politik, T.F./S.L.).« Es handele sich hier offensichtlich um eine langfristige Strategie. Im April 1959 hätten sich »alle Interessierten und Akteure« auf einer »Freizeit«-Veranstaltung in der Heimvolkshochschule der Friedrich-Ebert-Stiftung in Bergneustadt versammelt. Mommers Aufforderung zum Austritt aus dem SDS sei das abgesprochene Signal zur Gründung von Spaltergruppen in Heidelberg, Bonn, Köln.[94] Stützpunkt der Liquidatoren sei die SDS-Gruppe an der Hochschule für Politik in West-Berlin, wo Alfred Nau, Willy Brandt, Kurt Mattick und Walter Fehling die Gründung eines »Brandt-frommen ›Sozialdemokratischen St.-Bundes‹« vorbereiteten. Mauke charakterisierte den von langer Hand vorbereiteten Coup des Parteiapparates so: »Durch die Liquidation des größten und wichtigsten Teilverbandes im SDS Schaffung einer vollendeten Tatsache, Demonstration des endgültigen Zerfalls des SDS, Vorspiegelung einer spontanen ›Revolte‹ der nicht ›unterwanderten‹, parteiloyalen Kräfte: Initialzündung für alle anderen Gruppen bzw. rechten Gruppenfraktionen zum Austritt (Freiburg).« Dadurch sollte der Parteivorstand unter Druck gesetzt werden, die entstandenen Fakten »realpolitisch« zu erkennen, die sogenannte Revolte zu legalisieren und die Spaltung des SDS zu legitimieren. »Mit einem Wort: ein echter algerischer Putsch...«.[95] Um die Ränke und Intrigen des Apparates zu durchkreuzen, schlug Mauke Sofortmaßnahmen »gegenüber den Rechten und gegenüber den anarchistischen Hasardeuren von Konkret« vor: »Bitte, lieber Jürgen, unterdrücke ausnahmsweise mal Deinen Dich sonst sehr ehrenden ›Tierschutz‹-Instinkt (sich immer auf die Seite der Minorität zu stellen) und erwäge, ob nicht folgende Maßnahmen von Euch aus, d. h.

von Euch aus als BV-Mitgliedern und von den Euch nahestehenden Gruppen aus dringend geworden sind:

(1) Sofortige Suspendierung von Hüller und Bessau, wozu Ihr, wenn ich mich recht entsinne, statuarisch ermächtigt seid.

(2) Einberufung einer außerordentlichen DK von Euch aus, ehe es die anderen tun, und unter Euren Bedingungen!«

Die Frankfurter Linke reagierte sofort auf den Warnruf aus Berlin und verlegte die Bundesvorstandssitzung auf den 3. Juni 1959 nach Köln. Gegen die Stimme des ersten Bundesvorsitzenden wurden Oswald Hüller und der Pressereferent des Bundesvorstandes, Gerhard Bessau, von ihren Ämtern suspendiert. An die Stelle von Hüller trat der bisherige stellvertretende Bundesvorsitzende Günter Kallauch.[96] Zum neuen Pressereferenten wurde Heinz Grossmann ernannt. Weiterhin beschloß der BV, die Mitgliedschaft im SDS und die Mitarbeit bei der Zeitschrift »Konkret« für unvereinbar zu erklären. Dieser Beschluß sollte keine rückwirkende Kraft haben, sondern den SDS-Mitgliedern in der Konkret-Fraktion die Alternative offenlassen, entweder ihre Mitarbeit bei der Zeitung aufzugeben oder aus dem SDS auszutreten.

Der Bundesvorstand distanzierte sich gleichzeitig von einigen Entschließungen des Frankfurter Kongresses. Er stellte sich auf den Boden des Deutschlandplanes der SPD und lehnte einen einseitigen Abbau der Streitkräfte der Bundesrepublik ab, forderte einen Friedensvertrag, der beide Teile Deutschlands umfassen sollte, und sprach sich gegen eine endgültige Grenzregelung vor Abschluß eines Friedensvertrages aus.

Die Reaktion der Hochschulgruppen auf die Beschlüsse des Bundesvorstands war unterschiedlich. Die Marschrichtung für die Spalter hatte die SDS-Gruppe Wilhelmshaven-Rüstersiel schon am 31. Mai gegeben. Die Gruppe betrachtete ihre Mitgliedschaft im Gesamtverband bis auf weiteres als ruhend und drohte, »im Zusammenwirken mit anderen Gruppen eine neue Basis für unser politisches Wirken im Hochschulraum (zu) schaffen«. (Rechtzeitig vor Beginn der nächsten DK nahm die Gruppe ihre Mitgliedschaft wieder auf, »um an der innerverbandlichen Klärung in der augenblicklichen Situation... teilzunehmen«.) Für diese Richtung entschieden sich mehrheitlich acht Hochschulgruppen. Diese Gruppen unterstützten zwar die Suspendierung von Müller und Bessau, sprachen jedoch dem jetzigen BV das Mißtrauen aus und forderten die sofortige Neuwahl des Bundesvorstandes auf einer außerordentlichen Delegiertenkonferenz. Die SDS-Gruppen, die sich mit dem Bundesvorstand Kallauch, Seifert, Mitscherlich, Steckel und Großmann solidarisierten, waren im wesentlichen die Gruppen, die nach der Anerkennung des »Sozialdemokratischen Hochschulbundes« (SHB) am 23. Mai 1960 durch den SPD-Parteivorstand für die Weiterexistenz des Sozialistischen Deutschen Studentenbundes kämpften.

Der Bundesvorstand war gegen die Einberufung einer außerordentlichen Delegiertenkonferenz. Um jedoch einer weiteren Zuspitzung der Konfrontation mit den Spaltern aus dem Weg zu gehen, verlegte er die ordentliche DK auf den 30. Juli nach Göttingen. Kleinere und mittlere Gruppen, deren Delegierte auf der Mannheimer DK für Hüller als 1.

Bundesvorsitzenden gestimmt hatten, protestierten gegen die Suspendierung Hüllers und Bessaus.[97] Am 20. Juli 1959 stellte der Bundesvorstand in einem Rundschreiben fest, daß die erforderliche Zwei-Drittel-Mehrheit für die Bestätigung der Absetzung Hüllers nicht erreicht worden sei, da 24 Gruppen dafür und 13 Gruppen dagegen gestimmt hätten. Hüller werde jedoch auf eigenen Wunsch die Amtsgeschäfte nicht mehr aufnehmen.[98]

Dem BV war es gelungen, die von der Parteibürokratie inspirierten Abspaltungsversuche von rechts ebenso abzuwehren wie die Praktiken der Hüller-Fraktion, die den Verband letztlich zur Akklamationskulisse für eine Politik mißbrauchen wollte, die mit der damaligen offiziellen Entspannungs- und Deutschlandpolitik der Regierung der DDR weitgehend identisch war. Im Verlaufe der Auseinandersetzungen hatte sich im Verband ein neuer Kern von Gruppen herausgebildet, die sich gegen den Antikommunismus der Adenauer-Ära wandten, gleichzeitig aber jede bedingungslose Einheitsfrontpolitik mit der KPD/SED einmütig ablehnten.

Die Machtprobe

Auf der Göttinger Delegiertenkonferenz vom 30. Juli bis zum 1. August 1959 traten die drei Fraktionen unterschiedlich gerüstet zur vermeintlich entscheidenden Schlacht an. Die Spalter-Fraktion um den Wilhelmshavener Delegierten Werner Hasselbring und den Bonner Ernst Eichengrün hatte permanent einzelne Mitglieder des Parteivorstandes der SPD mit denunziatorischen Briefen und »Gedächtnisprotokollen« unter Druck zu setzen versucht. Wenn die Parteiführung nicht endlich dafür sorge, daß die renitenten Sozialisten gefeuert würden, dann müßten die »Demokraten im SDS höchstwahrscheinlich resignieren«. Nicht die Fraktion um Oswald Hüller, Klaus Rainer Röhl und Ulrike Meinhof waren der Hauptfeind; die machten eh keinen Hehl daraus, daß sie Mitglieder oder Fellow-Traveller der KPD oder erklärte »Friedensfreunde« waren. Ihr Haß galt vielmehr den Linken, die Bücher lasen.

Die Hüller/Konkret-Fraktion war durch den für sie unerwarteten Unvereinbarkeitsbeschluß des BV vom 3. Juni und die Suspendierung Hüllers und Bessaus in die Defensive gedrängt worden.[99] Soweit sie noch nicht den rigiden Ausschlußpraktiken des Bundesvorstandes Kallauch/Seifert etc. zum Opfer gefallen war, hatte sie sich systematisch bemüht, vor allem in den kleineren Gruppen im Südwesten der Bundesrepublik ihre Aktivisten und Anhänger bei den Delegiertenwahlen durchzusetzen. Zahlenmäßig jedoch konnte sie nur als eventueller Koalitionspartner für eine der beiden anderen Fraktionen eine Rolle spielen.

Am intensivsten und am besten hatte sich die Fraktion vorbereitet, die man SDS-Fraktion nennen muß.[100] Für sie war ein sozialistischer Studentenverband Kristallisationskern für sozialistische Theorie und marxistische Analyse der bundesrepublikanischen Gesellschaft. Eine sinnvolle Praxis konnten sich diese Intellektuellen nur auf der Grundlage einer solchen theoretischen Arbeit vorstellen. Die Einheit von Theorie und innenpolitischer Praxis war für sie nicht Schlagwort, sondern existentielle Grundlage ihrer politischen Identität. Schon bald zeigte sich, daß weder der Kommunismus in Deutschland noch die deutsche Sozialdemokratie in der Lage oder gewillt waren, diese nonkonformistische sozialistische Intelligenz zu akzeptieren, geschweige denn zu integrieren. Dieser Typus von Parteiorganisation, dieses Politikverständnis verlangte von den Intellektuellen bewußtes Sich-Unterordnen und Verzicht auf kritische Distanz zur jeweiligen Parteilinie. Die Unterwerfung der sozialistischen Theorie unter taktische tagespolitische Gesichtspunkte der Partei war für diese Generation von sozialistischen Intellektuellen keine Perspektive. Zu oft hatten sich die SPD wie auch die KPD in taktischen und strategischen Fragen geirrt und sich geweigert, aus historischen Niederlagen Lehren zu ziehen.[101]

Die SDS-Fraktion faßte die Gruppen zusammen, die sich seit Mitte der 50er Jahre mit der Rolle der sozialistischen Intelligenz in der bürgerlichen Gesellschaft auseinandergesetzt hatten. Gruppen wie FU Berlin, Universität Frankfurt, Göttingen, Tübingen und Marburg organisierten jetzt Bundesseminare über Funktion von Ideologie und Wissenschaft, Hochschulpolitik, Kritik der politischen Ökonomie und Kolonialismus und Imperialismus. Genau die Hochschulgruppen, die von der Hüller-Fraktion und den parteikonformen Pragmatikern in die Nähe von spintisierenden, organisationsfeindlichen Zirkeln gerückt wurden, hatten als einzige eine politische Perspektive anzubieten, die für Intellektuelle attraktiv war. Wie so oft hatten hier die Linksintellektuellen erst dann gekämpft, als bizarre Managertypen vom Schlage Oswald Hüllers und Hasardeure à la Klaus Rainer Röhl den Verband fast vereinnahmt bzw. Lohmars Schüler seine Zerschlagung betrieben hatten. Auch in den 60er Jahren scheute sich ein Teil der Genossen, die in der Entwicklung und Ausformulierung theoretischer Positionen eine eigenständige Rolle spielten — wie Rudi Dutschke, Bernd Rabehl und Hans-Jürgen Krahl, um nur die heute noch bekanntesten zu nennen —, hauptamtlich Funktionen im Bundesvorstand des SDS oder in Hochschulgremien zu übernehmen, oft aus Angst, von der Tagespolitik aufgefressen und damit letztlich in die bürgerliche Gesellschaft integriert zu werden. Diese Berührungsangst vieler Linksintellektueller vor der Alltagsarbeit eines Vorsitzenden gab — solange es nicht kriselte — Vabanque-Spielern wie Oswald Hüller überhaupt erst eine realistische Chance.

Jürgen Seifert meldete in seinem Grundsatzreferat in Göttingen den

Führungsanspruch der »Mittelfraktion« an. Er begrüßte das »Ausmaß der Politisierung des Gesamtverbandes« und warnte vor einer Personalisierung der bisherigen Konflikte. Die Auseinandersetzungen im SDS seien nicht nur bloßer Cliquen-Streit, sondern seien typisch für die zu erwartenden Kämpfe innerhalb der Arbeiterbewegung. Bloßes Verkleistern der Differenzen wie in der Ära Lohmar/Arndt helfe niemandem. Ausgangspunkt jeder realistischen Diskussion müsse sein, daß die SPD die drei Bundestagswahlen nach Hitler verloren habe. Die ökonomische Restauration sei weitgehend abgeschlossen, der Klerikalismus sei auf dem Vormarsch und man müsse einen allgemeinen Bewußtseinsmangel in der Arbeiterklasse feststellen. Die Befreiungsbewegungen der Dritten Welt signalisierten hingegen veränderte Machtverhältnisse im Weltmaßstab.
Wer in dieser Situation — und hier griff Seifert die Spalter von rechts offen an — gegen eine Politisierung der Studentenschaft opponiere und die Arbeit des Verbandes auf »Hochschulpolitik, studentische Selbstverwaltung und Hochschulreform« beschränken wolle, verzichte aus Angst vor dem vorherrschenden Antikommunismus darauf, eine klare Trennungslinie zwischen Freund und Feind zu ziehen. Die »Entideologisierung« der Politik durch Rückzug in eine vermeintliche Sachlichkeit sei selber Ideologie.
Der Hüller/Konkret-Fraktion warf Seifert vor, alle innenpolitischen Probleme der Bundesrepublik ausschließlich auf die Formel Ost-West zu reduzieren und sich nicht mehr an den Interessen der Arbeiterbewegung, sondern nur noch an der Macht zu orientieren. Man frage nicht mehr nach Inhalten, sondern passe sich dem Status quo an, instrumentalisiere und manipuliere die Bündnispartner. Das alles im Tonfall des augenzwinkernden »Du weißt ja schon, Genosse!«, der jede inhaltliche Diskussion freundlich, aber wenn's sein muß auch unfreundlich-bürokratisch zerschlägt. Das alles habe »nicht das geringste mehr zu tun mit Sozialismus«.
Die zukünftige Verbandsarbeit müsse zwei Schwerpunkte haben: zum einen die sozialistische Praxis und zum anderen Erarbeitung und Vermittlung sozialistischer Theorie, d. h. systematische Bewußtseinsbildung in der Arbeiterklasse. Für die erste Stoßrichtung nannte Seifert als unmittelbare Ziele: Kampf für die Verwirklichung des sozialen Rechtsstaates gegen die galoppierende Aushöhlung des Grundgesetzes; Entlarvung der bürgerlichen Ideologien an den Universitäten; entschiedenes Eintreten für eine umfassende Hochschulreform, die nicht nur die Demokratisierung des Lehr- und Forschungsbetriebes sicherstelle, sondern auch der Arbeiterklasse eine angemessene Ausbildung garantiere; kritische Distanz zum Kommunismus in Deutschland, aber auch Ablehnung jeden blinden Antikommunismus; offensive Unterstützung des Deutschlandplanes der SPD, gerade gegenüber der FDJ; und — was für das zukünftige Verhältnis zwischen Bundesvorstand und SPD-Parteivorstand besonders wichtig war — kompromißlose Fortsetzung der außerparlamentarischen Aktionen gegen die atomare Aufrüstung der Bundeswehr »bei jeder sich bietenden Gelegenheit«.
Die zweite Stoßrichtung läßt sich mit den Worten Lenins zusammenfassen: »Genossen, wir müssen lernen, lernen, lernen.« Seifert: »Wir alle haben nur geringe Kenntnisse von den großen Werken der sozialistischen Theorien; wir kennen kaum die Geschichte der sozialistischen Bewegung; wir beschäftigen uns meist unzureichend mit modernen gesell-

schaftsanalytischen Werken, die geeignet sind, die sozialistische Theorie voranzutreiben.« (Das Erschreckende ist, daß diese Worte heute wieder volle Geltung haben.) Seiferts Programm zielte auf eine koordinierte Ausweitung der Seminararbeit und eine stärkere thematische Konzentration auf bestimmte Arbeitskreise in den Hochschulgruppen ab. In den kommenden Jahren sollten v. a. folgende Themen im Mittelpunkt der Verbandsdiskussion stehen: Entwicklungstendenzen in der DDR, der Volksrepublik Polen, der CSSR und der UdSSR; Probleme der zyklischen Krisen innerhalb der kapitalistischen Volkswirtschaft; empirische Studien über die Arbeiterselbstverwaltung in Jugoslawien, theoretische Arbeiten über das Problem der Entfremdung in der spätkapitalistischen Gesellschaft und Untersuchungen zur Frage der Verapparatung und Bürokratisierung der Arbeiterparteien.

Im Schatten dieses Referats verblaßte die versuchte Rechtfertigung Oswald Hüllers, der nicht mehr als Bundesvorsitzender auftrat. Auf Antrag von Günter Kallauch sprach die Delegiertenkonferenz Hüller das Mißtrauen aus. Vor der Wahl des neuen Bundesvorstandes nahmen Vertreter der Hüller-Fraktion Kontakte mit den rechten Spaltern auf, nachdem die Gruppe um Kallauch/Seifert jede Koalition mit ihnen kategorisch abgelehnt hatte. Der vorgesehene Kandidat der »Rechten«, der nordrhein-westfälische Landesvorsitzende Jochen Cornelius (Düsseldorf), zog daraufhin seine Kandidatur aus Protest gegen dieses opportunistische ad-hoc-Bündnis zurück. Der Kompromiß-Kandidat der Links-Rechts-Koalition, Jochen Grönert (Münster), unterlag jedoch mit 35 Stimmen äußerst knapp gegen Günter Kallauch, der 37 Stimmen erhielt.[102]

Godesberg

Vom 13. bis 15. November 1959 fand in der Stadthalle von Bad Godesberg ein außerordentlicher Parteitag der SPD statt, auf dem endlich das neue Grundsatzprogramm beschlossen wurde.[103] Obwohl eine große Anzahl von Gegenentwürfen und Gegenanträgen[104] vorlag, wurde gegen nur 16 Stimmen[105] ein Programm angenommen, das seinem Anspruch, Grund- und Aktionsprogramm zu sein, in keiner Weise gerecht wird. Man sucht vergeblich nach einer kritischen Bilanz der Niederlagen der Sozialdemokratie seit der Machtergreifung der Nazis oder einer Analyse der Restauration des Besitzbürgerblocks mit der CDU/CSU an der Spitze. Im Gegensatz zu allen vorherigen wichtigen programmatischen Erklärungen (z. B. dem Gothaer Programm von 1875, dem Erfurter Programm von 1891, dem Heidelberger Programm von 1925 oder der Dürkheimer 16-Punkte-Erklärung aus dem Jahre 1949) wird im Godesberger Programm nicht einmal der Versuch unternommen, eine Beschreibung — geschweige denn eine Analyse der ökonomischen und gesellschaftlichen Situation der Bundesrepublik vorzunehmen. Selbst Wörter wie »Sozialisierung«, »Planung« oder »Arbeiterklasse« tauchen nicht mehr auf, statt dessen geht das Gespenst »Wettbewerb« um in der Sozialdemokratie. Ein sozialdemokratisches Milieu scheint für die Verfasser dieses Dokuments nicht mehr zu existieren, als hätten sich Arbeiter-, Sport- und Turnvereine, die Naturfreundebewegung, Freidenkerverbände, Buchgemeinschaften, Konsumvereine, die Freien Volksbühnen, Arbeitergesangvereine, proletarische Schrebergartenkolonien, die Organisationen der Arbeiterjugend etc. von heute auf morgen in Luft aufgelöst. Mit wem der Parteivorstand den Ausbruch aus dem 30-%-Getto schaffen wollte, blieb vollkommen im dunkeln. Faszinierend am Godesberger Grundsatzprogramm bleibt bis heute, daß es die führenden Genossen im Parteivorstand fertigbrachten, 20 Seiten lang absolut nichts auszusagen, wenn man von der feierlichen Einleitung, einem Gedicht auf den Fortschritt im atomaren Zeitalter, absehen will. Mit diesem Text unterm Arm konnte der Parteivorstand beruhigt an die Arbeit gehen, ohne befürchten zu müssen, daß die Basis ihn auf irgendwelche Punkte festnageln könnte. Umrisse der zukünftigen SPD-Politik ließen sich dann auch erst in den Äußerungen einzelner Spitzenfunktionäre und in personellen Entscheidungen im Parteivorstand erkennen.[106]

Der Mut zum Opportunismus hat der SPD letztlich nichts eingebracht. Auch nach Godesberg marschierte der »Genosse Trend« nicht schneller als vorher. Die Zuwachsrate an Wählerstimmen betrug vorher wie nachher ungefähr 4 %. Besonders deutlich wird das bei den Wahlen zum IV. Bundestag, am 17. September 1961, bei denen die SPD zwar 36,2 % erhielt und die CDU fast 5 % verlor, die jedoch bei der FDP zu Buche schlugen.[107] Daß die SPD im Dezember 1966 schließlich an der Regierung unter Kurt Georg Kiesinger (CDU) beteiligt wurde, ist nicht durch den Verzicht auf Programmatik zu erklären, sondern durch wirtschaftliche Schwierigkeiten, wachsende Arbeitslosigkeit, den Rücktritt des damaligen Bundeskanzlers Prof. Dr. Ludwig Erhard, der das Vertrauen der Bourgeoisie verloren hatte, und last not least die heillose Zerstrittenheit der bürgerlichen Parteien untereinander über eine gemeinsame Perspektive. Die SPD ist nicht durch Godesberg, sondern trotz Godesberg an die Macht gekommen.

Spaltung

Obwohl sich der neue Bundesvorstand des SDS bis an die Grenze des Zumutbaren bemühte, dem Parteivorstand keinen weiteren Vorwand für Repressalien zu geben[108], beschloß dieser am 5. Februar 1960, »daß die SPD neben dem SDS auch andere studentische Vereinigungen unterstützen wird, wenn sie das Godesberger Programm der SPD anerkennen«. Auf dieses Startzeichen hatten die alerten Nachwuchspolitiker vom Schlage Werner Hasselbring,

Jürgen Maruhn, Waldemar Ritter, Ernst Eichengrün und Manfred Geßner schon lange gewartet. So hatte der Wilhelmshavener Hasselbring schon zur Göttinger DK ein fertiges SHB-Statut in der Aktentasche, das er in dem Moment auf den Tisch legen wollte, in dem Günter Kallauch und Jürgen Seifert mit Oswald Hüller und der Konkret-Fraktion koalierten. Nun war das ja anders gelaufen.

Da der Parteivorstand keine Begründung für diesen Beschluß gab, muß man wohl die Aktionen des SDS referieren, die die SPD vermutlich am meisten genervt haben: die Aktion »Ungesühnte Nazijustiz«[109], die Protestdemonstration des Bonner SDS gegen den spanischen Außenminister Fernando Maria Castiella y Maíz am 11. Oktober 1959 vor dem Bonner Rathaus[110], den Abdruck einer Kritik des Godesberger Programm-Entwurfs von Wolfgang Abendroth im Standpunkt[111] und das demonstrative Auftreten von Mitgliedern des SDS, der Studentenbühne an der Freien Universität, des »Liberalen Studentenbundes Deutschlands« (LSD) und der »Deutsch-Israelischen Studiengruppe« (DIS) während einer Protestkundgebung der ASten der FU und der TU gegen die Hakenkreuz-Schmierereien während der letzten Monate.[112] SDS-Bundesvorstand und -Bundesausschuß versuchten am 27. März 1960 noch einmal, die Entwicklung aufzuhalten und warnten in einem Brief an den Parteivorstand der SPD vor der »Existenz rivalisierender sozialdemokratischer Studentengruppen an einer Hochschule«, die »eine schwere Gefahr für die sozialdemokratische Politik im Hochschulbereich« bedeute.[113] Aber die Lawine war nicht mehr aufzuhalten.

Schon im Sommer 1959 waren in Heidelberg, Köln und Saarbrücken vom SDS unabhängige sozialdemokratische Hochschulgruppen gegründet worden. Am 26. März 1960 beschloß der SDS-Bundesvorstand, dem Antrag der Saarbrückener SHB-Gruppe auf Aufnahme in den SDS stattzugeben, wenn diese den Unvereinbarkeitsbeschluß zwischen Korporations- und SDS-Mitgliedschaft akzeptiere und anmelde. Da die SHB-Gruppe Saarbrücken dies ablehnte, wurde sie nicht aufgenommen. Am 2. Mai suspendierte der SDS-Bundesvorstand die SDS-Gruppe Saarbrücken, da diese sich weigerte, die Mitglieder Gerhard Lambrecht und Hans Schulze auszuschließen. (Lambrecht und Schulze wurden Kontakte zur KPD vorgeworfen, beide waren aus der SPD ausgeschlossen worden.) Am 6. Mai beschloß die Bonner »Albert-Schweitzer-Gruppe« mehrheitlich, aus dem SDS auszutreten und an keiner Delegiertenkonferenz mehr teilzunehmen. Ein Teil der Mitglieder trat daraufhin aus der Bonner Gruppe aus und verblieb weiterhin im SDS. Einen Tag darauf nahmen zwei Bonner Delegierte an der Landesverbandskonferenz des SDS Düsseldorf teil, wo mit den Stimmen der Bonner und der Düsseldorfer Delegierten sowie der des Landesvorsitzenden Heinz Niedrig gegen die Stimmen der Kölner und der Bonner SDS-Gruppe der Austritt des Landesverbandes Nordrhein-Westfalen aus dem SDS beschlossen wurde. Da die Bonner trotz des Austrittsbeschlusses vom Vortage mitgestimmt hatten, fochten die Delegierten der SDS-Hochschulgruppen

Köln und Münster den Beschluß an. Am 6. Mai wählte in West-Berlin die SDS-Gruppe am »Otto-Suhr-Institut« (OSI) an der Freien Universität ihren 1. Vorsitzenden Manfred Geßner wegen »nicht mehr zu leugnender Unfähigkeit« ab. Am 7. Mai gründeten daraufhin die ehemaligen SDS-Mitglieder Manfred Geßner, Waldemar Ritter, Hans Adolph, Hermann Klag und Udo F. Löwke eine SHB-Gruppe am OSI. (Die offizielle Gründung des »Sozialdemokratischen Hochschulbundes« [SHB] erfolgte erst zwei Tage später.) Geßner wurde zum provisorischen 1. Vorsitzenden des geplanten SHB-Landesverbandes Berlin bestimmt, Ritter in den noch nicht bestehenden Bundesvorstand nach Bonn delegiert. Löwke wurde Gruppenvorsitzender am OSI.

Am 8. Mai beschloß die Landesdelegiertenkonferenz des SDS in Niedersachsen, in Zukunft nicht mehr mit dem Bundesvorstand zusammenzuarbeiten. Für diesen Beschluß hatten die Delegierten der Hochschulgruppen Wilhelmshaven und Hannover sowie der Landesvorstand gestimmt. Außerdem jedoch auch eine »Sozialistische Hochschulgruppe Oldenburg«, die dem SDS noch niemals angehört hatte, und — unberechtigterweise — ein dritter Vertreter der Wilhelmshavener Gruppe. Aus diesem Grunde fochten die Gruppen Braunschweig und Göttingen den Beschluß an. Trotzdem gaben die beiden Landesvorstände von Nordrhein-Westfalen und Niedersachsen auf einer Pressekonferenz bekannt, sie wollten nicht länger das »demokratische Feigenblatt für sektiererische Kaderschulung« sein. Sie warfen dem Bundesvorstand vor, nichts gegen Gruppen zu unternehmen, die aus der »kategorischen Unvereinbarkeit von Sozialismus und Kommunismus« keine Konsequenzen zögen. Die Mitglieder der Landesvorstände machten deutlich, daß sie unter »einer aus dogmatischer Enge resultierende(n) Überheblichkeit« des Bundesvorstandes litten. Am selben Abend verschickte der Bundesvorstand des SDS an alle Mitglieder, Landesverbände und Referenten des Bundesvorstandes ein Schreiben, in dem über die Ereignisse der letzten Tage und Stunden genau berichtet und die Gründung des SHB für den nächsten Tag angekündigt wurde.

Am Vormittag des 9. Mai gab Jürgen Maruhn die Gründung des »Sozialdemokratischen Hochschulbundes« (SHB) in Bonn durch »15 sozialdemokratische Studentengruppen aus dem Bundesgebiet einschließlich Berlin« vor der Presse bekannt. Bundesvorsitzender: Jürgen Maruhn (Bonn); Stellvertreter: Waldemar Ritter (Berlin) und Peter-Paul Henckel (Saarbrücken). Die Grundsatzerklärung des SHB las sich wie der gemeinsame Wunschzettel von Ollenhauer, Wehner und von Knoeringen an den Weihnachtsmann. Der Studentenverband stehe auf dem Boden des Godesberger Programms, auf dem Boden des parlamentarischen und sozialen Rechtsstaates, wolle kein Wanderer zwischen zwei Welten sein, arbeite entschieden für die Sache des freien Westens, wolle hauptsächlich Hochschulpolitik betreiben, halte nichts von aufwendigen Kongressen einflußloser Leute über große Politik, bejahe die Landesverteidigung und werde sich zusammen mit allen demokratischen Organisationen für die Wiedervereinigung in gesicherter Freiheit einsetzen. Kurzum, der Parteivorstand hatte endlich seine sozialdemokratische Jugendgruppe an der deutschen Universität. In der SPD war man den ewig hinterfragenden Intellektuellen, der keinen Respekt vor der Geschichte der Arbeiterbewegung zeigte, einfach leid. Diese sozialistischen Studenten verneigten sich nicht einmal vor dem 8. Weltwunder, einem Parteitag, der mit fast 95 % das Godesberger Programm beschließt, und schreckten doch tatsächlich nicht vor dem Sakrileg zurück, das Jahrhundertwerk Absatz für Absatz mit marxistischer Analyse zu entweihen. Der rote Teufel der Kritik sollte nun durch den blauäugigen Beelzebub des scheinbaren Konformismus ausgetrieben werden.

Trotz alledem

Egal, was der SDS in den nächsten Monaten auch machte, der Parteivorstand glaubte ihm kein Wort mehr.
Günter Kallauch und sein Pressereferent Heinz Grossmann waren noch auf der Autobahn, als Maruhn, Ritter und Henckel ihren Jugendverband aus der Taufe hoben. Auf der Pressekonferenz am späten Nachmittag blieb den SDS-Vertretern nichts anderes übrig, als die Täuschungen, Satzungsbrüche und Diskriminierungen der Spalter aufzuzählen. Kallauch vergaloppierte sich in seiner Empörung so weit, daß er gerichtliche Schritte gegen eine »Verleumdung« des SHB-Vorsitzenden Maruhn ankündigte. Maruhn hatte indessen nur die Allerweltsweisheit von sich gegeben: »Es ist das offene Ziel kommunistischer Kräfte, den SDS zu unterwandern.«
Als sei es nicht das erklärte Ziel aller revolutionären und konterrevolutionären Organisationen, jeweils die Gegenseite zu unterwandern und auszukundschaften.
Der Parteivorstand der SPD verhielt sich gegenüber der SHB-Gründung zunächst abwartend, um zu sehen, wie die Öffentlichkeit reagierte: »Die SPD nimmt zur Kenntnis, daß sich heute in Bonn auf Bundesebene ein Sozialdemokratischer Hochschulbund gegründet hat.«
In Berlin entschied sich der SDS-Landesverband, der seine politische Identität hauptsächlich in der Auseinandersetzung mit der FDJ entwickelt hatte, einstimmig ohne Stimmenthaltungen und ohne Gegenstimmen gegen die bürokratische Spaltung von oben: »Der Landesverband Berlin des SDS bleibt im Sozialistischen Deutschen Studentenbund und steht nach wie vor loyal zur Sozialdemokratischen Partei Deutschlands.« Selbst Harry Liehr, braungebrannt im Freizeitanzug (mittlerweile in der Berliner Filzokratie erstickt), gelang es nicht, die 115 anwesenden Mitglieder mit sei-

nen Drohungen einzuschüchtern. »Es wäre unfair«, so Liehr, »euch verbergen zu wollen, daß man euch eines Tages erklären wird, die SDS-Mitgliedschaft sei unvereinbar mit der Mitgliedschaft in der SPD.«[114] Hier mußte die SPD dieselbe für sie bittere Erfahrung machen wie vorher schon — damals von der SPD bejubelt — die SED: die sozialistische Intelligenz ließ sich nicht herumschubsen, einschüchtern und instrumentalisieren. Vertreter auch der untereinander seit Jahren zerstrittenen Richtungen, wie Michael Mauke, Ansgar Skriver, Manfred Rexin, Reimar Lenz, Klaus Meschkat, Erik Nohara oder Harry Ristock, der als Gastredner der »Falken« sprach, wiesen diese Erpressung entschieden zurück.
Als der SDS-Landesverband nicht kuschte, kündigten die Berliner SPD-Genossen prompt die Räume des SDS-Büros in der Zietenstraße zum 1. Juli und die Parteistipendien für SDS-Funktionäre zum September 1960 statt zum Oktober 1961. Ab 1. Juli wurden ebenfalls die Zahlungen für die Miete des Sven-Hedin-Heims eingestellt; außerdem mahnte der SPD-Landesvorstand eine Schuld des SDS in Höhe von DM 3500 an. Dahinter stand die damals gängige Vorstellung, ein politischer Studentenverband, der nicht mehr mit Kaffee und Kuchen im eigenen Haus im Grünen auffahren kann, werde seine Attraktivität für die Studenten verlieren. Daß in der Studentenschaft ein Interesse für politische Theorien, Diskussionen in Arbeitskreisen etc. bestand, lag und liegt jenseits der Vorstellungskraft mittelmäßiger Pragmatiker.

Für die Auseinandersetzungen in der Partei waren besonders zwei Reaktionen wichtig. Die Erklärung von sieben ehemaligen SDS-Bundesvorsitzenden vom 20. Mai 1960 und die Konstituierung der »Sozialistischen Förderergesellschaft« am 8. Oktober 1961. Die im SDS sozialisierten ehemaligen Bundesvorsitzenden Karl Wittrock, John van Nes Ziegler, Günther Bantzer, Ulrich Lohmar (MdB), Otto Fichtner, Johannes Reinhold und Wolfgang Büsch (MdA, Berlin), die bereits mehr oder minder in der Parteikarriere standen, bedauerten einerseits die Spaltung des Verbandes, begrüßten andererseits jedoch das Bekenntnis des SHB zum »freiheitlichen Sozialismus«. Sie äußerten die Überzeugung, daß die Mehrheit der im SDS verbliebenen Mitglieder[115] nun nicht plötzlich Parteifeinde geworden wären. Die Existenz zweier sozialistischer Hochschulorganisationen sei verhängnisvoll und müßte zum Bruderkampf führen. Sie schlugen daher die Gründung eines neuen Verbandes — möglichst unter der Firma »SDS« — vor, in der eine Wiedervereinigung der beiden Verbände stattfinden sollte. Der Parteivorstand verzichtete jedoch auf die von den ehemaligen Vorsitzenden angebotenen guten Dienste und hüllte sich in Schweigen.

Zahlreiche sozialdemokratische Professoren und Gewerkschafter, die die Arbeit des SDS in der Vergangenheit unterstützt hatten und zum großen Teil Mitglieder der »Sozialistischen Hochschulgemeinschaft« (SHG) waren, solidarisierten sich in Leserbriefen (vor allem in der »Zeit« und im »Spiegel«) und Protesttelegrammen an

den Parteivorstand mit dem SDS.[116] Im Oktober 1961 gründeten u. a. der Gewerkschafter Fritz Lamm, die Professoren Wolfgang Abendroth, Ossip K. Flechtheim, Heinz-Joachim Heydorn, Heinrich Düker und Heinz Maus die »Sozialistische Förderergesellschaft der Freunde, Förderer und ehemaligen Mitglieder des Sozialistischen Deutschen Studentenbundes«, die sie als Verein eintragen ließen. In der ersten Phase hatte dieser Zusammenschluß in Anlehnung an das Programm der SHG noch ein sehr eng umgrenztes Aufgabengebiet, nämlich die finanzielle Förderung und wissenschaftliche Beratung des SDS.[117] Nicht zuletzt auf Drängen von Wolfgang Abendroth, dem die Gründung einer neuen sozialistischen Partei links von der SPD vorschwebte, benannte sich die Förderergesellschaft im Oktober 1962 in »Sozialistischer Bund« um, und erhob nun den Anspruch, ein »Zentrum für eine neue sozialistische Politik« der »Neuen Linken« zu bilden. Der SDS stand damals dieser Entwicklung äußerst skeptisch gegenüber.
Auf die zahllosen Angebote des SDS an den Parteivorstand der SPD zur Zusammenarbeit und Diskussion (die sämtlich unbeantwortet blieben), auf die Diffamierungen und Unterstellungen bis hin zur Fälschung von Dokumenten durch die Hüller-Fraktion und den SHB (um den Parteivorstand gegen den SDS auszuspielen), kann hier nicht näher eingegangen werden. Faktum ist, daß der SPD-Parteivorstand am 6. November 1961 folgenden Beschluß faßte:

»Die Mitgliedschaft in dem Verein ›Sozialistische Förderergemeinschaften der Freunde, Förderer und ehemalige(n) Mitglieder des Sozialistischen Deutschen Studentenbundes e. V.‹ ist unvereinbar mit der Mitgliedschaft der Sozialdemokratischen Partei Deutschlands wie es ebenso unvereinbar ist, Mitglied des SDS und der Sozialdemokratischen Partei Deutschlands zu sein.«

Der Parteivorstand gab — wie in solchen Fällen inzwischen üblich — keine Begründung für den Beschluß, sondern hüllte sich beleidigt und trotzig in Schweigen. Was Harry Liehr schon fast eineinhalb Jahre vorher angeberisch nicht hatte für sich behalten können, war eingetreten. Seit Ende der 50er Jahre stand fest: die kritische Intelligenz muß raus aus der Partei! Jedoch scheute die Baracke davor zurück, mit hochgeachteten Genossinnen und Genossen wie Monika Mitscherlich, Jürgen Seifert, Klaus Meschkat, Heinz Grossmann, Oskar Negt und Günter Kallauch — die heute Bundesminister sein könnten — so einfach zu brechen. Die SDS-Genossen in Frankfurt/Main und Berlin wußten längst, was die Stunde geschlagen hatte und hüteten sich — lange Zeit erfolgreich — dem Parteivorstand einen Vorwand zu liefern. Andererseits war es für den Bundesvorstand schlechterdings unmöglich, einen möglichen Vorwand und den Zeitpunkt des Rausschmisses rational zu kalkulieren. Denn inzwischen wurde das Handeln des Parteivorstandes durch ein Amalgam aus unterschiedlichsten Motiven bestimmt: proletarische Intellektuellenfeindlichkeit, parteitaktische Ranküne, unausgesprochene — wahrscheinlich noch unausgegorene — Bündniskonzeptionen à la Herbert Wehner, persönliche Animositäten.[118] Der Beschluß vom 6. November tat so, als hätten bereits vorher ganz andere Leute einen Unvereinbarkeitsbeschluß zwischen der Mitgliedschaft in der SPD und dem SDS gefaßt, an dem sich der Unvereinbarkeitsbeschluß zwischen Fördergesellschaft und Partei nur noch zu orientieren brauchte. Wenn das kein schlechtes Gewissen war!

Für den Bundesvorstand des SDS war es unmöglich, inmitten der Eskalation der Irrationalität dem Parteivorstand der SPD durch rationale Argumentation und Aktion Paroli zu bieten. Oder aber der Wahnsinn hatte Methode und der SDS war nur ein Bauer im großen Spiel von Herbert, dem Virtuosen. Das hätte allerdings zur Voraussetzung gehabt, daß der Parteivorstand Anfang der 60er Jahre folgende, von fast allen gutbürgerlichen besorgten Vätern und manchmal sogar von den Müttern geglaubte Variante der Strategie »getrennt marschieren, vereint schlagen« plante: 1) wir feuern den SDS und 2) legitimieren uns damit als Volkspartei, 3) Willy wird Außenminister in der Großen Koalition mit der CDU/CSU und 4) Rudi Dutschke argumentiert so lange auf die bürgerliche Intelligenz ein, bis sie sich nach links bewegt, 5) Rainer, der Geölte, versucht Willy zu stürzen und fällt auf die Schnauze, 6) Willy kriegt den Friedens-Nobelpreis, 7) in der Bundestagswahl 1972 wählt die bürgerliche Jugend links und die SPD gewinnt die absolute Mehrheit. (Und dann böses Erwachen: die SPD kriegt nur 45,8 %. Obwohl Franz Josef und all die anderen Verschwörungstheoretiker das wissen, aber nie glauben werden: diesen Plan hat es nie gegeben.)

Damals ließ die SPD auf jeden Fall zunächst nichts von sich hören, bis auf einen offiziösen Beitrag von Bruno Friedrich, dem damaligen persönlichen Referenten von Waldemar von Knoeringen, im »Sozialdemokratischen Pressedienst« vom 9. November 1961.

Unter der Überschrift »Eine grundsätzliche Entscheidung« gab Friedrich die Interpretationsrichtlinie heraus, der in Zukunft nicht nur konservative, sondern auch linke Sozialwissenschaftler aufsitzen sollten. Tatsächlich verschleiert dieser Aufsatz nur, denn über die Motivation im SPD-Parteivorstand erfährt man nichts, statt dessen spekuliert Friedrich über die erwartete Resonanz des Beschlusses in den bürgerlichen Parteien und an den Universitäten: »Die CDU und FDP haben im Wahlkampf auch mit dem Hinweis auf die ausbleibende Unvereinbarkeitserklärung von SPD und SDS erklärt, das Godesberger Programm sei nur Taktik. Die SPD hat sich deshalb nicht drängen lassen, dem SDS oder der FDP oder der CDU durch eine Unvereinbarkeitserklärung das gleiche Argument zu geben — denn auch diesen Beschluß hätte man als taktischen Schritt gewertet. Wenn die SPD jetzt, von diesem Vorwurf unbedrängt, deshalb für manche unerwartet, ihre Entscheidung getroffen hat, dann betont sie damit sehr nachdrücklich, daß es ihr ernst ist mit dem Godesberger Programm und seinen politischen Konsequenzen.«[119]

VI. Seminarmarxismus

Als am 19. Dezember 1964 die Zeitungen berichteten, daß in West-Berlin am Vortage mehr als 600 deutsche und schwarzafrikanische Studenten aus beiden Teilen der Stadt unter der Leitung des SDS die Ketten der Bereitschaftspolizei durchbrochen und innerhalb der Bannmeile des Schöneberger Rathauses den damaligen kongolesischen Ministerpräsidenten Moise Tschombé mit Eiern und Tomaten beworfen hatten[120], fragten sich viele verwundert: »SDS — gibt's den denn noch?« In der Tat hatte man seit Herbst 1961 kaum etwas von den sozialistischen Studenten gehört, nur an den geisteswissenschaftlichen Fakultäten der Hochschulen kannte man die SDSler sehr genau. Waren sie es doch, die am Ende der Ära Adenauer allgemein akzeptierte Autoritäten respektlos in Frage stellten — und das auf einem theoretischen Niveau, das auch konservativen Professoren unmöglich machte, sich der Diskussion zu entziehen, ohne vor der Studentenschaft ihr Gesicht zu verlieren.

neue kritik

Im März 1960 erschien zum 6. Deutschen Studententag die erste Nummer der »neuen kritik« (nk). (Der »Standpunkt« war zum letzten Mal Ende 1959 erschienen, nachdem der Parteivorstand zunächst nur noch sehr zögernd Zuschüsse bewilligt und diese zum Januar 1960 ganz eingestellt hatte.) Da der Berliner Landesverband seit November 1959 seine eigene Zeitschrift, die »debatte — Blätter für moderne Hochschulpolitik«, herausgab, vielleicht mit dem Kalkül, die Blitzkarriere des »Standpunkt« von 1950 zu wiederholen, nahm der Bundesvorstand die Gelegenheit wahr, die theoretische Zeitschrift des SDS nach Frankfurt zu holen. Die nk verstand sich als Nachfolge-Organ des »Standpunkt« — zunächst gegen den erbitterten Widerstand der Berliner Gruppe, die sich nicht mit der faktischen Kaltstellung der altgedienten »Standpunkt«-Redakteure Erik Nohara und Michael Mauke abfinden wollte.

Im ersten Heft der nk stellte Oskar Negt in seinem Artikel »Die Zerstörung der Deutschen Universität« eine direkte Verbindung her zwischen der Renaissance der Burschenschaften und den Hakenkreuzschmierereien vom Dezember 1959 und Januar 1960.[121] Ebenso wie die Waffenstudenten ihren völkischen und antisemitischen »Rassenstandpunkt« niemals kritisch aufgearbeitet hätten, sei in der bundesrepublikanischen Gesellschaft Auschwitz kollektiv verdrängt worden. Hier wurde wieder einmal deutlich, daß der Parteivorstand der SPD vom SDS den Rückzug in die Hochschule verlangte, während für sozialistische Studenten die universitäre Idylle überhaupt niemals bestanden hatte: die Burschenschaften, der Hauptfeind des SDS, waren eben nicht nur Studenten mit Deckel und Schläger, sondern die Alten Herren in Wirtschaft, Justiz und Staatsapparat. Die Universität, so Negt, sei integraler Bestandteil der Gesellschaft, deshalb sei Beschränkung auf Hochschulpolitik Illusion.

Als Antwort auf die dauernden Versuche der SPD, den SDS zu gängeln, aber auch als Beitrag zum politischen Selbstverständnis druckte die nk-Redaktion die Rede ab, die Kurt Schumacher am 2. September 1946 auf dem Gründungskongreß des SDS in Hamburg gehalten hatte. Einerseits bedeutete dies eine Rückbesinnung auf die antifaschistische Aufbruchstimmung, die damals auch in der Sozialdemokratie vorherrschte und von der sich die SPD und nicht der SDS entfernt hatte, andererseits war dies auch eine bewußte Abgrenzung gegenüber Splittergruppen der radikalen Linken aus der Weimarer Republik, die die Verfolgungen des NS-Regimes überlebt hatten.[122] Als sich der Unvereinbarkeitsbeschluß abzeichnete, wurde der SDS nämlich für diese Gruppen — allen voran die Trotzkisten — zunehmend interessant.

Im Mittelpunkt des zweiten Heftes stand ein Artikel von Ruth Fischer »Zur Diskussion über das Problem der unterentwickelten Länder«, in dem sie sich mit dem Verhältnis Dritte Welt—Metropolen auseinandersetzte und mit ihrer antikommunistischen Vergangenheit brach. Mit dem Heft 2 ereilte die neue kritik das »Standpunkt«-Schicksal: es war kein Geld mehr da. Der neue Bundesvorstand Michael Schumann/Michael Vester[123] sah sich vor die Notwendigkeit gestellt, in Zukunft in dreiwöchigem Abstand die neue kritik nur noch als hektographiertes Informationsblatt herauszugeben, um zunächst einmal den Kontakt zwischen den einzelnen Gruppen nicht abbrechen zu lassen. Die Papierqualität war zwar schlecht, aber schon in der zweiten Nummer der »neue kritik-informationen« zeichnet sich der Versuch ab, eine theoretische Vereinheitlichung des Verbandes in Angriff zu nehmen.[124] Konkret hieß das, daß jetzt auch die kleinen Hochschulgruppen am Studium der marxistischen Texte und an der Theorie-Diskussion beteiligt wurden.

Als Einführung in die Marxsche Werttheorie erschien z. B. ein Auszug aus Karl Renners »Wandlungen der modernen Gesellschaft« (Wien 1953), eine kluge, dabei lesbare Kurzfassung im charmant witzigen Tonfall des Wiener Caféhauses. (Im Gegensatz zu den Schulungstexten der DKP, ADSen und der deutschen Maoisten vergeht einem bei der Lektüre der Austromarxisten nicht gleich die Freude an Marx.) Im selben

Heft machte die Frankfurter Gruppe, die schon seit Jahren Erfahrungen mit Marx-Arbeitskreisen gesammelt hatte, detaillierte Vorschläge zur Lektüre der bürgerlichen und marxistischen Klassiker und moderner Theoretiker, aber auch für einzelne Referate. Einen weiteren Schwerpunkt der ersten Hefte bildeten Sammelbesprechungen über die Geschichte und aktuellen Theorien der Gewerkschaften.[125]

Thomas von der Vring formulierte im Juli 1961 an der Schwelle zur ungewollten Freiheit des SDS von der Partei neun Thesen zur zukünftigen Politik eines autonomen sozialistischen Studentenverbandes. Nach fragwürdigen Ausführungen über die Funktion von Analysen geschichtlicher Prozesse — »Wir leben 1961, nicht 1918, und historische Versäumnisse lassen sich nicht reparieren.« — bestimmte er als Aufgabe des SDS das Aufzeigen bescheidener realitätsnaher Perspektiven für sozialistische Politik, die Untersuchung des Bewußtseins der Arbeiterklasse nach Hitler, die Vermittlung von Kenntnissen in der Gewerkschaftsbewegung und den sozialistischen Jugendverbänden sowie wissenschaftlich-theoretisches Arbeiten auch außerhalb der Universität. Für sozialistische Intellektuelle existiere keine Arbeitsteilung zwischen Theorie und Praxis. Diese Perspektive bestimmte auch die Redaktionsarbeit der nk in den folgenden Jahren. Die Hilflosigkeit, manchmal sogar Feindschaft gegenüber der Geschichte, wie sie bei von der Vring anklingt, ist bis heute in der westdeutschen Linken weit verbreitet.

Sozialistische Förderer-Gesellschaft

Auf dem Gründungskongreß der »Sozialistischen Förderer-Gesellschaft der Freunde, Förderer und ehemaligen Mitglieder des SDS« am 8. Oktober 1961 in Frankfurt/Main hielten Wolfgang Abendroth, Ossip K. Flechtheim und Fritz Lamm drei Grundsatzreferate, in denen das politische Selbstverständnis dieses linkssozialistischen Zirkels schwerpunktmäßig an drei Fragestellungen behandelt wurde: das Ringen um die Verteidigung des Grundgesetzes, die Frage der innerparteilichen Demokratie und Gedanken zu einer sozialistischen Außenpolitik.

Abendroth ging davon aus, daß der ursprüngliche Text des Grundgesetzes aus dem Jahre 1949 juristisch noch die Möglichkeit zum »demokratischen und rechtsstaatlichen Ausbau der politischen Ordnung« beinhaltet habe. Erst durch die Eskalation des Kalten Krieges, die Weltrüstungskonjunktur und die sieben fetten Jahre des Wirtschaftswunders seien die »politischen Voraussetzungen des Grundgesetzes« verschoben worden. Die Konzerne und Trusts, aber auch die Exekutive des Staatsapparates versuchten zunehmend — u. a. mit Hilfe der geplanten Notstandsgesetze — das Grundgesetz in ihrem Sinne zu unterwandern und auszuhöhlen. Wolfgang Abendroths weitgehend formaljuristische Argumentation wurde später im Kampf des SDS gegen die Notstandsgesetze und für die Verteidigung von Verfassungspositionen überholt: denn Demokratie und Rechtsstaatlichkeit leben eben nicht von abstrakt formulierten Gesetzestexten, sondern müssen von bürgerlichen Demokraten, Sozialisten und der Arbeiterklasse ständig erkämpft und verteidigt werden.

Ossip K. Flechtheims Beitrag über innerparteiliche Demokratie ist auch heute noch eine gute Zusammenfassung der marxistischen Kritik am Parteiensystem der Bundesrepublik. Bis Anfang der 30er Jahre hätten sich die bürgerlich-demokratischen und die Parteien der Linken aus den großen Sozialbewegungen wie der Arbeiterbewegung, der Frauenbewegung und der bürgerlichen Jugendbewegung herauskristallisiert. Ganz anders die Situation nach 1945: durch die schrittweise Lizenzierung der Alliierten seien CDU/CSU, FDP, SPD und KPD von oben institutionalisiert worden. Durch KPD-Verbot, Einführung der 5%-Klausel und die Verankerung der Mitwirkung der Parteien bei der politischen Willensbildung des Volkes durch Artikel 21 des Grundgesetzes sei sowohl diese Entwicklung abgesegnet als auch der Status quo zementiert worden. Ämterpatronage und Finanzierung der vier großen Parteien durch Steuermittel hätten diese in die »Nähe der mit besonderen Staatsprivilegien ausgestatteten traditionalen Großkirchen« gerückt. Auch die SPD sei heute keine sozialdemokratische Programm- und Massenpartei mehr, sondern eine »Wähler-, Patronage- und Führerpartei«. Die übergroße Mehrheit im SDS stimmte mit dieser Einschätzung der bundesrepublikanischen Parteienlandschaft überein und lehnte die Gründung eines gesellschaftspolitisch konzeptionslosen Auffangbeckens links von der SPD ab. Deshalb arbeitete der SDS auch nicht in der pazifistischen Sammlungspartei »Deutsche Friedens-Union« (DFU) mit. Statt dessen sympathisierte der SDS mit der Neuen Linken in Großbritannien, die sich in fast allen Großstädten in informellen Clubs organisierte.[126]

Fritz Lamms Hauptthese — von ihm als »besondere Tragikomödie der Geschichte« apostrophiert — war, daß die SPD, die noch vor 1914 »unter dem Ruf der internationalen Verbrüderung aller Arbeitenden« angetreten sei, in der Zeit der multinationalen Konzerne die nationalen Interessen des geteilten deutschen Staates vertrete. Eine sozialistische Außenpolitik müsse jedoch gegen jede Rüstung im nationalen Rahmen und für die Emanzipation der proletarischen Völker der gesamten Welt eintreten.[127]

Die Rolle der sozialistischen Intelligenz in der kapitalistischen Gesellschaft

Auf der XVII. o. Delegiertenkonferenz des SDS am 4./5. Oktober 1962 in Frankfurt/Main umriß der scheidende Bundesvorsitzende Eberhard Dähne[128] in seinem Rechenschaftsbericht die Stellung des SDS gegenüber den traditionellen Parteien der Arbeiterklasse: »Jede Vollversammlung hat aufs neue zu beschließen, welche Parteien in ihrer politischen Praxis und ihrem Programm einen freiheitlichen, demokratischen Sozialismus vertreten. Die Unabhängigkeit und die damit verbundene Diskussionsbreite innerhalb unseres Verbandes ist das wesentliche Element unserer Stellung an den Hochschulen.«

Höhepunkt der DK waren die Referate von Elisabeth Lenk zur sozialistischen Theorie in der Gruppenarbeit des SDS und von Claus Offe zur Hochschulpolitik des Verbandes nach der Veröffentlichung der SDS-Denkschrift »Hochschule in der Demokratie« im September 1961.

Elisabeth Lenk knüpfte an das in einigen kleineren Gruppen vorhandene Unbehagen über esoterische Arbeitskreise im SDS an, die sich »als

Gehirn der Gesellschaft« verstünden. Wenn das für den Gesamtverband typisch werde, müsse sich die ohnehin zwischen sozialistischer Intelligenz und Arbeiterklasse bestehende Kluft noch vertiefen. Zwar akzeptierte sie die Kritik an bestimmten Verselbständigungstendenzen der Theorie-Diskussion, wandte sich aber gleichzeitig entschieden gegen einen gewissen revolutionären Pragmatismus, der trotz aller Niederlagen sein geschaftelhuberisches Heil in der Organisationsarbeit, Agitation und Propaganda der Alltagspolitik suche. Es sei jedoch falsch, Theorie und Praxis im SDS gegeneinander auszuspielen, entscheidend sei die Frage, was sozialistische Theorie eigentlich bedeute. »Sozialistische Theorie«, so Lenk, »ist die Respektlosigkeit, ...gesellschaftlich gesetzte Grenzen des Nachdenkens zu überschreiten. Sie sucht nicht nur Teilstücke, sondern die Gesellschaft als Ganzes zu durchschauen.« Als drei notwendige Schritte zur praktischen Veränderung der Gesellschaft schlug Elisabeth Lenk vor: Entwurf der Perspektive einer neuen Gesellschaft aufgrund der technisch-ökonomischen Möglichkeiten; Aufzeigen der Mechanismen, die diese Entwicklung hemmen und »im Bewußtsein der Menschen den status quo verewigen«; und Benennung der neuralgischen Punkte der kapitalistischen Gesellschaft. Konkrete Themen für die empirisch-theoretische Arbeit des Verbandes in den kommenden Jahren sollten sein: wirtschaftliche Konzentration, Änderung der Kooperationsformen, Konkretisierung und Erweiterung der Mitbestimmung, Analyse der gesellschaftlich notwendigen und der nutzlosen Arbeit, Kulturindustrie. »Sozialistische Theorie sprengt die Borniertheit und Zukunftslosigkeit des spätbürgerlichen Bewußtseins... Unsere Theorie sollte...einem Scheinwerfergerät gleichen, dessen Licht stark genug ist, ein Stück des Wegs in die Zukunft zu erhellen, das aber zugleich, auf die gegenwärtige Gesellschaft gerichtet, grell ihre Risse, Sprünge, jahrhundertealten Staub, Muff und Spinnweben beleuchtet, wenn wir unsere Arbeit betrachten, werden wir vielleicht dem Anspruch gerecht, wirklich Neue Linke zu sein.«

Claus Offe ging von den damals wie heute gängigen Schlagwörtern »Zurück zu Humboldt« und »Vorwärts zu einer marktgerechten Produktion von Akademikern« aus. Die bürgerliche Gesellschaft habe keinerlei Vorstellung davon, wie sie mit der sich abzeichnenden Massenuniversität fertig werden wolle. Sie halte demgegenüber an den akademischen Vorstellungen einer Wert-Elite fest. Dieser Widerspruch sei der konkrete Ansatzpunkt für die Hochschulpolitik des SDS. Der Verband müsse zum Zentrum des Widerstandes gegen jede Art von ideologischer Manipulation der Studentenschaft werden. Die Möglichkeiten des SDS lägen in der Bewußtseinsbildung und Aufklärung einer diskutierenden Studentenschaft durch die Veranstaltung von öffentlichen Foren und Arbeitskreisen. Die Studentenschaft dürfe nicht Objekt, sondern müsse letztlich treibende Kraft der Reform der bürgerlichen Universität sein.

In Heft 18 der nk vom November 1963 bezeichnete der neue Bundesvorsitzende Manfred Liebel[129] den SDS als Organisation junger sozialistischer Intelligenz. Das stellte nun tatsächlich einen Bruch mit dem bisherigen Selbstverständnis des Verbandes als Teil der von der SPD geführten sozialdemokratischen Arbeiterbewegung dar. Da die Rolle der Intellektuellen im Staatsapparat, in den Massenmedien, in den Organisationen der Arbeiterbewegung und nicht zuletzt in den Forschungslabors der kapitalistischen

Wirtschaft ständig an Bedeutung gewinne, müsse die Intelligenz eindeutig Partei ergreifen. Der bürgerliche Intellektuelle als wertfrei forschender Wissenschaftler sei passé, die Zukunft gehöre dem sozialistischen Wissenschaftler, der gelernt habe, mit anderen zu diskutieren und zusammenzuarbeiten.

»Von hier aus gesehen liegt die Bedeutung des SDS nicht darin, die geballte Macht von tausend Intellektuellen zu sein, sondern eine Gruppierung, in der junge sozialistische Intelligenz lernt zu kooperieren, um ihre gemeinsame Kritik an der bestehenden Gesellschaft in einer Weise wirksam werden zu lassen, die mit zu einer sozialistischen Veränderung dieser Gesellschaft beitragen kann.«

Was Manfred Liebel andeutete, faßte Dieter Rave im nächsten nk-Heft konkret in Thesen zum technischen Fortschritt und zur gesellschaftlichen Funktion von Wissenschaft: seit dem — von Marx analysierten — Frühkapitalismus habe sich das Verhältnis von Arbeit und Intelligenz gewandelt. Einmal werde die Handarbeit heute durch Maschinen ersetzt, bei denen der Arbeiter nicht mehr seine körperliche Kraft, sondern seine Intelligenz zur Steuerung und Regulierung des Prozesses anwenden müsse; zum anderen werde die technische Funktion der Intelligenz durch Computer ersetzt, die der Arbeiter nur noch überwachen müsse. »Beide Tendenzen laufen auf eine Ausgliederung des Arbeiters aus dem unmittelbaren Arbeitsprozeß hinaus.« (Hier wurde bereits das heute brennende Problem der Wegrationalisierung von Arbeitsplätzen durch Investitionen in automatische Fertigungs- und elektronische Steuerungsanlagen diskutiert.) Innerhalb dieser Entwicklung komme der Wissenschaft wachsende gesellschaftliche Bedeutung zu, die technische Perfektionierung des Produktionsprozesses, die ständige Verfeinerung der Manipulation des Bewußtseins durch die Kulturindustrie stabilisiere die kapitalistische Gesellschaft. Wissenschaft sei nicht von sich aus eine revolutionäre Kraft, sondern könne im Rahmen der gesellschaftlichen Machtverhältnisse und des Machbaren nur begrenzte Modifikationen des Bestehenden aufzeigen. Dieser technischen Intelligenz, die nach Rave in letzter Konsequenz durch Rationalisierung Arbeitslosigkeit erzeugt, stellte er die hinterfragende Intellektualität der Frankfurter Schule gegenüber, die in ihrer Kritischen Theorie an der historisch notwendigen Emanzipation der Arbeiterklasse durch Vermittlung sozialistischen Bewußtseins festhalte. Aufgabe des SDS sei die Vermittlung zwischen diesen beiden Fraktionen der bürgerlichen Intelligenz. Im Klartext: die linken Geisteswissenschaftler müssen sich endlich mit Naturwissenschaften und Technik beschäftigen und die objektiv reaktionäre technische Intelligenz müsse — zumindest im Kopf — revolutioniert werden.

Die Diskussion im SDS in der Phase vom Unvereinbarkeitsbeschluß bis Ende 1964 kreiste immer wieder um die Probleme, welchen Standort und welche Funktion der sozialistischen Intelligenz in der Klassengesellschaft zukomme und ob Wissenschaft eine revolutionäre Produktivkraft sein könne. Dabei handelte es sich keineswegs um eine prägnante und bündige Argumentation, selbst in den Artikeln der nk schweiften die Autoren vom Thema ab und ergingen sich z. B. zeitweise in Marx-Exegese. Die Frage: wie kann der SDS seine Zielgruppen, Studentenschaft und sozialwis-

senschaftliche und technische Intelligenz, mobilisieren und politisieren? wurde erst zaghaft gestellt und andiskutiert. Das Leib- und Magenthema bis hin zum Bundesvorstand Kallauch/Seifert/Mitscherlich, das Verhältnis des SDS zur SPD, war gestorben. Der Verband verstand sich bei allen Widersprüchlichkeiten und Unklarheiten immer mehr als theoretische Avantgarde-Organisation, die langfristig die Mehrheit der bürgerlichen Intelligenz für ihre emanzipatorischen Ziele gewinnen wollte, und nicht mehr als Propagandatrupp und Rekrutierungsfeld für Führungspositionen der traditionellen Arbeiterbewegung.
An der Hochschule begriff sich der SDS zunehmend als Vertreter der Interessen nicht nur der sozialistischen Studenten, sondern aller nichtprivilegierten Mitglieder der Universität. Auf der XIX. o. DK[130] warnte der SDS bereits vor der Gefahr, mit Numerus clausus und Zwangsexmatrikulation nur an Symptomen herumzudoktern. Auch sei die Erweiterung des »Mittelbaus« ohne eine gleichzeitige Demokratisierung der Ordinarienuniversität, d. h. Abbau der Allmacht der Lehrstuhlinhaber, keine Lösung. Der SDS war sich darüber im klaren, daß das langfristige Ziel der Demokratisierung der Hochschule nicht ohne Streiks, Demonstrationen und letztlich Konfrontation mit dem Staatsapparat zu erreichen war. Trotzdem scheute er sich nicht, kurzfristig ein ausgesprochen reformistisches Programm zur Strukturveränderung der Universität für den Mittelbau vorzulegen: Vermehrung der Stellen und Verbesserung der »Laufbahnchancen« (Karrieremöglichkeiten) für Assistenten und Tutoren, Beseitigung der unangemessenen Status-Vorrechte der Lehrstuhlinhaber, Begrenzung der Zeit, während derer Assistenten einem Professor unterstellt sind, auf 1 bis 2 Jahre und Möglichkeit zur Mitarbeit in Forschungsgruppen, Recht auf Mitbestimmung in Forschung und Lehre, Förderung und prüfungsrechtliche Anerkennung von Gemeinschaftsarbeiten anstelle von Habilitationsschriften und — wegen der starken Diskrepanz zu vergleichbaren Stellen in der Wirtschaft — Anhebung der Besoldung von Assistenten, Tutoren und Hilfsassistenten.

Subversive Aktion

Im April 1959 konstituierte sich eine Schwabinger Künstlergruppe »SPUR« als deutsche Sektion der »Situationistischen Internationale«. Sie verstand sich als Widerstandszelle im Kulturbetrieb in der aufrührerisch-künstlerischen Tradition des Dadaismus. Hatte der Dadaismus gegen das sinnlose Massenmorden im Ersten Weltkrieg protestiert, so lehnten sich die Avantgarde-Künstler der SPUR-Gruppe jetzt gegen die neue kleinbürgerliche Innerlichkeit der Adenauer-Ära auf. Die resignative Grundstimmung in der damaligen europäischen Intelligenz (Kalter Krieg, Auswirkungen des Stalinismus, die Herrschaft de Gaulles in Frankreich, der Konser-

vativen in Großbritannien, des Christdemokraten De Gasperis in Italien und des politischen Katholizismus in der Bundesrepublik) verführte die Situationisten zu einer seltsamen Praxis: durch »experimentelle Verhaltensweisen« sollte in kollektiver Organisation eine »einheitliche Umgebung« als »konstruiertes Moment des Lebens« herbeigeführt werden. Jeder, der diese »praktische Tätigkeit von Situationen« ausübe, sei ein Mitglied der »Situationistischen Internationale« (S.I.).
Während der IV. Konferenz der S.I. in London im September 1960 vertrat die Gruppe SPUR eine elitäre und letztlich auch putschistische Konzeption, die auf entschlossenen Widerstand aller anderen Sektionen stieß. Die Schwabinger lehnten die von den anderen Delegierten beabsichtigte Unterwanderung der Organisationen der Arbeiterbewegung durch die Situationisten ab, da die Arbeiterklasse nicht mehr revolutionär, sondern »zufrieden« und von der Bürokratie beliebig manipulierbar sei. Deshalb müsse die Situationistische Internationale alle Avantgarde-Künstler in Europa mobilisieren, um ihr Programm allein zu verwirklichen. So abstrakt und grotesk heute die Vorstellung anmutet, daß Künstler allein sich als revolutionäres Subjekt setzen, so gespenstisch konkret waren die Auswirkungen eines solchen putschistischen Avantgarde-Konzepts Anfang der 70er Jahre, z. B. in der Roten Armee Fraktion (RAF).
Die Schwabinger Dieter Kunzelmann und Heimrad Prem warfen den Vertretern der anderen Sektionen vor, weiterhin der Illusion von der allgemeinen Unzufriedenheit der Massen und der Tendenz zur Revolte nachzuhängen statt die Avantgarde-Künstler zu mobilisieren und zu organisieren. Dieses elitären Münchner Revolutionsprogramms wegen wurde die deutsche Sektion/Gruppe SPUR aus der Situationistischen Internationale ausgeschlossen. Unmittelbar danach verschärften sich die persönlichen und politischen Spannungen zwischen Dieter Kunzelmann und den anderen Avantgarde-Künstlern der Schwabinger Gruppe.

Kunzelmann warf diesen ein narzißtisches Künstlerdasein und ein bloßes Kokettieren mit der Revolte vor. Er löste sich von der Gruppe und nahm statt dessen Kontakte zu Christofer Baldeney (ehemaliger Theologiestudent und Spezialist für psychoanalytische Literatur) und Rodolphe Gasché (Soziologiestudent mit besonderem Interesse für marxistische Literatur) auf und gab mit ihnen im Dezember 1962 die »Unverbindlichen Richtlinien 1« heraus.[131] Dieses Konglomerat von Ideen stellt eine programmatische Erklärung dreier Individuen mit unterschiedlichem intellektuellen Hintergrund dar. Bereits der erste Satz der Einführung zeigt das distanzierte Verhältnis der Herausgeber zu aktuellen politischen Ereignissen. Ende Oktober 1962 waren der Herausgeber des Nachrichtenmagazins DER SPIEGEL, Rudolf Augstein, und einige Redakteure unter dem Verdacht des Landesverrats verhaftet worden. Mehrere hundert Studenten, Schriftsteller und Journalisten hatten daraufhin in Berlin, München und anderen Universitätsstädten für die Pressefreiheit demonstriert. Vor diesem Hintergrund formulierten die Herausgeber der »Unverbindlichen Richtlinien« ihre ironisch distanzierte Solidaritätsadresse für die bürgerliche Pressefreiheit: »In einer Zeit, die so fortschrittlich ist, daß keiner mehr befürchten muß, der Meinungsfreiheit beschnitten zu werden, kann das Unternehmen der Herausgeber nicht mehr als Wagnis bezeichnet werden.«

Diese Solidaritätsadresse beleuchtet schlaglichtartig das gebrochene Verhältnis dieses winzigen Literatenzirkels zur Politik. Von der Kritischen Theorie der Frankfurter Schule stark beeinflußt — ohne jede politische Praxis — tasteten sie sich an politische Fragestellungen heran, zugleich angewidert vom politischen Alltag. Man darf jedoch heute bei der Lektüre dieser Texte nicht vergessen, wie das damalige politische Klima in Gesellschaft und Hochschule aussah. Wenn man den damaligen antikommunistischen Grundkonsens in breitesten Teilen der Bevölkerung am Ende der Adenauer-Ära vergißt und diese ahistorisch als literarische Kunstwerke konsumiert, läuft man Gefahr, die Autoren entweder als Wirrköpfe zu denunzieren oder die Schriften als Handlungsanweisung für heute mißzuverstehen. Wer weiß aber heute noch, wie schmal die Basis für oppositionelles Denken zur Zeit der SPIEGEL-Affäre war? Daß sich am 31. Oktober 1962 auf dem Steinplatz in West-Berlin ganze 500 Studenten, Schriftsteller, Journalisten, Schauspieler versammelten, unter ihnen nur wenige Mitglieder der Gewerkschaften und der »Falken«. Mitglieder des SDS und des »Argument-Clubs« trugen Plakate und Spruchbänder mit Aufschriften wie »Die Demokratie braucht den Spiegel«, »Keine Nacht- und Nebelaktion«, »Deckt die Hintergründe auf«, »Grundgesetz Artikel 5« und »Carl von Ossietzky 1929, Augstein 1962«. Diese Parolen verdeutlichen das damals bestehende radikaldemokratische Selbstverständnis der wenigen Gruppierungen, deren politisches Engagement überhaupt noch soweit reichte, daß sie für eine politische Sache auf die Straße gingen. Übergriffe und Schikanen der Polizei führten damals noch nicht zu lautstarken Protesten der Studentenschaft. Als Beispiel eine Demonstration gegen einen Empfang, den der spanische Generalkonsul am 18. Juli 1961 im Westberliner Harnackhaus anläßlich des 25. Jahrestages des faschistischen Putsches gegen die gewählte Regierung der Republik Spaniens gab: ungefähr 150 SDS- und Argument-Club-Mitglieder stellten gegenüber dem Harnackhaus eine mit Trauerflor versehene Fahne der spanischen Republik auf. Die Bereitschaftspolizei zerstörte drei Plakate der Demonstranten. Professoren und Studenten der FU wurden von den Beamten teilweise mit Gummiknüppeln auseinandergetrieben und 30 von ihnen auf einen Polizeieinsatzwagen verladen und in eine entlegene Gegend des Grunewalds gefahren. Die Polizeiaktion blieb damals auch in der Universität so gut wie unbeachtet.

Die »Unverbindlichen Richtlinien« wurden hauptsächlich in einigen Zirkeln von Avantgarde-Künstlern sowie in Seminaren von Ernst Bloch

(Tübingen), Theodor W. Adorno und Max Horkheimer (Frankfurt/Main) und Hans-Joachim Lieber (Berlin) diskutiert. Die Kritik einer literarischen Vorgehensweise führte im Sommer 1964 zur Gründung der »Subversiven Aktion«, die in den »Unverbindlichen Richtlinien 2« ein verändertes Programm aufstellte, das Produkt einer unausdiskutierten Zusammenarbeit verschiedener Individuen mit unterschiedlichen Ideen. Die theoretischen Vorstellungen der Subversiven Aktion setzten sich im wesentlichen aus zwei Komponenten zusammen: dem »utopisch-aktionistischen Revolutionsmodell« der Münchner Sektion um Dieter Kunzelmann und den »historisch-ökonomischen Analysen« der »Berliner Schule« um Rudi Dutschke und Bernd Rabehl. Obwohl die Differenzen nicht ausdiskutiert waren, veröffentlichten beide Fraktionen im August 1964 die erste Nummer einer neuen Zeitschrift »Anschlag«. In den Themen und Inhalten spiegelte sich die Zerrissenheit der Subversiven Aktion wider.[132]

Nachdem der Versuch, »aktionsfähige Mikrozellen« in zahlreichen Städten der Bundesrepublik zu gründen, gescheitert war und direkte Aktionen in Stuttgart anläßlich der Jahrestagung des Bundes deutscher Werbeleiter und Werbeberater und des 80. Deutschen Katholikentages keine öffentliche Resonanz gefunden hatten, traten nach dem Hamburger Konzil im September 1964 Mitglieder der Subversiven Aktion in verschiedene örtliche SDS-Gruppen ein mit der Absicht, »aktionistische Fraktionen zu etablieren und schließlich die politische Ausrichtung und die Kampfformen des SDS insgesamt zu ändern«. Während die Mitglieder der Münchner Sektion mit diesem Unterwanderungskonzept scheiterten, traten die Berliner schon bald aus der Subversiven Aktion aus, um sich in den Berliner Landesverband des SDS zu integrieren. Durch ihre theoretischen Beiträge und praktische Arbeit übten sie in den folgenden 5 Jahren starken Einfluß auf die Inhalte und Aktionsformen dieses Studentenverbandes aus.

VII. Die Eroberung der Universität

Bis Mitte der 60er Jahre war die überwiegende Mehrheit der studentischen Selbstverwaltungsgremien der Universitäten und Hochschulen West-Berlins und der Bundesrepublik fest in Händen der schlagenden Verbindungen und des RCDS. Als am 30. Januar 1963 der 14. Konvent der Freien Universität Berlin das Mitglied der schlagenden Burschenschaft »Saravia«, stud. jur. Eberhard Diepgen (Junge Union, CDU), mit 32 gegen 18 Stimmen bei 9 Enthaltungen zum neuen 1. AStA-Vorsitzenden wählte, brachte dieser Akt überheblicher Arroganz in West-Berlin das Faß zum Überlaufen.

Laut Satzung waren an der Freien Universität Burschenschaften und Corps verboten. Die Wahl Diepgens war der bisher schwerste Affront gegen den stets beschworenen »Gründergeist«, den Konsensus gegen Staatseingriffe, für eine Universitätsreform im Humboldtschen Geiste der Gemeinschaft von Lehrenden und Lernenden und für ein politisches Selbstverständnis der Bürger der Universität.[133] Im Februar fand über diese Provokation eine Urabstimmung statt, an der sich 70,8 % der Studenten der FU beteiligten. Zwar stimmten 64,5 % für Diepgens Abwahl und 60 % der Studenten sprachen dem Konvent ihr Mißtrauen aus und stimmten für dessen Auflösung, bei den Neuwahlen zum 15. Konvent im Juni errangen jedoch die Rechten noch einmal die Mehrheit mit 36 Sitzen, während die Linken nur 17 und die »politisch Unabhängigen« 16 Sitze errangen. (Das bedeutet, daß ein Teil der RCDS-Wähler in der Urabstimmung gegen die stillschweigende Rehabilitierung der schlagenden Verbindungen an der FU votiert hatte.) Immerhin war der Ausgang der Urabstimmung ein deutliches Symptom dafür, daß die Allmacht des politischen Konservatismus an den deutschen Hochschulen brüchig zu werden begann. Als einziger politischer Studentenverband begriff der SDS dieses Zeichen der Zeit. Schon ein halbes Jahr später fielen bei den regulären Konventswahlen 24 Sitze an die »Linke«, 26 an die »Rechte« und 21 an »politisch Unabhängige«. Neuer 1. Vorsitzender des AStA wurde der spätere Juso-Vorsitzende Wolfgang Roth (SHB). Ein Jahr später gelang dann der Linken, die in der Höchster Einheitsfront den Wahlkampf gemeinsam gegen die Rechte geführt hatte, der Durchbruch: an den RCDS fiel nur noch ein Sitz, die Korporationen erhielten sieben Sitze. 23 Kandidaten der Linken wurden gewählt (8 vom SDS und Argument-Club, 6 vom SHB, 3 vom LSD, je 1 von GSG, »Freunden der Publizistik« [FdP] und SPD, 3 von der ESG). 48 Konventsabgeordnete zählten sich zur »unabhängigen« Fraktion, unter ihnen befanden sich allerdings zahleiche »U-Boote« der Linken. Diese Entwicklung an der Freien Universität war typisch für die Tendenzwende nach links an den westdeutschen Hochschulen bis Ende der 60er Jahre. Wenn der Avantgarde-Anspruch Berlins als Hauptstadt nach Gründung der Bundesrepublik überhaupt je eine Berechtigung hatte, dann als Hauptstadt der deutschen Studentenrevolte.

Atmosphärische Linke

Der SDS hatte endgültig den Schock von 1961 überwunden. Die neu immatrikulierten Studenten, die dem SDS beitraten, kamen bereits in einen unabhängigen, konsolidierten Verband. Ohne auf parteitaktische Gesichtspunkte Rücksicht nehmen zu müssen und gegen alle historisch gewachsenen Tabus in der Bundesrepublik nahm der SDS als erster Jugend- oder Studentenverband im Mai 1964 mit einer offiziellen Delegation am Deutschlandtreffen der FDJ in Berlin (DDR) teil und vertrat dort offensiv seine sozialistische Position. Abgeschirmt von Angehörigen der Betriebskampfgruppen, die verhinderten, daß einige Hundert nicht geladene DDR-Jugendliche an der Veranstaltung teilnahmen, trug der 2. Bundesvorsitzende des SDS, Hellmut Lessing, einem Auditorium von ungefähr 400 FDJ-Mitgliedern aus beiden Teilen Deutschlands und SDSlern seine »Thesen zum Verhältnis von Wissenschaft und Politik« vor.

Jede Instrumentalisierung von Wissenschaft durch die tagespolitische Taktik der Arbeiterparteien ablehnend, vertrat Lessing die zentrale These, daß die Wissenschaft zwar von gesellschaftlichen Verhältnissen abhängig sei, jede Korrektur ihrer Ergebnisse durch Herrschaftsinstanzen jedoch dem Prinzip rationaler wissenschaftlicher Forschung widerspreche. Solche Eingriffe müßten entweder zu entpolitisiertem Positivismus oder zur Dogmatisierung der Politik führen.
Der größte Affront in Lessings Rede richtete sich gegen die Regierungen beider deutscher Teilstaaten: er forderte die Beendigung der politischen Justiz in ganz Deutschland und die sofortige Freilassung der politischen Häftlinge aus den Gefängnissen der Bundesrepublik und der DDR, namentlich die Freilassung des in die DDR verschleppten Gewerkschaftsfunktionärs Heinz Brandt. Dies war kein bequemes Heimspiel, hier schlug sich der SDS zum erstenmal auf fremdem Platz, und das mit Erfolg.[134] Nach der Konfrontation war der SDS in den großen Universitätsstädten der DDR so etwas wie ein Geheimtip. Die Ausgabe der nk, in der Lessings Referat abgedruckt war, wanderte in zahlreichen Kopien von Hand zu Hand.

Auf einer Informationsveranstaltung am 2. Juni 1964, auf der der SDS-Landesverband Berlin im überfüllten Theatersaal des Henry-Ford-Baus der FU über seine Erfahrungen berichtete, zeigte sich, daß die Studenten durchaus bereit waren, eine sozialistische Position jenseits von SPD und KPD/SED zu akzeptieren. Die zunehmend oppositionelle Stimmung an den Universitäten hatte im wesentlichen drei Ursachen: 1. die Politik der Stärke à la Konrad Adenauer und John Foster Dulles war gescheitert, die Wiedervereinigung war verspielt, das wurde auch von Konservativen nicht mehr bestritten, 2. die zunehmend autoritären Tendenzen des CDU-Staates auf dem Weg zur »Formierten Gesellschaft« stießen nicht nur in den Gewerkschaften, sondern auch in der Studentenschaft auf Ablehnung; 3. die Sparmaßnahmen, die seit 1949 jahraus jahrein hauptsächlich den Bildungssektor getroffen hatten, eskalierten zur Bildungskatastrophe. In dieser Situation führte der »Verband Deutscher Studentenschaften« (VDS) einen überregionalen Tag des Protestes gegen den Bildungsnotstand an fast allen westdeutschen und Westberliner Universitäten und Hochschulen durch. An dieser »Aktion 1. Juli« beteiligten sich über 50 000 Studenten. Allein in München und West-Berlin zogen ca. 10 000 Studenten und Professoren mit Parolen wie »Schlechte Schulen garantieren manipulierbare Wähler« und »Sei schlau — lern beim Bau« durch die Innenstadt.

Demokratie vor dem Notstand

Nachdem sich die Fraktionsvorsitzenden der drei Bundestagsfraktionen CDU/CSU, FDP und SPD am 21. Mai 1965 über die Grundgesetzänderung zum »Notstandsrecht« geeinigt hatten, riefen die Bundesvorstände der »Höchster Verbände« SDS, SHB, LSD und BDIS sowie der »Humanistischen Studentenunion« (HSU), die sich ebenfalls der Vereinbarung angeschlossen hatte, zu einem Kongreß »Demokratie vor dem Notstand« auf, der in Bonn stattfinden sollte. Damit hatten die Höchster Verbände ihr ursprüngliches Programm der gemeinsamen Vertretung studentischer Interessen von hochschulpolitischen auf gesamtgesellschaftliche Probleme ausgeweitet. Bereits am 15. April 1965 hatten 215 Hochschulprofessoren an die im Deutschen Gewerkschaftsbund (DGB) zusammengeschlossenen Gewerkschaften sowie an die Gewerkschaft der Polizei appelliert, sich gegen eine Verabschiedung der verfassungsändernden Notstandsgesetze noch in dieser Legislaturperiode zu wehren. Zu den Initiatoren zählten u. a.: Der Marburger Soziologe Heinz Maus, das Mitglied des Sozialistischen Bundes, der Berliner Politologe Ossip K. Flechtheim, das Gründungsmitglied der hessischen CDU, Eugen Kogon aus Darmstadt, der spätere FDP-Innenminister Werner Maihofer, damals Mitglied der Universität des Saarlandes, und der Kölner Soziologe Erwin K. Scheuch, heute Bund Freiheit der Wissenschaft. Es ist bezeichnend für das veränderte politische Bewußtsein an den Universitäten, daß die Professoren ihren Appell nicht an die SPD oder an die Mitglieder des Bundestages richteten, sondern an die zum damaligen Zeitpunkt einzig funktionsfähige außerparlamentarische Organisation.
Unter dem Eindruck der massiven Mobilisierungskampagne an allen Hochschulorten, zahlreicher Podiumsveranstaltungen, auf denen auch offizielle Vertreter der Gewerkschaften auftraten, einer zentralen Flugblattaktion (während derer fast 14 Tage lang an allen Universitäten eine Reihe von durchnumerierten Informations-Flugblättern verteilt wurden) und regionaler Pressekonferenzen beschlossen SPD-Parteivorstand, Parteirat und die »Regierungsmannschaft der SPD im Bundestagswahlkampf« einstimmig, daß die SPD-Bundestagsfraktion in dieser Legislaturperiode des 4. Bundestages den geplanten Grundgesetzänderungen zum »Notstandsrecht« nicht mehr zustimmen werde. Dies veranlaßte den CDU-Innenminister Hermann Höcherl in der Notstandsdebatte

vom 16. Juni 1965 zu der denkwürdigen Attacke, die SPD hätte sich mit ihrer »besseren Einsicht« nicht gegen die Gewerkschaften durchsetzen können, die jede verfassungsändernde Notstandsgesetzgebung ablehnten. »Sie haben es nicht geschafft. Sie haben einen Klotz am Bein. Sie sind nicht unabhängig. Wer an die Regierung will, muß auch unpopuläre Maßnahmen durchsetzen können.« Das waren im Klartext die Bedingungen der deutschen Bourgeoisie für den Eintritt der Sozialdemokratie in eine Große Koalition.
Die ungefähr 1200 Personen, die am 30. Mai 1965 an den drei Arbeitskreisen des Bonner Kongresses teilnahmen, fühlten sich nicht mehr als akademischer Debattierverein, sondern als eine außerparlamentarische Kraft, die zusammen mit den Gewerkschaften in diesem Land eine politische Veränderung herbeigeführt hatte.[135]

In der Eröffnungsrede des Bonner Kongresses erklärte der SDS-Bundesvorsitzende Helmut Schauer zur Öffentlichkeitsarbeit und Kongreßpolitik des Verbandes: »Hinter verschlossenen Türen haben die Fraktionsvorsitzenden und ihre Experten über eine Änderung des Grundgesetzes der Bundesrepublik beraten, mit der Absicht, das Parlament und selbst die Fraktionen zu bloßen Akklamationsmaschinen zu machen... Wenn Entwürfe zu einer Verfassungsänderung fast wie eine Geheimsache behandelt werden, wird die demokratische Diskussion der Öffentlichkeit zur unmittelbaren Kritik. Das wissenschaftliche Räsonnement über die Vorlage zur Notstandsgesetzgebung auf diesem Kongreß sollte und soll Parteien und Institute der öffentlichen Meinung daran erinnern, daß die Demokratie ohne Öffentlichkeit und öffentliche Diskussionen nicht funktionieren kann.«

Für den SDS fielen Demokratie und Sozialismus nicht auseinander, darin unterschied er sich nicht nur vom Stalinismus, sondern auch von der Strategie und Taktik eines Herbert Wehner auf dem Wege zur politischen Macht.

»Schaut auf diese Stadt!«

Wenn man verstehen will, warum es gerade Mitte der 60er Jahre eine Kulturrevolution der bürgerlichen Intelligenz gegen die bundesrepublikanische Gesellschaft in diesem Ausmaß gegeben hat, so muß man sich mit dem Berlin-Syndrom auseinandersetzen. Die Berliner Studenten waren die Lokomotive der Revolte. Die Tradition der Rebellion der akademischen Jugend dieser Stadt hatte zwei Wurzeln: einmal den Auszug eines Teils der Studentenschaft aus der Humboldt-Universität aus Protest gegen bürokratische Eingriffe der SMAD und der SED in die Autonomie der Hochschule (nebenbei: die meisten Professoren blieben damals zunächst einmal abwartend bei der altehrwürdigen alma mater. Die Altersversorgung der FU-Professoren stand schließlich noch in den Sternen). Zum anderen zeigte sich bereits in den antiautoritären Happenings bei den Kuny-Demonstrationen[136] Anfang Dezember 1949 eine Tendenz zum intellektuellen Nonkonformismus. Was hier als unpolitischer Aufstand gegen die Absurdität der gesellschaftspolitischen Entwicklung in beiden — soeben gegründeten — deutschen Teilstaaten begann, offenbarte seine bis dahin latente eindeutig antifaschistische Stoßrichtung zum Beispiel bei der militanten Demonstration gegen die in Berlin nicht zugelassene neofaschistische »Sozialistische Reichspartei« (SRP) im Juli 1950 durch einige Hunderte FU-Studenten und manifestierte sich Anfang Dezember 1950 als politische Kraft, als 4000 Studenten ein Gastspiel des Wiener Burgtheaters mit Werner Krauss verhinderten, der in dem antisemitischen Veit-Harlan-Film »Jud Süß« die Hauptrolle gespielt hatte.[137]

Was sich in Berlin ankündigte, der fällige Aufstand der Bürgersöhne gegen ihre Nazi-Väter, dann jedoch in der Wirtschaftswunder-Euphorie zu individueller antifaschistischer Motzerei verkam, stand der bundesrepublikanischen Gesellschaft mit einer zeitlichen Verschiebung Mitte der 60er Jahre voll ins Haus. Der Focus dieser zweiten Runde war erneut Berlin. Und das nicht von ungefähr.

Die Freie Universität Berlin unterschied sich für die Studenten durch mindestens vier spezifische Bedingungen von den Hochschulen der Bundesrepublik:

— das »Berliner Modell«, die satzungsmäßige Verankerung der Mitbestimmungsrechte der Studenten in der akademischen Verwaltung der Universität und die institutionalisierte Förderung politischer Studentengruppen;
— der unmittelbare Kontakt zu Kommilitonen der Humboldt-Universität, die Möglichkeit, politische Bücher aus der DDR zu kaufen sowie Theateraufführungen im östlichen Teil Berlins zu besuchen;
— das Fehlen einer allgemeinen Wehrpflicht, da West-Berlin kein Land der Bundesrepublik Deutschland ist;
— die Frontstadtatmosphäre, ein Gemisch aus Angst, Bedrohung, Stagnation, Filzokratie, bornierter Arroganz und individueller Verklemmtheit.

Seit Ende des Zweiten Weltkrieges lebt West-Berlin ständig in der Angst, daß sich sein traumatisches Erlebnis wiederholen könnte: der Einmarsch der »Russen«. Dieses kollektive Trauma erklärt sich jedoch nicht nur aus der Eroberung Berlins durch die Rote Armee, zehn Tage Straßenkämpfe, Plünderungen und Vergewaltigungen durch sowjetische Soldaten. Diese Erinnerungen dominieren auch deshalb noch so stark, weil durch sie möglich wird, andere Erfahrungen weitgehend aus dem Bewußtsein zu verdrängen, die dann nicht mehr erinnert zu werden brauchen: Einmarsch in Prag 1938, Überfall auf Polen im September 1939, 1940 auf Norwegen und Dänemark, auf Frankreich, die Niederlande, Belgien, Luxemburg, Griechenland, Jugoslawien und schließlich am 22. Juni 1941 auf die Sowjetunion; systematische Ausrottung der jüdischen Bevölkerung in allen besetzten Ländern, planmäßige Vernichtung der polnischen Intellektuellen und der Kader der KPdSU (Kommissarbefehl), ökonomische Ausplünderung der okkupierten Länder, Verschleppung ausländischer Zwangsarbeiter in die deutsche Rüstungsindu-

strie. Insgesamt verschuldete Deutschland den Tod von über 50 Millionen Menschen. Auch der Berliner Alltag der letzten Kriegsjahre ist der Verdrängung anheim gefallen: systematische Flächenbombardements der britischen und amerikanischen Bomberverbände, zunehmende Terrorisierung der kriegsmüden Bevölkerung durch die Gestapo und der sinnlose Endkampf gegen die »bolschewistische Gefahr«, der noch in den letzten zehn Tagen über 150 000 Wehrmachtsangehörigen und Zivilisten das Leben kostete. Die Vorstellung, alle diese Verbrechen mitverschuldet oder geduldet zu haben, das war für ein normales Gewissen zu viel. Da mußte eigene Schuld wegrationalisiert und auf andere projiziert werden. Erich Kuby beschreibt dieses gestörte Verhältnis der deutschen Bevölkerung zur Wirklichkeit am Ende des Hitler-Krieges treffend wie kaum jemand sonst: »Auch wenn sie (die Soldaten der Roten Armee, T.F., S.L.) sich wie die himmlischen Heerscharen benommen hätten, wäre das Ergebnis vermutlich nicht anders gewesen. Sie hatten verspielt, noch ehe sie einen Fuß auf deutsches Gebiet setzten — nicht wegen der Verbrechen, die sie begangen haben, sondern wegen der von Deutschen in der Sowjetunion begangenen Verbrechen. ... Nein, die Sowjets haben durch ihre Übergriffe im Frühjahr 1945 Deutschland nicht verspielt; sie haben dadurch nur den Deutschen die Möglichkeit gegeben, ihnen den Schwarzen Peter zuzuschieben, haben den Deutschen einen moralischen Fluchtweg geöffnet...«[138]
Die Komplexität des Berliner Bewußtseinszustandes wurde dadurch noch erhöht, daß klassenspezifische Ungleichheiten und Ungleichzeitigkeiten bestanden. Noch bei den Reichstagswahlen am 5. März 1933 erhielten die KPD 31,02 %, die SPD 23,30 % und die NSDAP nur 25,97 % der abgegebenen gültigen Stimmen, d. h. die Arbeiterklasse in Berlin hatte trotz des offenen nationalsozialistischen Bürgerkriegsterrors fast geschlossen gegen die Nazis und für die beiden traditionellen Arbeiterparteien gestimmt. Neben den Industriegebieten in Sachsen und Thüringen und dem Ruhrgebiet war Berlin in den 30er Jahren eine Hochburg des proletarischen Widerstandes gegen die braune Pest. Hunderte von Sozialdemokraten und Kommunisten hatten in Berlin im illegalen Kampf ihr Leben gelassen. Noch in den Jahren 1933 und 1934 gab es Arbeiterbezirke, in die sich nach 21 Uhr kein SA- oder SS-Mann in Uniform allein hineintrauen konnte. Trotzdem hatte die deutsche Arbeiterklasse den Überfall der Wehrmacht auf den ersten Arbeiter- und Bauernstaat, die UdSSR, nicht verhindern können. Im Gegenteil, die große Mehrheit der Landser im feldgrauen Rock, die in die Sowjetunion einfielen, waren von Haus aus Proleten. Und als die Rote Armee schließlich die Vororte Berlins erreichte und nicht nur bei ihren Offizieren die Hoffnung bestand, daß zumindest Teile des Berliner Proletariats die Gewehre gegen die Faschisten richten würden, zeigte sich fast kein Widerstand. Statt dessen bauten Kinder in HJ-Uniform und alte Männer des Volkssturms zusammen mit den Resten der SS in den traditionellen Arbeiterbezirken Panzersperren und schossen mit Panzerfäusten auf die anrückenden T 34. Die Fahnen wurden erst 5 Minuten nach 12 herausgehängt: die weißen vom Kleinbürgertum, die roten — soweit einzelne Arbeiter das nicht verhindern konnten — von mittleren und kleineren Nazis. Bei den Rotarmisten hatte sich schnell herumgesprochen, daß dort, wo überhaupt keine Fahnen hingen, die Reste des für ein Zu-Kreuze-Kriechen zu stolzen deutschen Proletariats wohnten.

Über die Entstehungsgeschichte und die Bedeutung dieses Berlin-Syndroms waren sich die Studenten in den 60er Jahren nicht im klaren, auch nicht, als der AStA der FU zu Beginn der offenen »Studentenrevolte« einen »Vorbereitenden Untersuchungsausschuß« zur Ermittlung der Ursachen, Tatbestände und Konsequenzen der Vorfälle am 2. Juni 1967 initiierte, einen Tag nach dem Tod Benno Ohnesorgs.
Der — auch heute noch sehr spannend zu lesende — offiziöse Bericht dieses studentischen Untersuchungsausschusses[139] bleibt bei der Analyse des aggressiven Verhaltens der Berliner Bevölkerung gegenüber ihrer studentischen Minderheit in einem sozialpsychologischen Ansatz stecken, die historische Dimension fehlt völlig. Die konkrete Geschichte dieser Stadt wird nicht zur Kenntnis genommen. Deshalb war es dem Ermittlungsausschuß auch nur möglich, den aggressiven Antikommunismus der Berliner ahistorisch psychologisierend zu begreifen.
Da war eine Bevölkerung, die durch Weltwirtschaftskrise, NS-Terror, Bombennächte im Keller, Demontage, Spaltung der Stadt und Mauerbau eine Durchhalte-Mentalität entwickelt hatte, die in ihrer Getto-Situation ein Rollenrepertoire entwickelte, das jede Kritik im Innern als abweichendes Verhalten bestrafte. Aber als die Studenten erst einmal den Polizeiknüppel auf dem Kopf spürten, war es schwer, die Geschichte des Polizeiknüppels rational zu hinterfragen.

Kuby, Krippendorff, Korporationen

Seit Anfang des Sommersemesters bestand an der FU in Berlin eine besondere Situation: der seit April amtierende AStA, dessen Mitglieder vorwiegend aus dem SDS oder dem »Argument-Club« (AC) stammten, konnte sich nicht auf eine Stimmenmehrheit im Konvent, dem Studentenparlament der FU, stützen.[140] Daß sich die beiden AStA-Vorsitzenden Wolfgang Lefèvre (SDS, AC) und Peter Damerow (AC) überhaupt bis zum Wintersemester halten konnten, ist auf zwei Faktoren zurückzuführen: einmal war der AStA nicht mehr bereit, Konflikte mit der Universitätsverwaltung zu verschweigen, um das Verhältnis zum Rektor nicht zu belasten; zum anderen versuchte die Ordinarienuniversität angesichts der sich abzeichnenden Reformbestrebungen im Hochschulsektor ihre Stellung zu sichern und die im »Berliner Modell« garantierten Rechte der Studentenschaft abzubauen. Der AStA verstand sich jetzt zunehmend als direkte Interessenvertretung der Studenten und nicht mehr als Sprecher des Organs »Studentenschaft«, das nur dem universitären Gesamtinteresse verpflichtet war.
Das Sommersemester 1965 ging als das Semester der »drei K« in die Geschichte der FU ein: Kuby, Krippendorff, Korporationen.[141] Dadurch, daß der AStA die bürokratischen Maßnahmen der

Universitätsspitze mit der Studentenschaft diskutierte, entstand nicht nur eine universitäre Öffentlichkeit, sondern zugleich ein politisiertes Widerstandspotential. Jeder, der sich in dieser Situation gegen die Politik des AStA ausgesprochen hätte, wäre damit als Gegner der studentischen Interessen und objektiver Agent der Ordinarienuniversität entlarvt worden. Die im nachhinein wichtigste Auswirkung des Sommersemesters war, daß jetzt zu Vollversammlungen aller Fakultäten durchschnittlich mehr als 1000 Studenten, Assistenten und Professoren erschienen. Einen solchen Grad der politischen Mobilisierung hatte es seit den Auseinandersetzungen an der Humboldt-Universität im Jahre 1948 nicht mehr gegeben. Wie weit die Entfremdung zwischen Studentenschaft und Rektor bereits fortgeschritten war, zeigt dessen Äußerung auf einer Pressekonferenz am Ende des Semesters. AStA und Konvent der FU hätten durch »Fehlinterpretationen und falsche Informationen« in letzter Zeit den »Ruf der Freien Universität« gefährdet und die »akademische Freiheit der FU in Frage gestellt«.

Das Vietnam-Semester in Berlin

Am 26. Oktober 1965 wurde der SDS-AStA Lefèvre/Damerow mit 33 zu 22 Stimmen bei 2 Enthaltungen gestürzt. Lefèvre und Damerow hatten im August 1965 einen Aufruf »Frieden für Vietnam« unterschrieben, der sich gegen die US-Intervention in Vietnam richtete. Initiator des Aufrufes war der SED-nahe »Ständige Arbeitsausschuß für Frieden, nationale und internationale Verständigung, West-Berlin«. Nach einer zweimonatigen Kampagne der Springer-Presse unter dem Motto »AStA auf SED-Kurs« sah der SHB seine Chance, dem Berliner SDS den Bruch des Höchster Verbändeabkommens heimzuzahlen und wählte zusammen mit den Rechten den AStA ab.[142] Dennoch unterstützte der SHB-AStA mit Niels Kadritzke als erstem und Gerd Börnsen als zweitem Vorsitzenden im Wintersemester 1965/66 alle vom SDS-Landesverband Berlin initiierten Aktivitäten gegen den amerikanischen Krieg in Vietnam (z. B. eine Ausstellung von Bildern und Dokumenten, Filmveranstaltungen, wöchentliche Presseschauen, Podiumsdiskussionen und Demonstrationen).
Seit Anfang 1965 beschäftigte sich der Arbeitskreis »Südvietnam«, eine Gruppierung um die SDS-Mitglieder Jürgen Horlemann, Peter Gäng und Klaus Gilgenmann mit der sozioökonomischen, politischen und militärischen Situation in Vietnam seit Ende des Zweiten Weltkrieges. Dadurch entstand aber auch schon eine Art Spezialistentum für Vietnam — so wie es schon Spezialisten für Hochschulpolitik und Apartheid-Politik in Südafrika gab —, und die Mitglieder des SDS delegierten die Beantwortung aller Fragen aus den jeweiligen Spezialgebieten an die entsprechende Gruppe.

Als Ouvertüre zum Vietnam-Semester forderten die z. T. nicht mehr aktiven SDS-Mitglieder Dr. Peter Furth (Akademischer Rat an der FU), Dr. Wolfgang Fritz Haug (Assistent an der FU), Dr. Klaus Meschkat (Assistent an der FU), Ulrich K. Preuß (Mitarbeiter am Institut für Bildungsforschung in Berlin) und Gerhard Schönberner (Schriftsteller) die Intellektuellen in einem Brief auf, eine »Erklärung über den Krieg in Vietnam« zu unterschreiben: »...Wir halten es für kein moralisch vertretbares Prinzip, Unrecht nur anzuklagen, wenn es auf der anderen Seite geschieht, wie es heute in Ost und West zur politischen Praxis gehört. Wir meinen, daß wir die Verurteilung des Krieges, den die USA gegen das vietnamesische Volk führt, nicht den Kommunisten und ihren Anhängern allein überlassen dürfen. Daß dieser Aufruf vom geteilten Berlin ausgeht, ist kein Zufall. Keineswegs ist die Situation in Vietnam der in dieser Stadt gleichzusetzen, wie blinde Antikommunisten uns einreden möchten. Man erweist den Interessen Berlins einen schlechten Dienst, wenn man uns rät, das amerikanische Vorgehen in Vietnam zu billigen oder zumindest keiner Kritik zu unterziehen...«

Die Resolution spiegelt eine Neuorientierung im SDS Berlin auf drei Ebenen wider:

1) Die geographisch-politische Lage Berlins wird bewußt ins Spiel gebracht. Die Kritik des SDS richtete sich hier nicht abstrakt gegen den Neokolonialismus, sondern konkret gegen eine der drei westlichen Schutzmächte. Der SDS war sich darüber im klaren, daß Berlin einer der letzten Orte auf der Welt war, wo sich die Bevölkerung fast ausnahmslos mit der Politik der Vereinigten Staaten identifizierte. Gerade dadurch wurde Berlin aber auch für die Innenpolitik der USA zum neuralgischen Punkt. Denn wenn in Berlin die Intelligenz gegen den amerikanischen Krieg in Vietnam auf die Straße ging, dann fühlten sich die konservativen Kreise in den Vereinigten Staaten von ihren letzten Freunden verlassen. Durch eine gezielte Eskalation der Kampagne gegen die amerikanische Kriegführung in West-Berlin sollte die Anti-Kriegs-Bewegung in den USA massiv unterstützt werden. So das interne Konzept des Berliner SDS.

2) Der Aufruf dokumentierte, daß der Verband im Herbst 1965 bewußt als eigenständige dritte Kraft im linken Spektrum auftrat, jenseits der Sozialdemokratie und des Kommunismus.

3) Adressaten der Bündnispolitik des SDS waren deshalb auch nicht mehr in erster Linie die traditionellen Organisationen der Arbeiterbewegung, sondern die bürgerliche Intelligenz als gesellschaftliche Gruppe. In ihrer prompten Reaktion bewies die Reaktion, daß sie bereits ahnte, daß an der Freien Universität der Insulaner-Konsensus drastisch in Frage gestellt wurde. Die 8 Berliner Tageszeitungen starteten auf Anregung des Herausgebers des sozialdemokratischen »Telegraf« und unter dem ökonomischen Druck des Springer-Konzerns — unter dem sie im übrigen bis heute stehen — eine Spendenaktion zum Weihnachtsfest, mit der dem ganzen amerikanischen Volk symbolisch gezeigt werden sollte, wo

Berlin stehe. Alle amerikanischen Familien, die einen Angehörigen im Vietnam-Krieg verloren hatten, erhielten eine Nachbildung der Freiheitsglocke, hergestellt von der Königlichen Porzellan Manufaktur (KPM).[143]
Die Erfahrung, die der SDS an der FU am 26. Februar 1965 mit dem von ihm veranstalteten Streitgespräch mit Mitgliedern der US-Mission in Berlin über den amerikanischen Krieg in Vietnam gemacht hatte, beeinflußte seine spätere Öffentlichkeitsarbeit und Kongreßpolitik entscheidend. Während der Veranstaltung war es mehrfach zu Mißfallenskundgebungen der Studenten gekommen, als sich die Vertreter der US-Mission — im Unterschied zu den Sprechern des SDS, Erik Nohara und Jürgen Horlemann, die ihre Argumentation jeweils sofort mit in- und ausländischen Pressezitaten belegten — in Widersprüche verwickelten und keine Belege für ihre Thesen anführten. Trotz zahlreicher weiterer Aufforderungen blieb dies das einzige Mal, daß offizielle Vertreter der amerikanischen Regierungspolitik einer SDS-Einladung folgten. Auf dieser Podiumsdiskussion — einem Vorläufer der teach-ins — gelang es den Rednern des SDS, die Vertreter der US-Mission so zu provozieren, daß diese unfreiwillig den Hauptvorwurf der Linken bestätigten, die USA führten ihren Krieg in Vietnam gegen das Volk und nicht mit dem Volk gegen eine fremde Macht. (Im Gegensatz zum heutigen Brauch organisierte der SDS seine Öffentlichkeitsarbeit noch nach dem Prinzip: Direkte Konfrontation statt parteiliches Monologisieren.)[144]

Die Plakataktion

Nach der Tschombé-Demonstration traten am 27. Januar 1965 Bernd Rabehl und Rudi Dutschke in den Berliner SDS ein. Im Sommersemester 1965 veranstalteten beide zusammen einen Marxismus-Arbeitskreis, der sich im folgenden Wintersemester in die Arbeitskreise »Probleme des Marxismus« (Rabehl) und »Formierte Gesellschaft« (Dutschke) teilte. Beide gingen arbeitsteilig vor: während Rabehl die neu zum SDS gekommenen Mitglieder in marxistischer Theorie schulte, zielte Dutschke darauf ab, Mitglieder des Argument-Clubs[145] zu agitieren und langfristig aus dem Club herauszubrechen. Einzelne Mitglieder der Arbeitskreise von Dutschke und Rabehl sowie des Vietnam-Arbeitskreises um Jürgen Horlemann und Peter Gäng bereiteten insgeheim eine Aktion für den Vorabend der ersten großen Studentendemonstration gegen den amerikanischen Krieg in Vietnam vor.

In der Nacht vom 3. zum 4. Februar 1966 wurden in sieben Berliner Bezirken und auf dem Universitätsgelände der FU Plakate geklebt, in denen es u. a. hieß: »Erhard und Bonner Parteien unterstützen MORD... Ost und West arrangieren sich immer mehr auf Kosten der wirtschaftlich unterentwickelten Länder. Jetzt bleibt den Unterdrückten

nur noch der Griff zu den Waffen. Für sie heißt Zukunft: REVOLUTION...«. Unterschrieben war der Text mit »INTERNATIONALE BEFREIUNGSFRONT«.
Der illustre Name des Plakatkleber-Zirkels war Ausdruck eines Konzepts, den Verband durch im SDS nicht diskutierte direkte Aktionen vor vollendete Tatsachen zu stellen. Vor allem Dutschke und Rabehl versuchten so, zunächst einmal dem Berliner Landesverband ihre Themen aufzuzwingen und ihn langfristig auf eine bestimmte Praxis festzulegen. Die Festnahme von fünf Plakatklebern hatte unmittelbare Auswirkungen, jedoch nicht im Sinne von Dutschke und Rabehl. Zunächst einmal besetzte die »Alte-Keulen-Riege«, eine lose Gruppierung von Altgenossen, die dem Verband zum größten Teil schon vor 1961 angehört hatten, das SDS-Zentrum und forderte den sofortigen Ausschluß der an der Plakat-Aktion Beteiligten. Die Mehrheit der jüngeren Berliner SDSler, die der verpatzten Plakataktion im übrigen kritisch gegenüberstanden, lehnten die versuchte Strafexpedition der Altgenossen ab.[146]

Letztlich verhalf die Plakataktion der Demonstration vom 5. Februar nur zu ein wenig mehr Publizität. Sie mobilisierte vielleicht einige Hundert Studenten zusätzlich, konnte aber beim besten Willen nicht als Beginn des Aufstands in den Metropolen interpretiert werden.
Am Nachmittag des 5. Februar beteiligten sich über 2500 Studenten an der von SDS, AC, SHB, LSD und HSU veranstalteten Demonstration gegen den »schmutzigen Krieg in Vietnam«. Vor dem Maison de France blockierten die Demonstranten erstmalig durch einen Sitzstreik für ungefähr 20 Minuten den Verkehr auf dem Kurfürstendamm. Ein Teil der Demonstranten zog anschließend zum Amerika-Haus, veranstaltete dort einen weiteren Sitzstreik und holte die amerikanische Flagge nieder. Aber was das Schlimmste war, ein SDS-Mitglied hatte den Gedanken, eine Sechserpackung Frischeier aus deutschen Landen zu kaufen, von denen dann tatsächlich fünf an die Fassade des Amerika-Hauses geklatscht wurden. Die Berliner Presse reagierte wie vom SDS vorausberechnet und vergrößerte dadurch die politische Wirkung der Demonstration um ein Vielfaches. (»Die Narren von West-Berlin«, »... SED unterstützt Studenten-Demonstration«, »... eine Schande für unser Berlin!«, »Beschämend! Undenkbar! Kurzsichtig...«) Der als Linksliberaler gewählte neue Rektor der FU, Prof. Dr. Hans-Joachim Lieber, fühlte sich »nicht nur als Berliner Bürger« verpflichtet, ein devotes Entschuldigungsschreiben an den amerikanischen Stadtkommandanten in Berlin zu richten. Ein ähnliches Schreiben verfaßte selbstverständlich auch der Regierende Bürgermeister von Berlin, Willy Brandt, an denselben Herrn. Nachdem die unerhörten Vorfälle vor dem Amerika-Haus drei Tage lang die Titelseiten der Gazetten gefüllt hatten, legten die Berliner CDU, die Junge Union Berlin und der RCDS noch einen Zahn drauf und veranstalteten eine »Sympathiekundgebung«

gegen die »antiamerikanischen Ausschreitungen einiger linksorientierter Studenten.«[147]

Auf dem Jour fixe des SDS zum Thema »Legalität und Illegalität« am 9. Februar 1966 fand eine verbandsinterne Manöverkritik statt. An der achtstündigen Diskussion im SDS-Zentrum nahmen etwa 150 Mitglieder des Verbandes teil. Hauptkontrahenten waren der aus Frankfurt/Main angereiste 1. Bundesvorsitzende Helmut Schauer, Rudi Dutschke und Klaus Meschkat. Im Verlauf der Diskussion stellte sich heraus, daß inzwischen auch Dutschke und Rabehl davon überzeugt waren, daß die gut vorbereitete legale Demonstration eine größere Resonanz gehabt hatte als die schlecht vorbereitete illegale Plakataktion, deren Wirkung mehr oder minder verpufft war. Die abstrakte Gegenüberstellung von Legalität und Illegalität, so der Hauptvorwurf Meschkats gegen Dutschke, sei angelesen und gehe vollkommen am realen Stand der Klassenkämpfe in West-Berlin und der Bundesrepublik vorbei.[148]
Die Mehrheit der Anwesenden war sich darin einig, daß direkte Aktionen nur aus einer massenhaften Demonstration heraus erfolgen sollten und nicht durch klandestine Zirkel am Rande des Verbandes.

Kongreßpolitik

Im Herbst 1965 begann auf der XX. Delegiertenkonferenz eine Kontroverse über Stellenwert und Charakter von Großveranstaltungen und Kongressen für die Politik des Verbandes. Die Diskussion wurde durch die Kritik der Berliner am Bonner Kongreß »Demokratie vor dem Notstand« im Mai 1965 ausgelöst. Sie kritisierten vor allem die Bündniskonzeption, die dem Kongreß zugrunde lag, aber auch den Verlauf der Diskussion in den drei Arbeitskreisen. Um die Koalition mit den anderen Studentenverbänden nicht zu gefährden, seien vom Bundesvorstand gezielt nur solche SDS-Genossen zu Redebeiträgen eingeladen worden, bei denen Schauer und Dabrowski sicher waren, daß sie sich strikt an den ausgehandelten Minimalkonsens halten würden. Der BV hätte den Berlinern durch eine von langer Hand vorbereitete Manipulation der Rednerliste unmöglich gemacht, ihre Position darzulegen und zu verteidigen. Aufgrund dieser negativen Erfahrungen mit der bisherigen Kongreßpolitik schlugen sie — ermutigt durch den Verlauf des Streitgespräches vom 26. Februar 1965 mit Mitgliedern der US-Mission in Berlin — die Durchführung großer überregionaler teach-ins anstelle von straff durchorganisierten Kongressen vor.

In seinem Rechenschaftsbericht setzte sich Helmut Schauer indirekt mit der Position des Berliner Landesverbandes auseinander, indem er kritisch auf Michael Vesters nk-Artikel »Die Strategie der direkten Aktion« einging. Die Institution teach-in versuche zwar die im Spätkapitalismus nicht mehr existierende Öffentlichkeit wiederherzustellen und demokratische Verhaltensformen aufzubauen, sie müsse aber scheitern, da sich die Repräsentanten der öffentlichen Gewalt den demokratischen Normen einer öffentlichen Diskussion niemals unterwerfen würden.

(Hier reagierten die Berliner sauer, hatten sie doch gerade dem BV das vorgeworfen, was dieser jetzt den Repräsentanten der öffentlichen Gewalt vorwarf.) Schauer beharrte darauf, daß der SDS kein »neutraler Veranstaltungszirkel« für die Durchführung von teach-ins sei, sondern der Verband müsse eine »entschiedene, feste, hoffentlich klare und eindeutige klassenbewußte Position« verbindlich vertreten. Schauer verteidigte offensiv die Bündnispolitik des Bonner Kongresses, denn die dort eingegangene politische Koalition zur Verhinderung der Notstandsgesetze vor der Bundestagswahl 1965 sei bereits eine Form der politischen Aktion gewesen, die »weitaus verbindlicher ist, als es ein teach-in unter Einschluß aller möglichen Positionen gewesen wäre«.[149]
Anfang Januar 1966 legte der Bundesvorstand den SDS-Hochschulgruppen »Vorüberlegungen für einen Studentenkongreß ›Vietnam — Analyse eines Exempels‹« vor. Die bisherigen kritischen Äußerungen zu der amerikanischen Vietnam-Politik hätten sich weitgehend entweder auf humanitäre oder auf unmittelbar politische Argumentation beschränkt. Eine analytische Erklärung sei bisher in breiten Kreisen des SDS nicht sichtbar geworden. Dies könne nicht nur durch das Fehlen einer »lebendigen modernen Imperialismustheorie« erklärt werden. Fehlende marxistische Analyse würde sich aber auf die Dauer als praktischer Mangel erweisen, weil die Schwäche der Linken den SDS zur Resignation treibe, wenn deren Ursachen nicht reflektiert würden. Die Aufgabe des SDS sei, den Studenten die Gründe und die Methoden des amerikanischen Krieges in Vietnam zu erklären und damit ein sozialistisch-wissenschaftliches Verständnis ihrer eigenen Lage vorzubereiten. Zugleich müsse der SDS Arbeitsformen der Aufklärung entwickeln und praktizieren, die ernsthaft die Chance hätten, über den schon politisierten studentischen Kreis hinaus vorzustoßen.

Am 5. März 1966 erklärte der SHB-Bundesvorstand, der Sozialdemokratische Hochschulbund sei bereit, als Mitveranstalter des Kongresses »Vietnam — Analyse eines Exempels« aufzutreten, falls der vom SDS-BV geplante Kongreß »unter möglichst großer Objektivität« durchgeführt werde. Die Sozialdemokraten legten besonderen Wert darauf, daß auch Politiker der im Bundestag vertretenen Parteien und Angehörige der amerikanischen Botschaft eingeladen würden.[150] Hauptsächlich kam der Widerstand gegen Schauers Kongreßpolitik, der mit dem SHB verhandelte und nicht mit dem eigenen Verband, aus Köln und West-Berlin. Während der Vorsitzende der Kölner SDS-Gruppe, Karl-Heinz Roth, der damals noch der illegalisierten KPD nahestand, sich im Namen der Kölner Gruppe zwar gegen »eine bloße akademische Behandlung des Vietnam-Krieges« und für Agitation und freie Diskussionen im Plenum aussprach, grundsätzlich aber die Bereitschaft der Kölner zum Ausdruck brachte, den Kongreß zu unterstützen, auch wenn er nicht ihren Vorstellungen entsprechen sollte, bereiteten die Berliner stillschweigend ihren Gegenschlag vor.
Am 4. Mai teilte der SDS-Bundesvorstand den Gruppen überraschend mit, daß der SHB »in einem nunmehr bereits weitgediehenen Stadium der Vorbereitung seine Zusage zurückgezogen hat,

mit uns gemeinsam den Kongreß... zu veranstalten«. (Schließlich standen mal wieder Bundestagswahlen vor der Tür und der SPD-Parteivorstand hatte den SHB nicht hochgepäppelt, damit er nun mit dem von der SPD gefeuerten SDS gemeinsame Sache machte.)

Am folgenden Tag kritisierte der SDS-Landesvorstand Berlin in einer Stellungnahme das geplante Programm des Vietnam-Kongresses: »Wir sind, ebenso wie der BV, der Meinung, daß die Opposition in der BRD und Westberlin über ein Engagement in der Vietnam-Frage zu integrieren sei. Im Gegensatz zum BV sind wir aber der Meinung, daß die Integration der Opposition nicht mittels immanenter Kritik an der Verletzung bürgerlicher Normen in Vietnam geschehen kann....« Die harte Kritik der Berliner richtete sich vor allen Dingen gegen Themen wie »Politische und juristische Probleme des Vietnamkrieges (Selbstbestimmungsrecht, Internationale Abkommen etc.)«, die vom wesentlichen Prozeß des Befreiungskampfes der Völker der Dritten Welt nur ablenkten. Aufgabe des Kongresses hätte zu sein, die politisch diffuse Oppositionsbewegung in der Bundesrepublik auf den Stand der Theorie und der militanten Praxis der Opposition in anderen Ländern (besonders Frankreich, Italien und die USA) gegen den vom internationalen Kapitalismus in Gang gebrachten Formierungsprozeß zu bringen.[151] Die Berliner legten einen Vorschlag zur Themenplanung vor, der seinerseits wiederum ein Kompromiß zwischen der Dutschke/Rabehl-Fraktion und dem Vietnam-Arbeitskreis um Horlemann und Gäng war. Auf Dutschkes Konto ging z. B. ein Vergleich der Imperialismus- und Revolutionstheorien von Wladimir Iljitsch Lenin, Mao Tse Tung und dem algerischen Revolutionär Frantz Fanon, die Politik des sozialistischen Lagers am Beispiel Vietnams und die Probleme der permanenten Revolution. Horlemann trug u. a. folgende Spezialisten-Themen bei: »counter insurgency« (organisierte Konterrevolution und Sabotage) und »Refeudalisierung und Nanh Vi in Südvietnam«. Die Berliner sahen eine solche Umorientierung des Kongresses als »einzig mögliche Konsequenz«, da auch andere Gruppen Vorschläge in dieser Richtung gemacht hätten. (Auf dem Kongreß selber zeigte sich, daß die Berliner mit schlechtem Blatt hoch gepokert hatten: ihre Redner gingen — mit Ausnahme von Rudi Dutschke — in der Diskussion weitgehend unter.)

Der BV entsandte auf diese Stellungnahme hin das Mitglied des Politischen Beirats Frank Deppe am 8. Mai nach Berlin, um mit dem dortigen Landesvorstand über die Forderungen der Berliner zu diskutieren. Die Diskussion ergab Einigkeit in drei allgemeinen Feststellungen: Eine Imperialismus-Analyse sei unbedingt wichtig, um sozialistisches politisches Bewußtsein zu entwickeln; Gewalt dürfe für die Befreiungskämpfe der Dritten Welt nicht prinzipiell abgelehnt werden; und der SDS müsse sich über die politische Funktion und die möglichen Konsequenzen einer »schlechten Identifikation« mit den kämpfenden Nationen der Dritten Welt im klaren sein. Neben der Wiederholung der alten Forderungen aus der Stellungnahme vom 5. Mai 1966 stellten die Berliner zwei neue Forderungen auf und unterbreiteten für den Fall der Ablehnung einen abgestuften Plan von passiver und aktiver Sabotierung des Kongresses.[152]

Im Anschluß an die Diskussion mit Deppe diskutierten die Berliner SDSler die Verabschiedung eines Flugblattes, das ursprünglich für die Vorbereitung des nicht zustande gekommenen teach-ins mit amerikanischen Befürwortern und Gegnern der US-Intervention in Vietnam vorgesehen war. Das Flugblatt war von einer Gruppe von acht Genossen vorbereitet worden, die z. T. schon an der Plakataktion beteiligt gewesen waren.

Die wichtigste und zugleich umstrittenste Passage stellte eine neue Qualität des politischen Bewußtseins im SDS dar: »Die demokratisch aufrechte Gesinnung wird ihr Gewicht erst wiedergewinnen, wenn sie sich endlich an die rechte Adresse wendet, wenn sie erkennt, daß mit den Henkern im Weißen Haus nicht mehr zu diskutieren ist. ›Abzug der amerikanischen Truppen‹, ›Freie Wahlen für Südvietnam‹, das sind Forderungen an den Vietcong, einen gerechten Frieden endlich zu erzwingen, Forderungen, die nicht hilflos bleiben in der Solidarität mit den Unterlegenen, die eine lahme deutsche Protestbewegung bis heute bejammerte, sondern die schlagkräftig werden in der Solidarität mit den Siegern, schlagkräftiger werden mit jedem abgeschossenen amerikanischen Flugzeug, mit jedem verbrannten Einberufungsbefehl. Was bis heute versäumt wurde, in den Verurteilten, die sich erfolgreich zur Wehr setzten, uns selbst wiederzuerkennen und sie darum nicht nur mit Jammer abzusingen, das ist endlich zu leisten. Unser richtig verstandenes Interesse, das einsieht, daß jeder Sieg des Vietcong ein Sieg für unsere Demokratie bedeutet, ist die Triebfeder der folgenden Blätter.« (Mit dieser Passage sollte dann auch der Abbruch des geplanten teach-ins begründet werden.)

Abgesehen davon, daß es richtig ist, nicht nur gegen die Intervention zu protestieren, sondern sich auch mit den kämpfenden Völkern zu solidarisieren, ist die Aufforderung an die vietnamesische Befreiungsfront, endlich einen gerechten Frieden zu erzwingen, genauso hilflos wie denunzierender weinerlicher Pazifismus. Natürlich war es richtig, in Deutschland zum ersten Mal auszusprechen, daß die Befreiungsfront das Recht hatte, amerikanische Flugzeuge abzuschießen, die Menschen töteten und Felder verwüsteten. Sobald jedoch entweder durch vage Formulierungen auch nur die Möglichkeit der Assoziation bestand, ähnliches hier zu unternehmen, oder aber der Klassenkampf im eigenen Lande an die Vietnamesen delegiert wurde, bestand die Gefahr einer ohnmächtigen Resignation oder eines ebenso ohnmächtigen blinden Aktivismus, der heute ja auch von bestimmten Desperadogruppen gepflegt wird.
Der Bundesvorstand des SDS, der nur seinen Kongreß in Gefahr sah, reagierte auf die inhaltliche Herausforderung des Flugblattes »Informationen über Vietnam und Länder der Dritten Welt Nr. 1« relativ undifferenziert. Nach mehreren vorausgegangenen Telefonaten und Diskussionen faßte er am 11. Mai mit 4:1 Stimmen (Gegenstimme: Rudi Dutschke) den Beschluß: der BV sei der Ansicht, daß das Flugblatt des Berliner Landesverbandes die

»Durchführung wie die politische Effektivität des Vietnam-Kongresses ernsthaft in Frage stellt und der bisherigen Vietnam-Politik des Verbandes wie vor allem aber auch der Berliner (siehe Brief an McGhee) widerspricht«. Seine unverhüllte Drohung, die Redaktion des Flugblattes aus dem SDS zu feuern, mußte der BV fallenlassen, weil fast der gesamte Berliner Landesverband sich gegen jede Art bürokratischer Einmischung in die inneren Angelegenheiten der Berliner Gruppe aussprach und für die Veröffentlichung des Flugblattes votierte, obwohl dessen Inhalt äußerst kontrovers diskutiert wurde. Da der BV satzungsmäßig nicht berechtigt war, einzelne Mitglieder auszuschließen, hätte er den gesamten Berliner Landesverband auflösen müssen — eine groteske Vorstellung.

Am 22. Mai 1966 fand dann endlich nach langem Hin und Her der SDS-Kongreß »Vietnam — Analyse eines Exempels« in der Frankfurter Johann-Wolfgang-Goethe-Universität statt. Das Hauptreferat hielt der 1933 nach Amerika emigrierte marxistische Philosoph der Frankfurter Schule, Prof. Dr. Herbert Marcuse.[153]

An diesem Kongreß nahm eine repräsentative Auswahl der europäischen linken Intelligenz teil. Wolfgang Abendroth, Norman Birnbaum, Bo Gustafsson, Jürgen Habermas, Oskar Negt, Theo Pirker, Konny Zilliacus, Claude Bourdet, Heinz Brandt u. a. Die über 2200 Teilnehmer, Professoren, Gewerkschaftler und Studenten, verabschiedeten fast einstimmig die Schlußerklärung: »1. Der Vietnamkrieg ist ein nationaler und sozialer Befreiungskampf der südvietnamesischen Bevölkerung und zugleich ein Akt politischer Notwehr...2. Der Vietnamkonflikt ist keine zufällige Einzelerscheinung, sondern ein Modellfall für ähnliche — bereits sich entfaltende Konflikte in den halbkolonialen Agrarländern Asiens, Afrikas und Lateinamerikas...

3. Die Interventionspolitik der USA bedroht nicht nur die Existenz des vietnamesischen Volkes, sie widerspricht auch den elementaren Lebensinteressen der großen Mehrheit der Bevölkerung in den USA und den ihr verbündeten Ländern... 4. Der Vietnamkonflikt hat die Tendenz, sich zu einem großen, allgemeinen Krieg auszuweiten...«

Höhepunkt und Ende der Kongreßpolitik von Helmut Schauer und Hartmut Dabrowski war der von der IG Metall finanzierte Kongreß »Notstand der Demokratie« am 30. Oktober 1966 in Frankfurt/Main. Otto Brenner hatte schon seit Sommer 1966 damit gerechnet, daß die SPD bereit war, für den Eintritt in eine Große Koalition mit der CDU/CSU den Preis der Zustimmung zu den verfassungsändernden Notstandsgesetzen zu zahlen. Deshalb holte er sich auch den ehemaligen Bundesvorsitzenden des SDS, Helmut Schauer, als persönlichen Referenten zur Vorbereitung des Kongresses in die IG-Metall-Zentrale.[154] Schauer gelang es, einen großen Teil der politischen Intelligenz der Bundesrepublik und West-Berlins gegen die Strategie Herbert Wehners zu mobilisieren. Auf dem Kongreß diskutierten in 6 Foren mehr als 5000 Gewerkschafter, SPD-Parteimitglieder, Studenten, Assistenten und Professoren.[155]

...stürmt die Festung Universität!

Das einzig konkrete Projekt der Hochschulfraktion des Berliner SDS waren Rezensionen von Lehrveranstaltungen, die seit Februar 1966 im »FU-Spiegel« erschienen. Dies war eine Umsetzung der Forderung nach studentischer Öffentlichkeit. Die Genossinnen und Genossen in den Seminaren sollten — so die damalige studentische Sprecherin im Akademischen Senat, Sigrid Rüger (SDS) — als Spione der Hochschulöffentlichkeit die »Fragwürdigkeit der Ordinarienoligarchie aufzudecken versuchen«. Diese Rezensionen waren jedoch für eine Mobilisierung und Politisierung der Masse der Studenten kaum geeignet. Die theoretische Auseinandersetzung über Vorlesungen, Übungen und Seminare blieb auf Darstellung und Gegendarstellung im »FU-Spiegel« beschränkt und wurde nur von den unmittelbar Betroffenen mit Interesse verfolgt.[156] Viel wichtiger für die Polarisierung und Mobilisierung der Studenten war z. B. die Einführung der befristeten Immatrikulation an den Hochburgen der Korporationen, der Juristischen und Medizinischen Fakultät der FU. Durch das Verbot einer Urabstimmung der Studenten über die »Zwangsexmatrikulation« war eine Stufe der Eskalation erreicht, wo die Studenten sogar ihr Recht auf demokratische Willensäußerung verteidigen mußten. Für den Zeitpunkt der folgenden Sitzung des Akademischen Senats am 22. Juni 1966 wurde eine studentische Versammlung anberaumt, die auf dem Platz unterhalb des Sitzungssaales des Akademischen Senats dieselbe Tagesordnung behandeln sollte wie das Ordinarien-Gremium. Dabei brachen die studentischen Sprecher im Akademischen Senat, Sigrid Rüger und Peter Dehn (SHB), das bis dahin übliche Vertraulichkeitsprinzip und informierten die Studentenschaft über die Vorgänge im Akademischen Senat.
Am Vorabend dieses ersten großen teach-ins und sit-ins an einer deutschen Universität fand ein nahezu historisches Treffen zwischen SDS und Burschenschaften statt. Unter der Leitung des Sprechers der Juristischen Fakultät, Franz Kirchberger, Mitglied des Cartellverbandes der Katholischen Deutschen Studentenverbindungen (CV), und Wolfgang Lefèvre, Mitglied des Landesverbandes Berlin des Sozialistischen Deutschen Studentenbundes (SDS), wurde ein gemeinsames Aktionsprogramm zur Verhinderung der Zwangsexmatrikulation an der Juristischen und Medizinischen Fakultät ausgehandelt. Beide Seiten stellten fest, daß bei allen bestehenden politischen Differenzen dieses Zweckbündnis ausschließlich zur Vertretung studentischer Interessen geschlossen wurde. Die Konsequenz dieses Aktionsbündnisses war, daß von den konservativen und sozialistischen Aktionskernen am nächsten Tag über 3000 Studenten für die Versammlung mobilisiert werden konnten. Am späten Nachmittag wurde die Veranstaltung auf Vorschlag eines SDSlers in ein sit-in in der Halle des Henry-Ford-Baues umfunktioniert, auf dem das plebiszitäre Element stark in

den Vordergrund rückte: durch unmittelbare Demokratie gaben die Studenten ihre Repräsentation durch AStA und Konvent zeitweise auf, entschieden sich sogar gegen ihre Repräsentanten. Sie entwickelten ein Bewußtsein von der Möglichkeit politischer Selbstbestimmung, indem sie diese selber aktiv wahrnahmen. Daß die Diskussion über insgesamt 10 Stunden geführt wurde, war in der Hauptsache auf ca. 20 SDS-Mitglieder zurückzuführen, die zu allen anstehenden Themen Ad-hoc-Referate hielten.

Die von den Versammelten verabschiedete Resolution war von Mitgliedern des SDS, u. a. von Wolfgang Nitsch und Ulrich K. Preuß (Mitverfasser der Hochschuldenkschrift von 1961), Rudi Dutschke, Wolfgang Lefèvre, Klaus Meschkat und Johannes Agnoli vorgelegt worden. Bei der Beurteilung dieser Resolution muß man sich vergegenwärtigen, wo, wann und von wem sie verabschiedet wurde: nämlich in der Frontstadt West-Berlin am Ende der Adenauer-Ära von der versammelten Studentenschaft der FU, d. h. nicht nur von Linken, sondern auch von den Hunderten der anwesenden Korporierten. Die Präambel der Resolution lautete:
»Wir kämpfen nicht nur um das Recht, längere Zeit zu studieren und unsere Meinung stärker äußern zu können. Das ist nur die halbe Sache. Es geht uns vielmehr darum, daß Entscheidungen, die die Studenten betreffen, demokratisch nur unter Mitwirkung der Studenten getroffen werden.
Was hier in Berlin vor sich geht, ist ebenso wie in der Gesellschaft ein Konflikt, dessen Zentralgegenstand weder längeres Studium noch mehr Urlaub ist, sondern der Abbau oligarchischer Herrschaft und die Verwirklichung demokratischer Freiheit in allen gesellschaftlichen Bereichen.
Wir wenden uns gegen alle, die den Geist der Verfassung, gleich welcher Art, mißachten, auch wenn sie vorgeben, auf dem Boden der Verfassung zu stehen.
Es gilt, die Freiheit der Universität als Problem zu sehen, das über den Rahmen der Universität hinausweist. Aus diesem Grunde sieht die Studentenschaft die Notwendigkeit, mit allen demokratischen Organisationen der Gesellschaft zusammenzuarbeiten, um ihre Forderungen durchzusetzen.« (Ursprünglich hatte es geheißen, »die Notwendigkeit, mit den Gewerkschaften zusammenzuarbeiten«. Der SDS verzichtete jedoch auf diese Formulierung, um die Aktionseinheit mit den Burschenschaften nicht zu gefährden.)

Während auf dem Bonner Kongreß »Demokratie vor dem Notstand« im Mai 1965 und ein Jahr später auf dem SDS-Kongreß »Vietnam — Analyse eines Exempels« der SDS-Landesverband Berlin mit all seinen alternativen Vorstellungen so gut wie keine Rolle spielte, eroberte er nun eine ganze Universität im Sturm. Damit übernahm er eine Avantgarde-Funktion für die gesamte deutsche Studentenschaft.

Der Ausschluß der Kommune I

Im Juni 1966 kamen am Kochel-See in Bayern 9 Männer, 5 Frauen und 2 Kleinkinder zusammen (z. T. Mitglieder der Münchner Sektion der »Subversiven Aktion« um Dieter Kunzelmann und Mitglieder des Berliner SDS-Arbeitskreises »Formierte Gesellschaft«), um eine Woche lang über die Möglichkeiten revolutionärer Praxis, speziell das Projekt eines Wohnkollektivs zu diskutieren. Kernproblem dieser Diskussion war die Frage nach Vermittlung von politischem Anspruch und bürgerlicher Existenz.

Der allgemeinen Einschätzung lag die gerade veröffentlichte Arbeit von Herbert Marcuse »Der eindimensionale Mensch« zugrunde. Die kapitalistische Gesellschaft der 60er Jahre sei durch das Gefühl der Vereinsamung des einzelnen charakterisiert, die Anpassung an die gesellschaftliche Ungleichheit könne nicht mehr durch die Vater-Familie geleistet werden, sondern erfolge durch Massenmedien, Reklame etc., also durch direkte und indirekte politische Manipulation. Das Unbehagen an der Vereinsamung manifestiere sich als ungerichtete Aggressivität. In ihrer wiederum sehr eindimensionalen Interpretation von Marcuses Text über die gesellschaftliche Situation in den USA behauptete der Kreis um Dieter Kunzelmann die totale Manipulation, Verwaltung und Paralyse der spätbürgerlichen Gesellschaft.

Relativ verwirrend war schon damals daß es drei Gründerkreise für die Kommune-Bewegung gab: 1) der Kreis um Rudi Dutschke und Bernd Rabehl sah in kollektiven Lebensgemeinschaften in Wohnkommunen keine Alternative zur politischen Arbeit im SDS; 2) der Kreis um Dieter Kunzelmann, Rainer Langhans, Fritz Teufel und Hans-Joachim Hameister orientierte sich an der Provo-Bewegung und gründete am 1. Januar 1967 in der Wielandstraße die Kommune I; 3) ein Kreis um den ehemaligen Jungsozialisten Eike Hemmer, um Jan Karl Raspe und Jörg Schlotterer gründete später im SDS-Zentrum die Kommune II. Der Gründerzirkel der späteren Kommune II provozierte am 26. November 1966 den Abbruch einer Diskussionsveranstaltung des AStA mit dem Rektor der FU, Prof. Dr. Hans-Joachim Lieber, über die Zwangsexmatrikulation. Eike Hemmer, kreidebleich, entriß dem braungebrannten Professor Lieber das Mikrophon und ratterte wie ein Leseautomat den Text des »Fachidioten-Flugblatts« herunter, unter Mißfallenskundgebungen der versammelten Studenten. Objektiv ermöglichte dieses Stoßtruppunternehmen dem Rektor, der von AStA und SDS auf das härteste bedrängt wurde, einen relativ eleganten Abgang.

In dem Flugblatt hieß es u. a.: »Wir müssen uns herumschlagen mit schlechten Arbeitsbedingungen, mit miserablen Vorlesungen, stumpfsinnigen Seminaren und absurden Prüfungsbestimmungen. Wenn wir uns weigern, uns von professoralen Fachidioten zu Fachidioten ausbilden zu lassen, zahlen wir mit dem Risiko, das Studium ohne Abschluß beenden zu müssen... Nach fünf Monaten Kollaboration ruft uns der AStA zu diesem Gespräch mit dem Rektor, bei dem der Mensch Lieber verständnisvoll in das Publikum horcht, während der Funktionär Lieber beschämt in der Ecke wartet. Von diesem Gespräch haben wir nichts zu erwarten. An unserer Lage wird sich nichts ändern, solange nicht diejenigen sich selbst organisieren, die es wirklich betrifft...« Unterschrieben war das Flugblatt von einem »Provisorischen Komitee zur Vorbereitung einer studentischen Selbstorganisation«. Das Komitee, das sich hier zum Alleinerben des teach-ins vom 22./23. Juni hochstilisierte, gab es in Wirklichkeit niemals, es organisierte also auch keine teach-ins oder sit-ins und beteiligte sich auch nicht an der kontinuierlichen Hochschularbeit im SDS. Die allerdings zu Recht angesprochenen Probleme einer Spezialisten-Universität wurden knapp ein Jahr später in der »Kritischen Universität« aufgenommen.

Weit mehr Furore in der Öffentlichkeit machte die Kommune I, die am 10. Dezember 1966 eine SDS-Demonstration gegen den amerikanischen Krieg in Vietnam in eine Art Happening gegen Terroristen in Uniform umfunktionierte. In Sprechchören wie »Weihnachtswünsche werden wahr, Bomben made in USA« und »Am toten Vietnamesen soll die freie Welt genesen« demonstrierten ungefähr 200 Studenten auf dem Kurfürstendamm, nachdem sie den Hauptdemonstrationszug von 2000 Teilnehmern verlassen hatten, der durch eine menschenleere Umgehungsstraße pilgerte. Nach der Tschombé-Demonstration vom Dezember 1964 war dies die erste große Konfrontation zwischen Berliner Polizei und FU-Studenten, wiederum begleitet vom üblichen Aufschrei der Berliner öffentlichen Meinung (diesmal einschließlich der Berliner Industrie- und Handelskammer). Der Landesverband Berlin des SDS zog blitzschnell nach und veranstaltete zusammen mit der Kommune I am 17. Dezember, einem weiteren verkaufsoffenen Sonnabend, eine »Spaziergang-Demonstration« auf dem Kurfürstendamm.[157] Ungefähr 200 Studenten bildeten auf entsprechende Signale aus einer Kindertrompete hin mehrmals einen Demonstrationszug und verteilten Flugblätter mit Ratschlägen an die Demonstranten und Spaziergänger: »Um uns nicht zusammenschlagen zu lassen, um nicht die hilflosen Objekte der Aggressivität junger Leute in Polizeiuniform zu sein, demonstrieren wir nicht in der alten Form, sondern in Gruppen als Spaziergänger. Wir treffen uns an vorher bestimmten Punkten, um uns bei Nahen der Freunde von der Polizei zu zerstreuen und an einem anderen Ort wieder aufzutauchen.« Der SDS gab folgende Parolen aus: »Keine Keilerei mit der Polizei« und »Kommt die Polizei vorbei / gehen wir an ihr vorbei / an der nächsten Ecke dann / fängt das Spiel von vorne an.« Wie vorausberechnet reagierte die Polizei bierernst und z. T. hysterisiert: 74 Studenten, Schüler und Passanten, besonders solche mit Weihnachtspaketen unter dem Arm, wurden festgenommen. Vier Polizeibeamte in Zivil arretierten Rudi Dutschke, auch mit einem Weihnachtspaket unter dem Arm. (In dieser Nacht diskutierte Rudi mit mehreren nationalkonservativen Polizeioffizieren, die von Prof. Dr. Hans-Joachim Lieber in die Geheimnisse des Sowjetmarxismus eingeweiht worden waren. Dutschke: »Die armen Genossen Polizisten, was der Lieber denen für einen Scheiß beigebracht hat!«)

Im Februar 1967 eroberten die Kommunarden zeitweilig den SDS-Landesverband: Uwe Bergmann, Jörg Schlotterer, Rainer Langhans, Eike Hemmer und Eberhard Schultz wurden als Arbeitskollektiv zum Vorstand des Landesverbandes gewählt.

Hatten jetzt — zum Teufel — die Kommunarden den Berliner Landesverband übernommen? Und das zu einem Zeitpunkt, als die Studenten Berlins voll hinter dem SDS standen?[158] Wie konnte der Berliner SDS keine drei Monate nach der Bildung der Großen Koalition von SPD und CDU/CSU, in einer Zeit zunehmender Unruhe an der Basis der sozialdemokratischen Partei, seine Organisation an Polit-Clowns ausliefern? Wie konnten die SDSler eine solch unpolitische Entscheidung fällen?

Man könnte sich nun davonmogeln und allgemeine Reflexionen über eine sozialrevolutionäre Welle anstellen, die damals West-Europa überschwemmte, dazu den Generationskonflikt und — last not least — den Weltgeist bemühen, aber damit wäre alles verschleiert und nichts erklärt. Die tatsächliche Situation war sehr viel komplexer und auch sehr viel konkreter:

1) Die Genossen der »Alten-Keulen-Riege«, die über ein großes Maß an organisatorischer Erfahrung verfügten, hatten sich außerhalb des SDS organisiert und versuchten so, langfristig auf den Verband wieder Einfluß zu nehmen. Am Tage der Bildung der Großen Koalition, am 26. November 1966, gründeten sie in West-Berlin die »November-Gesellschaft«. In der Diskussion wurde einerseits die These vertreten, nach der Bildung der Großen Koalition würde sich die SPD spalten und der SDS sei nicht in der Lage, die Gegner der Großen Koalition außerhalb der Studentenschaft aufzunehmen. Insoweit wurde die Gründung einer neuen Partei ins Auge gefaßt, besonders von Horst Mahler. Andererseits wurde argumentiert, der SDS laufe Gefahr, sich in einen anarchistischen Studentenverband zu transformieren, falls sich die Kommunarden durchsetzen sollten. Die »November-Gesellschaft« könnte dann eine Auffangbasis für die SDS-Mitglieder sein, die sich einer solchen Tendenz nicht anschlössen. Soweit die älteren Genossen auf der Landesvollversammlung des SDS am 4. Februar 1967 anwesend waren, stimmten sie ostentativ für die Kommune als neuen Vorstand.[159]

2) Die aktiven Mitglieder im SDS hatten sich seit zwei Jahren in Aktionskerne aufgeteilt, die sowohl theoretisch-empirisch arbeiteten als auch einzelne Kampagnen vorbereiteten. Die Arbeitskreise Hochschulpolitik, Vietnam, Notstandsgesetze und Formierte Gesellschaft hatten sich dabei zunehmend voneinander isoliert und waren in eine Art Konkurrenz zueinander getreten. Durch die theoretische Arbeit und die Kampagnen wurde die gesamte Arbeits-

kraft der Mitglieder beansprucht, so daß es immer schwieriger wurde, Genossen für die allgemeine Verbandsarbeit zu finden. Der SDS Berlin war damals lediglich die Summe der einzelnen Kampagnen ohne eine gemeinsame strategische Diskussion. Die fand erst nach der Suspendierung der Kommune I im Mai 1967 wieder statt.

3) Der SDS konnte als Organisation, die allen Mitgliedern ein Höchstmaß innerverbandlicher Demokratie garantierte, nur funktionieren, solange sich alle an den Grundkonsensus hielten, theoretische Fragestellungen, konkrete Projekte und langfristige Kampagnen mindestens im Politischen Beirat vorzutragen und auszudiskutieren. (War dort keine Einigung möglich, so mußten die Mitglieder, die in Rundbriefen über alle Vorgänge informiert wurden, auf einer a. o. Landesvollversammlung entscheiden.) Sobald eine Fraktion diesen Konsensus brach und sich der Diskussion entzog, war sie nicht mehr kontrollierbar und konnte den Verband zeitweise usurpieren, falls sie — auf welche Weise auch immer — in einem Coup die Mehrheit der auf einer Landesvollversammlung anwesenden Mitglieder für sich einnehmen konnte. Da der SDS niemals einen Berufsfunktionärskörper anstrebte, war seine Stärke, die lebendige innerverbandliche Demokratie, zugleich auch seine Schwäche.

4) Die Aktionsformen der Kommune: Happenings, phantastische Verkleidungen, scheinbare Aufhebung der Geschlechterrolle, Umfunktionieren des deutschen Liedguts, Vermeidung von physischer Gewalt, wobei sie gleichzeitig die Polizei der Lächerlichkeit preis gab, aber auch der voluntaristische Versuch, neue, nichtautoritäre Lebensformen zu finden, Wohnkommunen, Auflösung von Zweierbeziehungen und rationale Austragung von Gruppenkonflikten übten nicht nur auf SDS-Mitglieder und Studenten, sondern darüber hinaus auch auf große Teile der Jugend zunächst einmal eine gewisse Faszination aus. Die Diskrepanz zwischen Wort und Bild in der betont negativen Berichterstattung von Boulevardpresse und Fernsehen (die bis heute noch nicht wissenschaftlich untersucht worden ist) hatte eine nicht zu unterschätzende Multiplikator-Funktion. Fritz Teufel, Dieter Kunzelmann, Rainer Langhans und später auch Georg von Rauch lasen nur noch Bild und BZ. Waren schicke Fotos von ihnen drin, dann war die Revolution auf dem Vormarsch.

Die existentialistische Pseudolinke der Kommune I wurde am 5. April 1967 von der Gewalt des Staatsapparats getroffen: Beamte der Abteilung I (Politische Polizei) nahmen 11 Studenten fest. Sie seien »unter verschwörerischen Umständen zusammengekommen und hätten hierbei Anschläge gegen das Leben oder die Gesundheit des amerikanischen Vizepräsidenten Hubert Horatio Humphrey mittels Bomben, mit unbekannten Chemikalien gefüllten Plastikbeuteln oder mit anderen gefährlichen Tatwerkzeugen wie

Steinen usw. geplant«. Diese Polizeimeldung war falsch: nach einer Untersuchung der gefundenen Gegenstände stellte sich heraus, daß es sich um Rauchkerzen, Plastikbeutel mit Farbe, Pudding und Mehl handelte. Der SDS veranstaltete am Abend des 6. April 1967 eine Demonstration vor dem Schloß Charlottenburg und später vor dem Springer-Hochhaus gegen die Anwesenheit des US-Vizepräsidenten in West-Berlin. Trotz strömenden Regens nahmen ca. 2000 Studenten an der Demonstration teil, die die sofortige Freilassung der festgenommenen Studenten forderten.
Am 19. April fand das zweite große sit-in an der FU statt, wiederum als Parallelveranstaltung zu einer Sitzung des Akademischen Senats, der u. a. wieder den Dauerbrenner »Förderungswürdigkeit des SDS« auf die Tagesordnung gesetzt hatte. Diesmal rief der Rektor nach vorheriger Warnung an die Versammelten die Polizei, die von den noch verbliebenen ungefähr 1000 Studenten um Mitternacht in 20 Minuten ca. 100 hinaustrug. Nachdem die durch die Seitenausgänge Hinausgetragenen durch den Haupteingang wieder hereingekommen waren, sah der leitende Polizeioffizier das Sinnlose dieses Tuns ein und brach nach telefonischer Rücksprache mit dem Polizeipräsidenten die Aktion ab. Rektor und Akademischer Senat sahen sich in dieser Situation vom bürgerlichen Staat schmählich in Stich gelassen. Rektor Lieber, der noch während des sit-ins vom 22./23. Juni 1966 die Studenten aufgefordert hatte, die Autonomie der Universität nicht leichtfertig aufs Spiel zu setzen, lieferte diese nun, um seiner Autorität als Rektor willen, an die Berliner Exekutive aus und war sauer, als diese ihn praktisch aufforderte, für seinen Laden selber zu sorgen. Der Rektor der FU sperrte als Reaktion auf das sit-in die Bezüge der beiden AStA-Vorsitzenden Hartmut Häußermann und Bernhard Wilhelmer und des Konventsvorsitzenden Wolfgang Lefèvre und leitete gegen sie und darüber hinaus gegen den Ältesten des Konvents, Knut Nevermann, sowie gegen den märkischen Agitator Rudi Dutschke Disziplinarverfahren ein. Am 26. April 1967 sprach der Konvent der FU den beiden AStA-Vorsitzenden und dem Konventsvorsitzenden das Vertrauen aus und protestierte gegen die eingeleiteten Disziplinarverfahren. Über diesen Beschluß setzte er für Anfang Mai eine Urabstimmung der Studentenschaft fest. An dem folgenden »Wahl«kampf beteiligten sich fast alle Mitglieder des SDS, einschließlich der Karteileichen.[160] In dieser Situation, in der es indirekt auch um die satzungsmäßig abgesicherten Arbeitsmöglichkeiten des SDS an der Freien Universität ging, fiel die Kommune I den sozialistischen Studenten mit fünf Flugblättern in den Rücken, die mit »SDS« unterzeichnet waren. Dieter Kunzelmann, Fritz Teufel & Co. verhöhnten den Rektor, den Akademischen Senat, den AStA und die politischen Studentengruppen an der FU, bezeichneten die Studenten als »Lahmärsche und Karrieremacher« und mokierten sich über die Institution

der demokratischen Urabstimmung durch die Studentenschaft. Die Quintessenz dieser dadaistischen Kunstwerke war, daß sie im Namen des SDS die Studenten aufforderten, zu Hause zu bleiben, und die Position des SDS an der Hochschule schwächten. Einen Tag später wurde die Kommune I vom SDS-Landesverband Berlin mit ausdrücklicher Zustimmung des Bundesvorstandes mit sofortiger Wirkung von ihren aktiven und passiven Mitgliedsrechten suspendiert. (Rainer Langhans stimmte als Mitglied des Landesvorstandes noch dafür. Keine Woche später war er selber in der K I.) Diesmal wurde nicht lange gefackelt: am 12. Mai 1967 schloß eine a.o. Landesvollversammlung des Berliner SDS die Kommune I aus dem Verband aus.

Wolfgang Lefèvre setzte sich in seinem Referat zur Begründung des Antrages auf Ausschluß nicht nur gegen die »Pseudo-Linke«, sondern auch gegen die »Alte-Keulen-Riege« ab. Er bestritt nicht, daß bestimmte Aktionen der Kommune den politischen Lernprozeß innerhalb der Studentenschaft begünstigten und pathologische Reaktionen der Administration hervorriefen. Solche Happenings müßte die Kommune jedoch unter eigenem Firmenzeichen durchführen. Für einen sozialistischen Studentenverband sei es untragbar, daß ein SDS-Mitglied (Dieter Kunzelmann) in der Springer-Presse seinen Ausspruch kolportieren lasse: »...was geht mich Vietnam an — ich habe Orgasmusschwierigkeiten.« Wenn Rudi Dutschke heute, im Juli 1977, erklärt: »Der Ausschluß der Kommune aus dem SDS war ein weiterer verkrampfter Versuch, eine politische Glaubwürdigkeit als Sozialisten durchzuhalten«, so setzt er seine damalige humanzentristische Position der Beschwichtigung fort, nach dem Motto: Bloß keinem weh tun — richtig betrachtet, sind wir in allerletzter Konsequenz doch alle Sozialisten/Kommunisten.

Richtig wäre gewesen, sich schon vor dem 4. Februar 1967 mit den Kommunarden der K I und K II politisch hart auseinanderzusetzen und sie im Verband zu isolieren, anstatt ihnen kampflos den Landesvorstand zu überlassen.[161] Diese Auseinandersetzung fand leider erst statt, nachdem das Kind in den Brunnen gefallen war. Die längst fällige Diskussion über die Organisationsstruktur begann endlich auf derselben Landesvollversammlung, auf der die Kommune gefeuert wurde. Der Landesverband sollte in 7 Projektgruppen umstrukturiert werden, die nicht mit den »Zellen« der alten KPD identisch seien. »Der Begriff ›Projektgruppe‹ soll andeuten, daß es sich hier nicht mehr um Arbeitskreise handelt, sondern um verbindliche Kollektive, die theoretisch diskutieren, gleichzeitig aber auch Gruppen sind, die gemeinsam verschiedene Praxisformen der Demonstration und anderer Aktionen ausprobieren.« Statt eines Landesvorstands wurde ein »erweiterter Beirat« gewählt, der sich aus den Aktivisten der zukünftigen Projektgruppen zusammensetzte und nach einem Rotationsprinzip die Arbeiten verteilen sollte. Diese Konstruktion hatte bewußt eine Konzentration der Kräfte des Gesamtverbandes zum Ziel.[162] Knapp einen Monat später, nämlich am 2. Juni, stellte sich heraus, daß der

SDS mehr Glück als Verstand hatte. Da die Kommune von sich aus ihren Ausschluß aus dem SDS erzwungen hatte, koordinierten am 2. Juni statt einer abgewirtschafteten Politkommune handlungsfähige Führungskader die Abwehr-Aktionen des SDS gegen den Staatsapparat.

VIII. Die Revolte

Am 2. Juni 1967 wurde der 26jährige Student der Freien Universität stud. phil. Benno Ohnesorg bei einer Demonstration gegen den Schah von Persien vor der Deutschen Oper vom Polizeiobermeister Karl-Heinz Kurras durch einen Kopfschuß von hinten getötet. Die Erschießung von Benno Ohnesorg war ein Wendepunkt in der Geschichte der studentischen Protestbewegung in West-Berlin und der Bundesrepublik. Sie löste eine verschärfte Eskalation von Gewalt und Gegengewalt zwischen Staatsapparat und Studentenschaft aus. Die Polizei, der Senat von Berlin, das Abgeordnetenhaus, die von Axel Cäsar Springer beherrschte Boulevardpresse — allen voran BILD-Zeitung, BZ und »Berliner Morgenpost« — kriminalisierten gemeinsam die Studenten von Berlin. Die Polizei, vom Präsidenten bis hinunter zum einfachen Wachtmeister, verschwieg hartnäckig die Wahrheit, bis durch unwiderlegbare Indizien, Beweise und Augenzeugenberichte Unbeteiligter der Ablauf des Angriffs vor der Oper minuziös rekonstruiert wurde. Der Senat von Berlin bestrafte den studentischen Verstoß gegen Ruhe und Ordnung und die diplomatischen Höflichkeitsformen mit dem nicht erklärten Notstand vor der Oper und einem totalen Demonstrationsverbot. Aus dem Abgeordnetenhaus und den Redaktionsstuben schallte den Studenten die Sprache der Gewalt entgegen.
Während der Totenfeier und des anschließenden Trauerkonduktes für ihren erschossenen Kommilitonen hörten die Studenten über Transistorradios, wie der SDS und andere linke Studentenverbände unter dem Beifall des gesamten Berliner Abgeordnetenhauses mit den Nazis gleichgesetzt wurden. Die Springer-Presse hatte schon in den ersten Kommentaren die Polizei frei- und die Studenten schuldig gesprochen. Unmittelbare Folge des Todes von Benno Ohnesorg war, daß der Funke der Rebellion auf die Universitäten der Bundesrepublik übersprang. Der Kongreß in Hannover am 9. Juni 1967, an dem über 7000 Studenten teilnahmen, bot den Vertretern des Berliner SDS die Möglichkeit, in direktem

Streitgespräch mit Vertretern der Kritischen Theorie wie Jürgen Habermas und Linkssozialisten wie Wolfgang Abendroth ihre Thesen über den Charakter der spätbürgerlichen Gesellschaft außerhalb Berlins zu vertreten. Die Revolte begann.

Der Kongreß in Hannover

Jürgen Habermas bezeichnete in seinem Redebeitrag die Bundesrepublik Deutschland und West-Berlin nach Bildung der Großen Koalition als leidlich funktionierende Demokratie mit restaurativen Tendenzen.

Der »legale Terror« in West-Berlin bedeute eine manifeste Einschränkung der Demokratie. Die Studentenproteste, so seine These, übernähmen die Aufgaben der nicht oder nur noch unzureichend funktionierenden Kontrollmechanismen in der Demokratie. Er kritisierte die ausschließlich unter Gesichtspunkten der Produktivität betriebene Reform der Universitäten. Habermas sah jedoch keine langfristige Möglichkeit einer Weiterentwicklung der Studentenrevolte. Er hatte den Verdacht, daß gerade die Studenten das Spannungsverhältnis zwischen Theorie und Praxis, »politischem Engagement und Berufsvorbereitung«, Bedürfnis nach Gesamtorientierung und wissenschaftlicher Rationalität nicht aushalten und in Indifferenz, Regression oder Irrationalismus verfallen könnten. Gegen Habermas gerichtet, erklärte Hans-Jürgen Krahl (SDS Frankfurt/Main), daß das Argument, Provokation von Gewalt sei faschistisch, nicht mehr gelte. Das »blutige und brutale Dreinschlagen der losgelassenen und jederzeit gegen die Studenten mobilisierbaren staatlichen Gewaltmaschinerie« sei nur deshalb möglich, weil die Studentenschaft nicht organisiert sei und chaotisch reagiere. Es sei notwendig, daß die nicht mit materiellen Waffen bewaffneten Studenten »ritualisierte Formen der Provokation finden und... eine... materiell manifeste Gewaltlosigkeit demonstrativ auf der Straße in der Öffentlichkeit darstellen«.

Rudi Dutschke hielt Habermas entgegen, daß gerade heute die objektiven Bedingungen für die Umsetzung emanzipativer Theorie in die Praxis mehr und mehr gegeben seien und daß sich damit das traditionelle Theorie-Praxis-Verhältnis im Marxismus verändere.

»Alles hängt vom bewußten Willen der Menschen ab, ihre schon immer von ihnen gemachte Geschichte endlich bewußt zu machen, sie zu kontrollieren, sie sich zu unterwerfen, das heißt, Prof. Habermas, Ihr begriffloser Objektivismus erschlägt das zu emanzipierende Subjekt.« Die durch Mechanisierung des Arbeitsprozesses notwendig gewordene Verwissenschaftlichung des Produktionsprozesses sei »die Grundlage einer neuen Funktionsbestimmung der Universität durch den Spätkapitalismus«, nämlich »Ausgangspunkt einer antiautoritären Politisierungsmöglichkeit der Universität durch uns«. Die in West-Berlin entstehenden »räteartigen Gebilde«, die Aktionszentren, unterliefen in der direkten Auseinandersetzung mit der etablierten Ordnung auch die festen Organisationen der Studentenschaft, wie AStA, SDS, SHB, LSD u. a. Nur die praktisch-kritische Entfaltung der bewußtesten Teile der

Studentenschaft durch Aktionszentren auch in der Bundesrepublik ermögliche die politische Kontinuität der Auseinandersetzungen in der Studentenschaft. Dutschke forderte die westdeutschen Studenten zur Gründung solcher Aktionszentren als »weitere Zeichen der Solidarität von den Westdeutschen Universitäten« auf. Auf die Zwischenfrage eines westdeutschen Kommilitonen, ob »Herr Dutschke« nicht ein wenig zu dick auftrage und »ob nicht die eingefahrenen Institutionen in Westdeutschland wie AStA, SDS usw. noch viel besser arbeiten könnten als irgendwelche Aktionskommitees, die wahrscheinlich doch nichts tun würden«, konkretisierte Rudi seine »Neubestimmung des Voluntarismus«: Da in der gegenwärtigen sozio-ökonomischen Entwicklung die »emanzipierende Tendenz« (d. h. die Ökonomie erzeugt Krisen und die Krisen ermöglichen »politische und menschliche Emanzipation durch kämpferische Aktion«) nicht mehr gegeben sei, vertraue er »nur auf die konkreten Tätigkeiten von praktischen Menschen und nicht auf einen anonymen Prozeß«.

Am Schluß des Kongresses antwortete Prof. Habermas auf den (inzwischen abgereisten) Rudi Dutschke. Er frage sich, so Habermas, warum Dutschke für seinen einzig konkreten Vorschlag eines Sitzstreikes eine »voluntaristische Ideologie« entwickele, »die man im Jahre 1848 utopischen Sozialismus genannt hat, und die man unter heutigen Umständen — jedenfalls glaube ich, Gründe zu haben, diese Terminologie vorzuschlagen — linken Faschismus nennen muß... Ich hätte gerne geklärt, ob er nun willentlich die manifeste Gewalt herausfordert nach dem kalkulierten Mechanismus, der in diese Gewalt eingebaut ist, und zwar so, daß er das Risiko von Menschenverletzung, um mich vorsichtig auszudrücken, absichtlich einschließt oder nicht.«

Dr. Klaus Meschkat, Mitglied der von den Antiautoritären oft geschmähten »Alten-Keulen-Riege«, vertrat gegen Habermas die Position des Berliner SDS und stellte sich vor Rudi Dutschke: obwohl der Vorwurf voluntaristischer Tendenzen nach seiner (Meschkats) Auffassung zu Recht bestehe, müsse er ganz entschieden zurückweisen, daß Dutschke in einen Topf geworfen werde mit anderen Leuten, die eine Politik betrieben, die »mit der Gewalt kokettiert und... auf neue Opfer hinausläuft«. Eine Reihe von ehemaligen SDSlern, die bedeutende Positionen in der Berliner Verwaltung einnähmen, hätten davor gewarnt, daß der Regierende Bürgermeister Heinrich Albertz durch einen gewissen energischen jungen Mann aus Bonn (Klaus Schütz) abgelöst werde, falls der SDS nicht einlenke. »Die Mehrheit der Studenten denkt Gott sei Dank nicht mehr in diesen Kategorien.« Man provoziere nicht um der Provokation willen, wie Habermas unterstelle, sondern es gehe um die Wiederherstellung des selbstverständlichen Rechts auf Demonstrationsfreiheit. »Und ich möchte noch einmal sagen, abgesehen von Differenzen in bestimmten ideologischen Fragen, wo ich eine andere Auffassung als Dutschke habe, bin ich stolz darauf, daß der Berliner SDS Genossen hat, die sich in dieser Situation in der letzten Woche so gewehrt haben, ein solches Maß an Besonnenheit gezeigt haben, wie gerade Rudi Dutschke.« Rechtsanwalt Horst Mahler (SDS Berlin) erinnerte die Versammelten noch an das »Widerstandsrecht« und — unter Hinweis auf die faschistische Diktatur — an die Pflicht, von diesem Widerstandsrecht Gebrauch zu machen, solange es noch möglich und sinnvoll sei.

Auf dem Kongreß wurde eine Erklärung des Bundesvorstandes des SDS verteilt: »Niederlage oder Erfolg der Protestaktion«. Der SDS-BV gab eine genaue Analyse der Situation der Universitäten und der Studentenschaft in der bundesrepublikanischen und West-Berliner Gesellschaft. Für die Diskussionen an den Universitäten stellte der SDS folgende Thesen auf:

»I. Die Auseinandersetzungen zwischen den Studenten einerseits und der Universitäts- und Stadtbürokratie West-Berlins andererseits sind das Ergebnis der Verschärfung der strukturellen Krise der Universität, der Verfestigung autoritärer politischer Machtpositionen in der BRD und West-Berlin und internationaler Erschütterungen... II. Der auf die Studenten ausgeübte polizeiliche und psychologische Druck droht allen sozialen und politischen Gruppen, die sich nicht widerspruchslos den Leistungsansprüchen und politischen Zwängen des kapitalistischen Systems fügen... III. Die Proteste der Studenten bleiben ohnmächtig, soweit es ihnen nicht gelingt, sich gesamtgesellschaftlich Rückhalt zu verschaffen und der kapitalistischen Oligarchie in Ökonomie, Öffentlichkeit und Staatsapparat selbst Machtpositionen streitig zu machen... IV. Der SDS fordert die Studenten zur Solidarität mit allen auf, die gegen die wirtschaftlichen, politischen und psychologischen Unterdrückungs- und Ausbeutungsformen des Kapitalismus protestieren und kämpfen...«

Um zu verhindern, daß der Tod Benno Ohnesorgs nur zu ergreifenden unpolitischen Trauerkundgebungen Anlaß war, gab der SDS-Bundesvorstand mit dieser Erklärung, die an den westdeutschen Universitäten in über 100000 Exemplaren verteilt wurde, eine Diskussionsgrundlage, die die Erschießung eines Studenten in einen gesellschaftlichen und politischen Gesamtzusammenhang einordnete. An allen Universitäten und Hochschulen, wo es eine — auch noch so winzige — SDS-Gruppe gab, traten die SDSler auf den Vollversammlungen, Podiumsdiskussionen und teach-ins auf und vertraten die Positionen des Gesamtverbandes. Diesen ersten großen Sprung nach vorn schaffte der Verband noch.

Frankfurt, Tübingen, Göttingen...

Die Frankfurter Studentenzeitung »DISKUS« kommentierte in einem comic-strip von Alfred von Meysenbug die Vorgänge in Berlin: »Das Ganze ist ein sagenhafter Vorgang!...DAS GANZE IST GANZ EINFACH ZUM KOTZEN!« In einem Leitartikel »Der schnelle Tod und die langsamen Kommilitonen« schrieb der Professor für Soziologie und Psychologie Dr. Ulrich Sonnemann über die Berliner Polizei: »Die vertierte Horde festbesoldeter Feiglinge fand die Billigung eines ehemaligen Pastors der christlichen Nächstenliebe, des Regierenden Bürgermeisters des Freien Berlin, Heinrich Albertz...«[163] Während die DISKUS-Redaktion politisch hart

und gekonnt reagierte, verhandelte eine andere Fraktion der Frankfurter Schule mit dem Bildhauer Eberhardt Fiebig über den Entwurf einer Plastik. Der Künstler wollte aus der augenblicklichen Bewegtheit der Situation heraus das politische Engagement in ein ästhetisches umsetzen. Das Studentenparlament der Johann-Wolfgang-Goethe-Universität erklärte sich bereit, die Materialkosten von DM 1500 zu übernehmen.
Wie unterschiedlich der Bewußtseinsstand der Studenten in Westdeutschland war und wie verschiedenartig sie reagierten, soll noch an einigen weiteren Beispielen illustriert werden: der VDS in Bonn rief noch in der Nacht des 2. Juni, also vor Bekanntwerden des Todes von Benno Ohnesorg, zu bundesweitem Protest und Vorlesungsstreiks gegen »Versagen und Brutalität der Berliner Polizei« auf. In Tübingen bezogen Studenten am 4. Juni vor dem Hauptportal der Universität »Ehrenwache«. Die Studentenverbände SDS, SHB, RCDS und HSU gaben ein gemeinsames Flugblatt mit Augenzeugenberichten aus Berlin heraus. In strömendem Regen zogen über 2000 Studenten im schwarzen Anzug zum Schloß Hohentübingen und legten dort Kränze nieder. In Göttingen kam es am 5. Juni zur größten Studentendemonstration seit Gründung der Universität. Über 6000 Studenten demonstrierten gegen die Übergriffe auf die politische Autonomie der Bürger in Berlin durch die staatliche Obrigkeit. Sprecher der Schlußkundgebung waren Wolfgang Nitsch (SDS Berlin), der Soziologe Prof. Dr. Hans-Paul Bahrdt (Göttingen) und der Pädagoge Hartmut von Hentig. In Marburg veranstalteten 1500 Studenten einen Schweigemarsch, vor dem Hauptgebäude der Universität zog unter der Fahne mit dem Berliner Bären eine Totenwache auf. In Saarbrücken fand am 7. Juni die größte studentische Kundgebung der Geschichte der Universität statt. 3000 Studenten stimmten einer Resolution zu, in der es hieß, Ohnesorg sei kein Märtyrer, sondern »das Opfer einer Haltung, die sich als ungeistig entlarvt«. In Gießen forderten 2500 Studenten den Rücktritt des Berliner Regierenden Bürgermeisters Heinrich Albertz und des Innensenators Wolfgang Büsch.
Der SDS stand vor dem Problem, daß es nicht »die revolutionäre Studentenschaft« gab und daß eine Vereinheitlichung des Bewußtseins von heute auf morgen ein Ding der Unmöglichkeit war. Die Ungleichzeitigkeit der Lernprozesse war Realität und mußte vom Verband ausgehalten werden. Diese Aufgabe bestimmte die Diskussion im SDS vor und während der XXII. o. Delegiertenkonferenz im September 1967.

Die Narodniki von Berlin

Die Studenten standen allein. Im Sommer 1967 war selbst der SDS weder intellektuell noch politisch auf diese Konfrontation vorbereitet. Keine Institution dieser Stadt interessierte sich dafür, daß den Studenten Unrecht geschah. Am Nachmittag des 3. Juni beschloß der Senat von Berlin nach Konsultationen mit den Fraktionsvorsitzenden der CDU, SPD und FDP sowie den Rektoren der Hochschulen, jede öffentliche Demonstration bis auf weiteres zu verbieten. Bei Mißachtung des Verbots sei mit energischem Einsatz der Polizei zu rechnen. In dieser verzweifelten Situation konstituierte der AStA der FU den »Vorbereitenden Untersuchungsausschuß«, in dem fast ausschließlich SDS-Mitglieder mitarbeiteten, zum Teil Altgenossen wie Peter Furth, die noch wenige Wochen vorher für den Ausschluß Rudi Dutschkes votiert hatten. Die Studenten übernahmen Funktionen der Dritten Gewalt, da die offiziellen Instanzen eindeutig gegen sie Partei ergriffen. Ohne Redaktionsstäbe, Rotationsmaschinen, Rundfunk- und Fernsehstudios gelang es dem studentischen »Komitee für Öffentlichkeitsarbeit«, eine Gegenöffentlichkeit gegen die tradierten Vorurteile, gegen die Morgen für Morgen konsumierte Presse, gegen die »mir-kann-keener«-Ideologie aufzubauen. In der Zeit bis zum Hannoveraner Kongreß verteilten in Berlin die FU-Studenten hauptsächlich auf dem Kurfürstendamm und der Steglitzer Schloßstraße fast 20 verschiedene Flugblätter mit einer Gesamtauflage von über 300000 Exemplaren und diskutierten zu Hunderten bis in die frühen Morgenstunden mit der Bevölkerung West-Berlins. (Wolfgang Lefèvre später: »...vielleicht war auch historisch damals nicht mehr drin. Das Narodnikitum grassierte. Die letzten Leute, die vor 5 Tagen noch rechts gewesen waren, die gingen jetzt auf den Kudamm Bauern fangen.«) Aus der Metropole des schwarzen Ländle Rheinland-Pfalz erreichte die Studentenschaft der ehemaligen Reichshauptstadt eine Solidaritätsadresse, die nicht nur die kalte Wut der westdeutschen Studenten, sondern auch den Berlin-Überdruß aus Zeiten der 2-Pfennig-Notopfermarke widerspiegelte:

»In Berlin werden jetzt nicht nur an der Mauer Menschen erschossen. In Ost-Berlin herrscht Demonstrationsverbot... In West-Berlin herrscht Demonstrationsverbot... In Ost-Berlin wird unterdrückt, was dem Magistrat nicht paßt... In West-Berlin wird unterdrückt, was dem Senat nicht paßt... Berlin bleibt Berlin.«

Am 5. Juni verteilten Kommilitonen ein von der »Gewerkschaftlichen Studentengemeinde« (GSG) und dem AStA der FU verfaßtes Flugblatt vor den wichtigsten West-Berliner Großbetrieben:

»An die Berliner Arbeiter! Man will Sie verschaukeln!« Im Hinblick auf die ökonomische Dauerkrise West-Berlins warnten AStA und GSG: »Mit Arbeitern wird man noch brutaler verfahren... Geben Sie der Polizei eine deutliche Warnung, damit in absehbarer Zeit in Berlin nicht auch Arbeiter erschossen werden.«

Die totale hilflose und hysterische Reaktion des DGB-Landesverbandes Berlin, durch die Flugblätter werde »in unverantwortlicher Weise die Arbeiterschaft Berlins gegen die Polizei aufgehetzt«, zeugt von einem in dieser Stadt typischen Realitätsverlust der Berliner Gewerkschaftsführung. Letztlich blieb die Agitation der Studenten bei den Arbeitern weitgehend ohne Resonanz.

Andererseits zeigte sich am 13. Juni 1967, daß das Konzept einer studentischen Gegenöffentlichkeit mit der — wenn auch zögernden — Unterstützung der Reste der liberalen bürgerlichen Presse erste Erfolge zeitigte. Der Senat von Berlin genehmigte für diesen Tag eine Demonstration »gegen das Vorgehen der Polizei und der politischen Instanzen« am 2. Juni 1967. Die Auflage, für je 50 Demonstranten einen Ordner zu stellen, wurde von den etwa 5000 Studenten karikiert, indem je 50 durch Armbinden gekennzeichnete Ordner einen Demonstranten begleiteten, der sich durch ein großes Pappschild als solcher auswies.

An dieser Demonstration zeigte sich, daß die dauernden Versuche der Springer-Presse und des offiziellen Berlin, Studentenschaft in eine verschwindend kleine Minderheit von Radikalinskis und eine »Masse hart studierender junger Leute« zu polarisieren, gescheitert war. Am 13. Juni gingen doppelt so viele Studenten auf die Straße wie bei der Vietnam-Demonstration vom Februar 1966. Nicht nur der Senat von Berlin, sondern auch der Berliner SDS starrte gebannt auf die sich in geometrischer Reihe entwickelnden Teilnehmerzahlen der Demonstrationen.

Kritische Universität

Als sich am 18. Juni 1967 im Clubhaus der FU in der Zehlendorfer Goethestraße die Hochschulpolitiker des Berliner SDS zu Beratungen über eine »Gegenuniversität« zusammenfanden, lag ihnen eine Vorlage von Wolfgang Nitsch »Argumente für eine von Studenten selbstorganisierte ›Kritische Universität‹ in der FU (Freies Studienprogramm der Studentenschaft)« vor.[164]

Nitsch stellte fest, daß die Studenten nach jahrelanger Analyse der Hochschulentwicklung und Arbeit an Reformmodellen sich nicht mehr damit begnügten, den Gremien der Hochschulreform dicke Papiere vorzulegen, die dann doch nicht berücksichtigt würden, sondern daß sie ihre Forderungen selber in die Praxis umsetzen müßten. »Sie konstituieren sich damit... als eine Gegenmacht innerhalb der Hochschule, als öffentlich-demonstrative praktische Kritik oder praktisch wirkende Praxis gegenüber dem herrschenden Wissenschaftsbetrieb der Universität.« Zwar verstand sich die spätere »Kritische Universität« als Kampfinstrument gegen die Ordinarienuniversität, war jedoch — und das konnte auch nicht anders sein — an dieser orientiert und blieb Teil der klassischen Hochschule. Keine drei Wochen später gab die Hochschulabteilung des AStA der FU ein provisorisches Vorlesungsverzeichnis für die Studienveranstaltungen der »Kritischen Universität« (KU) für das Wintersemester 1967/68 heraus. Die Broschüre umriß die drei Hauptaufgaben der KU so:

»1. Permanente Hochschulkritik und praktische Studienreform;
2. Verbreiterung und Intensivierung politischer Praxis...;
3. Vorbereitung der Studenten auf die Praxis der Wissenschafts- und Gesellschaftspolitik in ihren künftigen Berufen und Unterstützung der kritischen Intelligenz in diesem Berufsbereich.«

Die projektierten Arbeitskreise waren unter die Sachgebiete »Wirtschaft, Gesellschaft, Recht«, »Sprache und Literatur«, »Medizin und Psychologie«, »Naturwissenschaft und Technik« und »Architektur und Technik« zusammengefaßt. Schon auf dieses Programm hin reagierte der Akademische Senat, als sei der Fuchs im Hühnerstall. Aufgeregte Presseerklärungen, die Verweigerung von Räumen für die KU, ein aufwendiges Gutachten der Professoren Dr. Fritz Borinski und Dr. Georg Nicolaus Knauer unter Beratung der Professoren Dr. Richard Löwenthal und Dr. Otto Stammer waren nur die unmittelbar sichtbaren Reaktionen.

Trotz des Verbots des Akademischen Senats wurde am 1. November 1967 die Kritische Universität im Auditorium maximum der FU gegründet. Das vorgelegte endgültige Vorlesungsverzeichnis für das Wintersemester 1967/68 war nicht dazu angetan, Öl auf die Wogen der Empörung unter der Professorenschaft zu gießen: »Es muß der Kritischen Universität gelingen, den aufkeimenden Widerstand unter den arbeitenden Massen dieser Stadt theoretisch zu artikulieren und damit praktisch voranzutreiben.« Die angebotenen 33 Arbeitskreise lassen sich grob in 3 Kategorien unterteilen: Ergänzungsveranstaltung parallel zum offiziellen Vorlesungs- und Seminarbetrieb der FU (z. B. verschüttete Aufklärung — der affirmative Charakter der gegenwärtigen Literaturwissenschaft; Konservative Revolution in der Nationalökonomie — Kritik der Keynesschen Theorie), die Fortsetzung der traditionellen Arbeitskreise des SDS und des AC auf breiterer Basis (Sexualität und Herrschaft; Technische Intelligenz und Gesellschaft; Psychosomatische Medizin) und der Aufbau neuer Aktionskerne für geplante Kampagnen (Hochschulgesetzgebung — Hochschulreform — Hochschulrevolte; Arbeitskreis Springer-Tribunal; Wirtschaftskrise und Sozialpolitik in Westberlin; Architektur, Kunst und Gesellschaft).

Wie zu erwarten war, verkamen einige der Arbeitskreise zu intelligent gemachten und dazu noch kostenlosen Repititorien, andere zu Lektürezirkeln in der mehr oder minder gepflegten Atmosphäre des Republikanischen Clubs.

Planung und Organisation der Kritischen Universität waren nur möglich, weil seit Anfang der 60er Jahre im SDS und AC eine Kultur autonomer Arbeitsgruppen bestanden hatte und die KU an fast 10 Jahre theoretischer Vorarbeiten und praktischer Erfahrungen anknüpfen konnte. Die KU berief sich direkt auf die Resolution der FU-Studenten auf dem sit-in vom 22./23. Juni 1966. Das von allen Beteiligten akzeptierte Ziel war die Demokratisierung der Hochschule in einer demokratischen Gesellschaft. Abstrakte

Revolutionsmodelle, dogmatische Schulung und Pop-Stalinismus hatten in der KU ebensowenig Platz wie qualvolle Marx-Exegese oder zwanghafter Ableitungswahn à la Joachim Bischoff und sonstiger »Beiträge zum wissenschaftlichen Sozialismus«. In der KU wurde eine ahistorische Fetischisierung des Konzepts der »Diktatur des Proletariats« entschieden zurückgewiesen. Man sprach der deutschen Bourgeoisie den Monopolanspruch auf Begriffe wie »Demokratie« und »Freiheit« ab. Andererseits darf nicht übersehen werden, daß in der KU auch eine allgemeine Reform-Euphorie heranwuchs, die später in der Juso-Subkultur, als es längst schon keinen SDS und keine KU mehr gab, fröhliche Urständ feierte.

Das Schulungsprogramm

Auf der XXI. DK im September 1966 wurden die Marburger Frank Deppe und Kurt Steinhaus beauftragt, ein Konzept zur innerverbandlichen Schulung zu entwickeln, das die theoretischen Voraussetzungen für die politische Diskussion im SDS vereinheitlichen sollte. Die sich formierende antiautoritäre Fraktion des Gesamtverbandes, deren Marx-Rezeption stark von der Kritischen Theorie beeinflußt war, stand diesen von den Marburgern unterbreiteten »Vorschlägen für die thematische Gliederung des Grundarbeitskreismodells« jedoch äußerst skeptisch oder ablehnend gegenüber. Schon das erste im Ansatz ausformulierte Kapitel »Sozialwissenschaftliche Grundbegriffe« sowie die Themen der folgenden — noch nicht weiter ausgearbeiteten — Kapitel ließen erkennen, daß es sich bei der Schulung um einen Typus von Kapital-Arbeitskreis handeln würde, der die Geschichte der Klassenkämpfe einseitig und eindimensional aus der Entwicklung der Produktivkräfte ableitete. Der zweite überarbeitete Entwurf der Marburger, der in der November-Nummer der »SDS-Korrespondenz«[165] veröffentlicht wurde, bestätigte dann die schlimmsten Befürchtungen der antiautoritären Genossen in Frankfurt/Main, Berlin, München, Hamburg, Tübingen, Göttingen etc.
Rudi Dutschke schlug sofort zurück und veröffentlichte im Oktober 1966 in einer Sondernummer der »SDS-Korrespondenz« einen Gegenvorschlag für die Aufarbeitung der Geschichte des Marxismus, der Siege und Niederlagen der klassischen Arbeiterbewegung und der Geschichte ihrer Organisationen unter dem Titel: »Ausgewählte und kommentierte Bibliographie des revolutionären Sozialismus von Karl Marx bis in die Gegenwart«.

Für alle orthodoxen Marxisten war diese Leseanweisung eine glatte Provokation, zumal sich Dutschke auf die von Karl Korsch 1950 formulierten »Zehn Thesen über Marxismus heute« berief und seine als subversives Schulungsprogramm gedachte Bibliographie an Korschs 5. These entwickelte: »Marx ist heute nur einer unter vielen Vorläufern, Begründern und Weiterentwicklern der sozialistischen Bewegung der Arbeiterklasse. Ebenso wichtig sind die sog. ›utopischen Sozialisten‹ von Thomas Morus bis zur Gegenwart. Ebenso wichtig sind auch solche großen Konkurrenten von Marx wie Blanqui und solche Erzfeinde wie Proudhon und Bakunin. Ebenso wichtig sind schließlich auch solche nachträglichen Weiterentwicklungen wie die durch den deutschen Revisionismus, den französischen Syndikalismus und den russischen Bolschewismus.« Dutschke plädierte damit einerseits für eine Bestandsaufnahme der Marxismus-Rezeption durch die Arbeiterklassen Deutschlands, Frankreichs, Englands, Rußlands, Polens, Spaniens u. a., andererseits für ein Studium der Auswirkung der großen Schlachten im Klassenkampf auf die Weiterentwicklung der Theorie. Dutschke schloß die Erstellung konkreter materialistischer Studien über die Entfaltung der Produktivkräfte und der gesellschaftlichen Arbeitsteilung sowie der Auswirkungen des Imperialismus auf die Dritte Welt ausdrücklich ein, lehnte jedoch eine Beschränkung auf sozio-ökonomische Studien ab. Er war prinzipiell für ein Studienprogramm im SDS, jedoch nicht für eine Ausbildung zu polit-ökonomischem Fachidiotentum. Ein Eintrichterungsprogramm, das genau wie die spätbürgerliche Universität die gesellschaftliche Totalität in parzellierte Disziplinen (Ökonomie, Politik, Psychologie, Ideologie, Theorie und gesellschaftliche Praxis) auffächerte und unangenehme historische Erfahrungen aussparte (an den westdeutschen Universitäten z. B. den Nationalsozialismus, im Schulungsprogramm der Marburger den Stalinismus), war für ihn schlechterdings unakzeptabel.

Dieses Papier war das Signal für eine organisierte Verweigerung: Die meisten Hochschulgruppen kamen dem Beschluß der XXI. DK nicht nach, Schulungsreferenten zu benennen und Stellungnahmen zum Entwurf des Schulungsprogramms abzugeben. Ende Dezember traten die vom BV ernannten Schulungsreferenten Deppe und Steinhaus — letztlich aus Protest gegen den SDS — zurück. Die Stunde der Arbeitskreise »Kapital I«, »Kapital II«, »Kapital III«... war noch nicht gekommen.

Die XXII. Delegiertenkonferenz

Vom 4. bis 8. September 1967 fand in der alten Mensa der Frankfurter Universität die XXII. o. DK statt. 70 Delegierte vertraten 35 Hochschulgruppen des SDS, der inzwischen insgesamt knapp 2000 Mitglieder hatte. Formal handelte es sich bei der Konferenz, der größten seit der in Mannheim im Jahre 1958, noch um eine klassische Delegiertenkonferenz. Das wachsende Interesse der einzelnen Mitglieder in den verschiedenen Hochschulorten an der Politik des Gesamtverbandes schlug sich in der außergewöhnlich hohen Zahl von Teilnehmern nieder, die sich — ohne Delegierte zu sein — eine Woche Zeit nahmen, um die Diskussionen zu verfolgen und sich jeweils mit ihren Vertretern zu den anstehenden Problemen zu beraten. Nicht zuletzt diese rund 300 Gäste machten es möglich, daß aus der DK heraus zwei spontane Demonstrationen durchgeführt werden konnten.

Die Bedeutung, die dem SDS in der neu entstehenden deutschen Studentenbewegung beigemessen wurde, läßt sich u. a. daraus ablesen, daß drei Vertreter des Studentenrats der UdSSR, zwei Vertreter vom Zentralrat der FDJ, eine Delegation des amerikanischen SDS, Vertreter von griechischen antifaschistischen Widerstandsgruppen und eine Reihe von Professoren und Gewerkschaftsfunktionären als geladene Gäste anwesend waren und teilweise auch in die Diskussion eingriffen.
In der Vorhalle schmollten die »Hofnarren Springers« (so der bisherige 1. Bundesvorsitzende Reimut Reiche über die Mitglieder der KI) demonstrativ und fotogen über ihren Ausschluß aus dem Verband. Auf Kunzelmanns Basar jaulte fünf Tage lang ein und dieselbe Platte mit Liedern der chinesischen Kulturrevolution. Die Kommunarden verkauften Schriften, die sie kostenlos von der Versandabteilung von Guozi Shudian (Peking) bekommen hatten, die ersten Raubdrucke von Wilhelm Reich (Die Funktion des Orgasmus, Massenpsychologie des Faschismus, Charakteranalyse) und Max Horkheimer (Pseudonym Regius: Dämmerung). Was heute an allen Universitäten gang und gäbe ist, das Abtrudeln eines Teils der antiautoritären Subkultur in kleinkapitalistische Krämermentalität, das hatte die Kommune I damals bereits vorweggenommen.
Die Delegiertenkonferenz, die unter der Fahne der vietnamesischen FLN tagte, wurde von mehreren Fernsehteams des In- und Auslands aufgenommen. Daß der SDS von den bürgerlichen Massenmedien so ernst genommen wurde, war für ihn eine gänzlich neue Erfahrung. Allerdings wurden die meisten Delegierten schon am ersten Tag ziemlich sauer, als sich zeigte, welchen Personenkult die Journalisten mit Rudi Dutschke trieben. Die Kameras surrten fast nur, wenn Rudi das Wort ergriff.
Eine Woche lang diskutierte der SDS auf verschiedenen Ebenen seine künftige Politik. Schwerpunkte waren: das Schulungsprogramm des SDS, die zukünftige Hochschulpolitik, Organisationsfragen, die politische Schülerbewegung, Manipulation durch Massenmedien, Notstandsgesetze, KPD-Verbot, Militärdiktatur in Griechenland, der amerikanische Krieg in Vietnam und die Situation und die Chancen der Guerillas in Lateinamerika.
Die allgemein erwartete Auseinandersetzung zwischen »Traditionalisten« und »Dutschkisten« über das verhinderte Grundschulungsprogramm fand jedoch nicht mehr statt. Am Morgen des zweiten Tages der Konferenz überraschte Rudi Dutschke, der ein Referat zur Organisation des SDS halten sollte, die Delegierten mit einem Grundsatzreferat über die Funktion des autoritären bürgerlichen Staates und die zunehmende Bedeutung des »revolutionären Willens«.

Die soziale Frage sei heute keine Klassen-, sondern eine Menschheits- und Gattungsfrage. Die Arbeiterklasse sei nicht mehr der Vortrupp der

Revolution, es gäbe »keinen privilegierten Ort in der Gesellschaft, für die Menschheit zu handeln«, Repräsentanten jeglicher Autorität seien heute der Hauptfeind der Menschheit. Um zu verhindern, daß auch die neuen Organisationsformen der Revolution nur immer die alten bürgerlichen Verhältnisse reproduzierten, plädierte Dutschke für eine Kultur- und Bewußtseinsrevolution in den Metropolen. Die Entwicklung der Produktivkräfte sei sowohl in den kapitalistischen Ländern als auch in der Sowjetunion so weit fortgeschritten, daß Emanzipation nur noch von der Entwicklung des Bewußtseins und dem Willen zur Veränderung abhinge. Das Aktionsprogramm, das Dutschke den Delegierten als Konsequenz für die kommenden Monate vorschlug, stand unter der Devise: »Wir machen nicht mehr mit!«: Verhinderung der 2. und 3. Lesung der Notstandsgesetze im Bundestag, eine Aufklärungskampagne über die Funktion des Verlagshauses Axel Cäsar Springer und die Verhinderung der Auslieferung der BILD-Zeitung an einem »Anti-Springer-Tag«, für den eine revolutionäre Gegenzeitung geplant werden müsse, und eine Kampagne für den Austritt der Bundesrepublik aus der NATO. All diese Aktionen müßten dezentralisiert vorbereitet und gleichzeitig durchgeführt werden. Nur so könne man dem autoritären bürgerlichen Staat und seinen zentral organisierten Repressionsorganen begegnen.[166]

Die Reaktion der Delegierten reichte von aggressiver Ablehnung der »Rechten« bis zum begeisterten Applaus der Antiautoritären und der »Juni-Gefallenen«, wie Rabehl die nach dem 2. Juni zum SDS Gekommenen bezeichnete. Der Bonner Delegierte Hannes Heer (der gerade auf dem Proletkult-Trip war und sich zurechtgemacht hatte wie der aus der Kriegsgefangenschaft zurückkehrende Beckmann aus Wolfgang Borcherts Nachkriegsstück »Draußen vor der Tür«) beschimpfte Dutschke als »Linksfaschisten«, womit er sich einen von Christian Semler unter seinen Sitz geworfenen kubanischen Kanonenschlag einhandelte. Heer, damals noch Mitglied der illegalen KPD, protestierte — mit Tränen in den Augen — gegen den anarchistischen Terror von links und schimpfte weiter. Wirklich überraschend für die Delegierten war ein Zweckbündnis zwischen Rudi Dutschke und dem exponiertesten Vertreter der Kritischen Theorie der Frankfurter Schule, Hans-Jürgen Krahl. Ihr gemeinsames Ziel war, größtmöglichen Einfluß auf die Formulierung der »Resolution zum Kampf gegen Manipulation und für die Demokratisierung der Öffentlichkeit« zu gewinnen. Beide wurden zusammen mit Elmar Altvater, Bernhard Blanke und Helmut Schauer in den Redaktionsausschuß gewählt, der die Einschätzung des Springer-Konzerns durch den SDS und ein Aktionsprogramm für eine Kampagne ausformulieren sollte. Bei der Abstimmung über die Resolution zeigte sich, daß bei allen politischen Differenzen die »Traditionalisten« und die »Dutschkisten« die Aktionseinheit des Verbandes wahrten.

In der einstimmig verabschiedeten Grundsatzerklärung hieß es u. a.: »Der SDS tritt... für eine allgemeine Umwandlung der Institutionen der öffentlichen Meinungsbildung ein, die von folgenden Grundsätzen ausgehen soll:

1. Befreiung der Presse vom Meinungsmonopol und vom Diktat des Profitinteresses durch ihre Entflechtung und Überführung in öffentliches Eigentum und demokratische Kontrolle.
2. Abschaffung der Konsumpropaganda und ihr Ersatz durch sachgerechte Verbraucherinformation.
3. Unabhängigkeit der Presse, des Rundfunks und Fernsehens von der öffentlichen Gewalt und die Garantie ihrer Kritikfähigkeit gegenüber deren Instanzen.
4. Sicherung der Journalisten gegen wirtschaftliche und politische Pressionen. Demokratische Selbstbestimmung der Redaktionen.
5. Materielle und juristische Verankerung für jede politisch, sozial oder kulturell relevante und demokratische Gruppe, in der ihr angemessenen Weise, unabhängig von wirtschaftlicher Beschränkung, ihre Forderungen zu artikulieren und ihre Auffassungen zu publizieren.«

Zur Durchsetzung dieser Ziele beschloß der SDS, »gemeinsam mit allen Kräften der antiautoritären und antikapitalistischen Opposition eine langandauernde Kampagne zur Entlarvung und Zerschlagung des Springer-Konzerns (zu) führen«. Im Gegensatz zu den meisten heutigen kommunistischen Parteien oder deren Aufbauorganisationen trat der SDS offensiv für das bürgerliche Recht auf Freiheit der Information und Meinungsäußerung ein. Die Kampagne sollte das nicht nur in der Arbeiterklasse, sondern in der Gesamtbevölkerung vorhandene Potential für radikaldemokratischen Widerstand mobilisieren und organisieren. Die verschiedenen SDS-Hochschulgruppen sollten in den Zentren des Springer-Konzerns dezentralisiert die Auslieferung der Produkte dieses Lumpenjournalismus verhindern. Langfristig hatte der SDS dabei das Ziel, eine »praktisch-kritische Öffentlichkeit« herzustellen, ein aufklärerisches Ideal, mit dem sich der SDS — so unbequem das heute für manche klingen mag — sowohl in die Tradition eines Karl Marx als auch der bürgerlichen Aufklärung und des bürgerlichen Humanismus stellte. Der Kampf sollte nicht gegen Journalisten, Setzer, Drucker und Zeitungsboten geführt werden, sondern mittelfristig mit deren Unterstützung. Deshalb forderte der SDS die Offenlegung aller Besitzverhältnisse und Verflechtungen im gesamten Pressewesen und beschloß die Durchführung von Seminaren über die arbeitsrechtliche, wirtschaftliche und politische Lage der Arbeiter und Angestellten im Zeitungswesen und Druckereigewerbe.
Diese Entschließung war für die außeruniversitäre und außerparlamentarische Praxis des SDS ebenso wichtig wie die Hochschuldenkschrift aus dem Jahre 1961 für die inneruniversitäre Diskussion. Der Slogan, mit dem die Resolution schloß, *»Es kommt darauf an, eine aufklärende Gegenöffentlichkeit zu schaffen. Die Diktatur der Manipulateure muß gebrochen werden.«*, war denn auch die Losung, unter der Tausende von Demonstranten nach dem Attentat auf Rudi Dutschke in den Ostertagen 1968 die Aus-

lieferung der Springer-Zeitungen mit ihren Körpern zu verhindern versuchten.

In der von Wolfgang Lefèvre eingebrachten Resolution zur Hochschulpolitik wurde durchgängig der Modellcharakter der Rebellion an den Universitäten für die zukünftigen Klassenkämpfe hervorgehoben. Ausgehend von der These, daß die Widersprüche an den Universitäten die Widersprüche in der Gesellschaft adäquat ausdrückten, daß andererseits die Emanzipation der Arbeiterklasse die notwendige Voraussetzung für eine demokratische Universität sei, vertraten die Delegierten die Einschätzung, der Kampf der Studenten könne nicht kurzfristig und unmittelbar zum Erfolg führen. Der SDS als konsequenteste Gruppe in der oppositionellen Studentenbewegung müsse jeden Putschismus ablehnen und die revolutionäre Ungeduld zügeln. Der SDS könne nicht stellvertretend für die Arbeiterklasse Revolution machen. Jedoch könne er in seinem Bereich exemplarisch vorführen, wie man die Mehrheit in einem Teil der Gesellschaft offensiv erringt. Das Aktionsprogramm der Resolution formulierte als Ziel für die kommenden Semester, von den bereits »befreiten« geisteswissenschaftlichen Fakultäten aus die naturwissenschaftlichen und medizinischen Fakultäten, die Technischen Hochschulen und die Kunstakademien zu erobern.

Seit Februar 1967 entstanden durch die Initiative des SDS »Unabhängige Schülergemeinschaften« (USG), die noch im selben Monat in Frankfurt/Main den Dachverband »Aktionszentrum Unabhängiger Sozialistischer Schüler« (AUSS) gründeten. Besonders die noch illegale KPD versuchte diese Gründung zu verhindern, da sie mit der Wiederzulassung ihrer Partei in absehbarer Zeit rechnete und alle Vorbereitungen für die Gründung einer »Sozialistischen Deutschen Arbeiterjugend« (SDAJ) getroffen hatte. Die DK begrüßte, daß durch die Gründung der AUSS die Einbeziehung einer bisher nicht spezifisch erfaßten sozialen Schicht in die Rebellion gelungen sei. Die DK stimmte einem Aktionsbündnis zwischen SDS und AUSS gegen die Absichten der Schulbürokratien zu, die unabhängigen sozialistischen Schülergruppen zu ignorieren oder zu illegalisieren. Das hieß in der Praxis, daß die SDSler die von den Schülern verfaßten und hergestellten Flugblätter morgens vor den Schulen verteilen mußten, weil die Mitglieder der jeweiligen AUSS-Gruppen von den Schulen geflogen wären, wenn sie sie selbst verteilt hätten. Aufgrund seiner eigenen Erfahrungen sprach sich der SDS aber gegen jede Einmischung der politischen Erwachsenenorganisationen in die inneren Angelegenheiten der sozialistischen Schülergruppen aus. Aktionsbündnisse mit SDS, Jusos, illegaler KPD, Trotzkisten etc. — ja; organisatorisch-politische Abhängigkeit von Parteien — nein.

In der Diskussion über die Resolution »Aufhebung des KPD-Verbots« kam es beinahe zum Auszug der FDJ-Delegation und der Sympathisanten der illegalisierten KPD, denn Rudi Dutschke erklärte im Hinblick auf die Strategie des »Initiativ-Ausschusses für die Wiederzulassung der KPD«, wesentliche Teile des ursprünglichen Programms für den Preis der Legalisierung aufzugeben: «Als Demokrat bin ich noch dafür, als Revolutionär aber eher skeptisch.« Die Auffassung der Berliner, die Wiederzulassung der KPD als Voraussetzung für eine offene politische Auseinandersetzung mit dieser Partei zu fordern und dies auch in der Resolution festzuhalten, fand mit 40:30 Stimmen eine Mehrheit. Um den sich abzeichnenden Riß zwischen den drei Hauptgruppen im Verband — der Mehrheit der Antiautoritären, den orthodoxen Marxisten um die Marburger Gruppe und einer kleinen, aber relativ konstanten Gruppe von KPD-Sympathisanten — zu verhindern, beschloß die DK nach dem Vorbild des Berliner Landesverbandes die Bildung eines 15köpfigen »Politkomitees des SDS«. Diese Konzentration der Kräfte auf Bundesebene sollte nicht nur die Durchführung der beschlossenen Aktionsprogramme garantieren, die faktische Erweiterung des Bundesvorstandes von 5 auf 20 Personen sollte auch ausschließen, daß die Verbandspolitik durch zufällige personelle Konstellationen im Vorstand bestimmt würde.

Bei der Wahl des 1. Bundesvorsitzenden zeigte sich wiederum das alte Dilemma des Verbandes: Die opinion-leaders stellten sich nicht. Weder Rudi Dutschke, Wolfgang Lefèvre, Bernd Rabehl oder Hans-Jürgen Krahl noch Frank Deppe, Kurt Steinhaus oder Herbert Lederer waren bereit, diesen full-time-Job zu übernehmen und nach Frankfurt/Main überzusiedeln. Die Delegierten konnten schließlich nur zwischen dem 24jährigen Jura-Studenten Karl-Dietrich Wolff (Freiburg) als Kandidat der Antiautoritären und dem Göttinger Doktoranden Wanja von Heiseler als Kandidat des traditionalistischen Flügels wählen. Wolff wurde schließlich mit 40 gegen 30 Stimmen zum neuen Bundesvorsitzenden gewählt, sein Bruder Frank (Frankfurt/Main) zum 2. Bundesvorsitzenden. Politischer Beirat: Hans-Jürgen Krahl (Frankfurt/Main), Herbert Lederer (Köln, heute Rechtsanwalt und Mitglied des DKP-Parteivorstandes) und Bernd Rabehl (Berlin). Im Politkomitee waren 5 Berliner (Bernhard Blanke, Rudi Dutschke, Peter Gäng, Wolfgang Lefèvre und Christian Semler), 2 Frankfurter (Reimut Reiche und Helmut Schauer), 3 Münchener (Elmar Altvater, Thomas Schmitz-Bender, Lothar Schubert), 2 Marburger (Frank Deppe und Kurt Steinhaus), 2 Heidelberger (Eberhard Becker und Burkhard Braunbehrens) sowie der Kieler Bernhard Achterberg vertreten.

Am 7. September besetzten Delegierte und Gäste abends das Amerika-Haus in Frankfurt/Main, wo ein round-table-Gespräch von Journalisten, u. a. Karl-Hermann Flach (Frankfurter Rundschau, FDP), dem Sowjetmarxismus-Spezialisten des ZDF, Dr. Bernd Nielsen-Stokkeby, und dem rechten Sozialdemokraten Jens Feddersen (Neue Ruhr-Zeitung) stattfinden sollte. Der SDS funktionierte das geplante Legitimationsgespräch für den amerikanischen Krieg in Vietnam in eine Solidaritätsveranstaltung für das kämpfende Volk von Vietnam unter der Fahne der FLN um. Nach Ende der DK fand am 9. September eine Spontandemonstration von etwa 250 SDS-Mitgliedern statt, die den Kommunarden Fritz Teufel in ihre Mitte nahmen und zum Polizeipräsidium geleiteten. Teufel, der Haftverschonung mit der Auflage erhalten hatte, sich in Berlin zweimal wöchentlich beim zuständigen Polizeirevier zu melden, war dieser Aufforderung nicht nachgekommen und sollte deshalb wieder in Haft genommen werden. Der SDS demonstrierte dagegen, daß der Polizeiobermeister Karl-Heinz Kurras, der den Studenten Benno Ohnesorg erschossen hatte, bei Auszahlung seiner vollen Bezüge weiterhin frei herumlief, während ein Opfer der Rechthaberei der Exekutive und der Dritten Gewalt erneut in den Knast wandern sollte. Die beiden Vertreter des Zentralrats der FDJ und die drei Stundentenfunktionäre aus Moskau reihten sich wie selbstverständlich in die Ketten, die Fritz Teufel abschirmten, ein und nahmen am anschließenden Sitzstreik vor dem Polizeipräsidium teil — ein Vorgang, den man sich heute kaum noch vorstellen kann.

Die Anti-Springer-Kampagne

Anfang 1968 gründeten Mitglieder des Springer-Arbeitskreises der KU, des SDS, des »Republikanischen Clubs« (RC) und der Redaktionen des Spiegels und des Sterns das »Institut für Presseanalyse und Öffentlichkeitsforschung« (später bekannt unter dem Namen Gegenöffentlichkeitsinstitut, GÖFI) zunächst mit dem Ziel, eine linke Tageszeitung für West-Berlin herauszugeben. Ständige Mitarbeiter des Instituts waren Peter Schneider, Bernhard Blanke, Karl-Joachim Heymann, Günther Möllendorf und Hans-Joachim Hameister. Zwischen dem Springer-Arbeitskreis der KU und dem GÖFI entstanden schon bald Spannungen über die Bündnispolitik und die Organisationsform der Kampagne gegen das Verlagshaus Springer. Die KU vertrat das Konzept eines Tribunals, auf dem die Manipulationstechniken, die Korrumpierung der Mitarbeiter innerhalb des Verlagshauses und die zunehmende Monopolisierung der Presse vor einem Auditorium entlarvt werden sollte, das am Schluß des Tribunals den Urteilsspruch zu fällen hatte. GÖFI und RC reduzierten das Konzept dagegen auf ein Hearing, auf dem Fachleute ihre Gutachten mit »gesicherten wissenschaftlichen Ergebnissen« vortragen sollten. Mit diesem verwässerten Konzept hoffte man linksbürgerliche oder sozialdemokratische Kreise zu gewinnen, die durch die Tribunalkonzeption verschreckt worden wären. (Außerdem waren die Verleger Rudolf Augstein und Gerd Bucerius nur bereit, die Vorbereitungen für ein *Hearing* finanziell abzusichern.)
Schon in der Veranstaltung der KU vom 2. Februar 1968, die als Vorbereitung für das spätere Tribunal gedacht war, zeigte sich deutlich, daß die beiden Konzeptionen nicht zu vereinbaren waren. Für den organisatorischen Ablauf wählten die Veranstalter

bewußt eine Form, die nichts mehr mit einer traditionellen Universitätsveranstaltung zu tun hatte: die hergebrachten Mittel, Spannung zu erzeugen — z. B. durch Streitgespräche zwischen Autoritäten —, wurden bewußt gemieden. Statt dessen saßen ca. 50 Personen an mehreren Tischen auf dem Podium und trugen die Ergebnisse der verschiedenen Untergruppen des Springer-Arbeitskreises der KU vor: Die Berichterstattung der Springer-Presse über die Große Koalition, Gewerkschaften und Notstandsgesetze, das Grubenunglück in Lengede, die Kulturrevolution in der Volksrepublik China, die Black-Power-Bewegung, über »Sittenstrolche« u. a. Der letzte Beitrag »Der Zynismus der BILD-Leser« faßte die bisherige empirische und theoretische Arbeit der Gruppen in dem Slogan zusammen: *»Das Problem der BILD-Leser ist nicht ihre Dummheit, sondern ihre Ohnmacht!«* Anschließend an diese Referate wurde ein 5-Minuten-Film von Holger Meins über die Herstellung und Verwendung von Molotowcocktails gezeigt. In derselben Nacht wurden die Fensterscheiben von 7 Morgenpost-Filialen mit Steinen zertrümmert. Schon am nächsten Morgen berichtete die Springer-Presse darüber. Die BILD-Zeitung brachte eine Zeichnung, auf der zwei SA-Leute Steine in einen Laden werfen, auf der Fensterscheibe steht »JUDEN RAUS«, darunter die Jahreszahl 1938. Im anderen Teil des Bildes wirft ein mit »SDS« gekennzeichnetes Männchen die Fensterscheibe einer Morgenpost-Filiale ein, auf der »ENTEIGNET SPRINGER« steht. Kommentar: »Wie sich die Bilder gleichen!« Axel Cäsar Springer, der seit Alfred Hugenberg den größten Pressekonzern Deutschlands besitzt, schreckte nicht davor zurück, sich als von Nazis verfolgter Jude zu stilisieren. Abgesehen davon, daß ein solcher Vergleich die 6 Millionen Juden verhöhnt, für deren Ermordnung die deutsche Bourgeoisie politisch verantwortlich ist, spiegelt sich in dieser Blasphemie das für einen hervorragenden Vertreter des zu Geld und Macht gekommenen deutschen Kleinbürgertums typische Hin- und Her-Schwanken zwischen Brutalität und Selbstmitleid wider.

Das Springer-Hearing sollte vom 9. bis 11. Februar an der Freien Universität stattfinden, eingeladen worden waren u. a. die Professoren Jürgen Habermas, Helmut Ridder, Hans Dieter Müller, Alexander Mitscherlich und Eugen Kogon und die Journalisten Manfred Bissinger, Erich Kuby, Otto Köhler, Karl-Hermann Flach und Gerd von Paczensky. Außer Kogon und Kuby sagten alle in liebenswürdigen Briefen ab. Am 9. Februar fand nur noch die Eröffnung des Hearings statt, auf der u. a. Kogon und Kuby sprachen. (Kuby stieß die Versammelten vor den Kopf, als er sie fragte, was sie überhaupt noch in dieser funktionslosen Stadt, in der nichts mehr los sei, wollten.) Das eigentliche Hearing wurde auf später vertagt. Aber weder das Tribunal noch das Hearing fanden überhaupt noch statt. Beide wurden durch die Ereignisse in den kommenden Monaten überrollt.

»Vietnam ist das Spanien unserer Generation...«

Als sich am 17. und 18. Februar im Auditorium Maximum der Technischen Universität ca. 5000 Teilnehmer, vor allem Studenten, aus fast allen europäischen Ländern zum »Internationalen Vietnam-Kongreß« trafen, war der SDS der Überzeugung, daß er seine tagespolitischen Forderungen mindestens teilweise erreicht hatte und daß ein großer Teil der jungen Generation hinter ihm stand. Im September 1967 waren der Westberliner Polizeipräsident Erich Duensing, dann der Innensenator Wolfgang Büsch und schließlich der Regierende Bürgermeister Heinrich Albertz zurückgetreten. Zwar war der Sturz Albertz' auch auf SPD-interne Faktoren zurückzuführen, jedoch erinnerte sich in West-Berlin jeder Student an die Wandzeitung, die ab 3. Juni für lange Zeit am Hauptgebäude der FU hing und auf der der Rücktritt genau dieser drei Politiker gefordert worden war. Den Job des »Regierenden« kriegte schließlich Klaus Schütz. Herbert Wehner hatte Helmut Schmidt nach Berlin abschieben wollen, der hatte jedoch dankend abgelehnt.

Die Stimmung unter den Jugendlichen war seit dem 2. Juni 1967 umgeschlagen. Der Spiegel veröffentlichte Anfang Februar die Ergebnisse einer von ihm in Auftrag gegebenen Blitz-Umfrage bei fast 3000 Berufsschülern, Schülern und Studenten im Alter zwischen 15 und 25 Jahren in Orten mit über 10 000 Einwohnern. Auf die Frage: »In vielen deutschen Städten protestieren und demonstrieren Jugendliche. Finden Sie das gut?« antworteten 67 % mit Ja (davon Berufsschüler 65 %, Mittel- und Oberschüler 71 %, Studenten 74 %). Selber protestieren würden insgesamt 58 % (55, 64, 67). Auf die Frage, was sie von Rudi Dutschke hielten, antworteten 27 %, sie stimmten mit ihm überein, 26 %, er sei ihnen gleichgültig, und 44 % lehnten ihn ab. Daß 67 % der Jugendlichen mit den Demonstranten und 27 % mit den Zielen des SDS, der für sie mit der Person Rudi Dutschke identisch war, sympathisierten, war noch ein Jahr zuvor auch für die optimistischsten SDSler undenkbar gewesen.

Der Kongreß wurde von 11 sozialistischen und trotzkistischen Organisationen veranstaltet, darunter die trotzkistische »Jeunesse Communiste Révolutionaire«, die während der Schlußdemonstration durch ihr militantes, zugleich aber diszipliniertes Auftreten und ihre Demonstrationstechnik einen großen Eindruck auf die deutsche Studentenbewegung machten, aus Italien der linkssozialistische PSIUP und die trotzkistische Gruppierung Falcemartello, aus Großbritannien die »Mitcham Branch« der offiziellen Parteijugend der Labour Party und der Studentenverband »Politeia« aus Holland. Schriftsteller, Regisseure von Theater und Film, Schauspieler, Komponisten, Philosophen, Professoren, ganze Universitäten, Maler, Kritiker, kurzum ein bedeutender Teil der europäischen Intelligenz solidarisierte sich in Zeitungsannoncen,

Telegrammen, Grußbotschaften und Protestbriefen an den Westberliner Senat mit den Veranstaltern des »Internationalen Vietnam-Kongresses«.[167] 30 Mitglieder der SDS-Projektgruppe »Revolutionäre Kunst und Marxismus« hatten die Ausstattung der Räume in der TU übernommen. Der Kongreß tagte unter einer riesigen Fahne der vietnamesischen Befreiungsfront FNL mit den Worten des toten argentinischen Revolutionärs Che Guevara: »Für den Sieg der vietnamesischen Revolution — Die Pflicht jedes Revolutionärs ist es, die Revolution zu machen.«

Die maoistische KPD und ihr Studentenverband KSV erheben heute gern den Vorwurf, Rudi Dutschke habe den »modernen Revisionisten«, sprich der FDJ, auf dem »Internationalen Vietnam-Kongreß« ein Forum zur Propagierung ihrer Politik zur Verfügung gestellt. Das ist schlicht Geschichtsklitterung: Zunächst einmal war es nicht nur Rudi Dutschke, sondern auch das heutige Mitglied des Zentralkomitees der maoistischen KPD, Christian Semler, die mit dem Zentralrat der FDJ und führenden Funktionären von Jugendorganisationen anderer sozialistischer Staaten im Januar 1968 langwierige und zähe Verhandlungen führten. Beide wollten alles andere, als denen eine Plattform zur Verfügung zu stellen; ihr Ziel war, Blauhemden und Komsomolzen in eine Aktionseinheit einzubinden und nach links zu ziehen. So nach dem Motto: »Revolutioniert die Revolutionäre!« (Realistischer hätte es wohl heißen müssen: »Revolutioniert die Bürokraten!«, echt ein Job für den Genossen Sisyphos.) Und dazu hatten sie einen Plan: sozialistische, trotzkistische und kommunistische Jugend- und Studentenverbände aus Westeuropa sollten zusammen mit der FDJ und anderen Staatsjugendverbänden Geld für Waffen sammeln, damit ein Schiff beladen und es mit einer Besatzung ausrüsten und sich nach Vietnam einschiffen. Diese Aktion sollte nicht nur die Solidarität der gesamten sozialistischen europäischen Jugend mit dem kämpfenden vietnamesischen Volk dokumentieren, sondern zugleich eine Art Keimzelle für eine neue »Internationale Brigade« initiieren. Mit solchen Vorstellungen bissen Dutschke und Semler bei den in Ost-Berlin versammelten kommunistischen Jugendfunktionären auf Granit. Die Regierungen der DDR und der UdSSR waren absolut nicht bereit, sich von den beiden in eine Situation manövrieren zu lassen, in der plötzlich DDR- oder Sowjet-Bürger zusammen mit westeuropäischen Sozialisten und Trotzkisten den amerikanischen Ledernacken gegenüberstünden.
Vom ganzen schönen Plan blieb dann schließlich nur noch ein schon etwas älterer Berufsjugendlicher von der FDJ West-Berlin, Walter Rudert, übrig, der dem »West-Berliner« SDS vorschlug, zusammen mit der »West-Berliner« Kampagne für Demokratie und Abrüstung und der »West-Berliner« FDJ gemeinsame Mahnwachen und Informationsstände besonders in Arbeiterbezirken durchzuführen. Abgesehen von der Portion Abenteurertum war die Strategie des SDS, der FDJ immer wieder Angebote für gemeinsame Aktionen zu unterbreiten, im Kern durchaus richtig. Langfristig hätten die Bürokraten, die nur zu überschaubaren und vorprogrammierten Veranstaltungen mit westeuropäischen Bruderparteien bereit waren, bei ihren eigenen Mitgliedern ihr Gesicht verloren, wenn sie immer und immer wieder auf die Angebote zu spontaner politischer Zusammenarbeit gegen den Imperialismus mit Ausre-

den und Abwiegeln reagiert hätten. Eine solche Politik, die — über Jahre durchgehalten — durchaus eine subversive Qualität hätte entfalten können, ist auf jeden Fall der ständigen großen Beschimpfung der neuen Zaren des sowjetischen Sozialimperialismus durch die deutschen Maoisten vorzuziehen. Nicht zuletzt Christian Semler spielt heute bei der Ausformulierung dieses Antikommunismus von links eine entscheidende Rolle. (Wenn er und seine Parteifreunde nicht höllisch aufpassen, dann rutschen ihnen ihre Junggenossen nach rechts weg: man kann schon heute tagtäglich erleben, daß der aus VR China importierte Antisowjetismus in KPD-, KSV-, KBW-, KHG- und KPD/ML-Köpfen in einen traditionellen deutschen kleinbürgerlichen Rassismus gegen die Völker der Sowjetunion umschlägt.)

Im Februar 1968 konnten Rudi Dutschke und Christian Semler zwar nicht ihren abenteuerlichen Plan verwirklichen, die FDJ in eine revolutionäre Organisation umzufunktionieren, dafür wurde aber ein langgehegter Traum wahr. Seit Mitte der 30er Jahre, als die europäische Intelligenz im eingekesselten Madrid und in Paris auf propagandistischen Kongressen gegen den faschistischen Terror in Spanien, Deutschland, Österreich und Italien demonstrierte, hatte es einen solchen Kongreß nicht mehr gegeben. Die Veranstalter wollten mit dem »Internationalen Vietnam-Kongreß« nicht nur die Tradition der Kongreßpolitik von Willi Münzenberg und seiner »Internationalen Arbeiterhilfe« fortsetzen, sondern auch ein Gegenmodell zu den vom BV veranstalteten Studentenkongressen in Bonn und Frankfurt/Main schaffen, auf denen die theoretische Analyse und Diskussion im Vordergrund gestanden hatte. Der Berliner Kongreß war in der Tat dann auch eine Manifestation der linken europäischen Intelligenz.

Außer einer spontanen Auseinandersetzung zwischen Herbert Lederer, Ernest Mandel und Rudi Dutschke über den Stellenwert der Guerilla-Strategie in Südamerika gab es auf dem gesamen Kongreß keine wirkliche Diskussion, sondern wichtig war für die Teilnehmer die gemeinsame Empörung über den amerikanischen Krieg in Vietnam und die Solidarität mit dem vietnamesischen Volk. Höhepunkt des Kongresses war schließlich die Bekanntgabe des Urteils des Berliner Verwaltungsgerichts, das das Verbot der Schlußdemonstration durch den Senat von Berlin aufhob. Das ursprüngliche Kalkül des Berliner Innensenators Kurt Neubauer, wonach 15 000 Mann Berliner Polizei den Studenten, die trotz des Verbots demonstrieren würden, in einer blutigen Schlacht die Machtverhältnisse in dieser Stadt verdeutlichen sollten, war damit durchkreuzt. Rechtsanwalt Horst Mahler, der die Klage des SDS vor dem Verwaltungsgericht vertreten hatte, kommentierte das Urteil in einem Redebeitrag auf dem Kongreß: »Wir haben den Widerstand des Senats brechen können durch Einsatz rechtlicher Mittel. Wir haben damit den politischen Erfolg erreicht, den wir glaubten morgen auf den Straßen durch unseren physischen Ein-

satz erbringen zu müssen.«
Mehr als 12 000 Teilnehmer demonstrierten unter roten Fahnen, Fahnen der FNL und unter vom SDS vorbereiteten Plakaten mit Bildern von Ho Tschi Minh und ermordeten und zum Teil in Deutschland vergessenen Revolutionären wie Rosa Luxemburg, Karl Liebknecht, Leo Trotzki, Ernst Thälmann und Che Guevara. Darüber hinaus wurde die Demonstration durch ihre politische Zusammensetzung und durch ihre neuartigen Demonstrationsformen geprägt: Mit den SPD-Stadträten Harry Ristock (Charlottenburg) und Erwin Beck (Kreuzberg) an der Spitze marschierten mehr als 100 Sozialdemokraten mit, die Schilder mit der Aufschrift trugen: »Ich protestiere gegen den Krieg der Amerikaner in Vietnam. Ich bin SPD-Mitglied!«. Zum anderen entwickelten die Berliner Demonstranten spontan die Technik, in langen Ketten untereinandergehakt mit rhythmischen Sprechchören: »Ho Ho Ho Tschi Minh« und »Wir sind eine kleine, radikale Minderheit« in Blocks vorwärtszustürmen. Unter dem Eindruck dieser relativ militanten Demonstrationstechnik zogen sich die mehreren hundert Gegendemonstranten unter der Leitung von Jürgen Wohlrabe (Vorsitzender der Jungen Union) zum Bahnhof Zoo zurück.
5 Tage später schlug die geballte Berliner Nostalgie zurück. ÖTV, Senat, Springer-Presse und aufrechte Berliner wie die Bau-Spekulantin Sigrid Kressmann-Zschach nebst Syndikus RA Peter Lorenz (Vorsitzender der Berliner CDU), das peinliche Mittelmaß Hans Rosenthal (Dalli-Dalli), der Staatsschauspieler Carl Raddatz und eine Handvoll FU-Professoren wie die ehemaligen Sozialisten Fritz Borinski und Ernst Fraenkel (usw. usw.) riefen die Berliner unter dem Motto »Wir wollen sagen, wofür wir sind« zu einer Gegenkundgebung auf dem John-F.-Kennedy-Platz unter der Freiheitsglocke auf. Alle Beschäftigten im öffentlichen Dienst sowie Arbeiter und Angestellte in zahlreichen Privatbetrieben hatten für diese Demonstration freibekommen. Nach Schätzung der Berliner Polizei beteiligten sich ungefähr 60 000 Menschen an dem Aufmarsch, die gesamte Berliner Tagespresse — damals noch einschließlich des Tagesspiegels — hatte sich auf 150 000 geeinigt. Was sich da in Berlin vorbereitete, kam wiederum nicht auf den offiziellen Transparenten, sondern durch die spontan selbstgefertigten Plakate zum Ausdruck: »Wir fordern harten Kurs gegen den SDS!«, »Raus mit den Roten«, »Dutschke raus aus West-Berlin!«, »Dutschke Volksfeind Nummer eins«, »Bauarbeiter, seid lieb und nett, jagt Dutschke und Konsorten weg!«, »Bei Adolf wäre das nicht passiert« und »Politische Feinde ins KZ!«.

Das Attentat

Am Nachmittag des 11. April 1968 wurde Rudi Dutschke von dem 23jährigen Hilfsarbeiter Josef Bachmann durch drei Schüsse aus einem Trommelrevolver lebensgefährlich verletzt. In einem unmittelbar darauf herausgegebenen Flugblatt stellte der SDS fest: »Ungeachtet der Frage, ob Rudi das Opfer einer politischen Verschwörung wurde: Man kann jetzt schon sagen, daß dieses Verbrechen nur die Konsequenz der systematischen Hetze ist, welche Springer-Konzern und Senat in zunehmendem Maße gegen die demokratischen Kräfte in dieser Stadt betrieben haben...« In den nächsten Stunden versammelten sich ungefähr 2000 Studenten im Auditorium Maximum der TU zu einer Protestversammlung. Ein Mitglied des SDS-Bundesvorstandes:

»Ich darf daran erinnern, welche Pogromhetze gerade von den Abgeordneten dieses Berliner Senats nach dem 2. Juni stattfand. Am 8. Juni, bei der berüchtigten Abgeordnetenhaussitzung, erdreisteten sich die Abgeordneten, eine Minoritätenhetze zu übernehmen, wie sie seit zwei Jahren von der Springer-Presse gegen die Studenten geführt wurde. Ich erinnere daran, daß ein Neubauer und ein Schütz anläßlich der Vietnam-Konferenz diese außerparlamentarische Opposition zusammenschlagen wollten. Ich erinnere daran, daß auch Neubauer und Schütz zusammen mit der Springer-Presse die Verantwortung für einen Mörder tragen, der sich an Rudi herangemacht hat, um ihn niederzuschießen. Und ich spreche ganz deutlich aus, die wirklichen Schuldigen heißen Springer, und die Mörder heißen Neubauer und Schütz!« Die inzwischen auf 3000 angewachsene Versammlung beschloß eine Resolution mit den Forderungen: 1. Rücktritt des Senats, 2. Enteignung des Springer-Konzerns, 3. Pläne zur Demokratisierung der Rundfunkanstalten SFB und RIAS und 4. Zur-Verfügung-Stellung von mindestens einer Stunde Sendezeit täglich bis zum 1. Mai 1968. Mit entsprechenden Forderungen demonstrierte die westdeutsche Studentenschaft in den nächsten Wochen.

Aus der Versammlung in der TU entstand ein spontaner Demonstrationszug zum Springer-Hochhaus in der Kochstraße. Die total überraschte Polizei konnte nicht verhindern, daß die Demonstranten bis zum Springer-Hochhaus durchmarschierten und dort Scheiben einwarfen und mit Druckereiarbeitern und Angestellten in handgreifliche Auseinandersetzungen gerieten. Alles in allem verlief die Sache noch relativ friedlich, bis der agent provocateur des Berliner Landesamtes für Verfassungsschutz, Peter Urbach, in einem geflochtenen Weidenkorb ein Dutzend Molotowcocktails heranschaffte, systematisch Leute ansprach, mit denen auf den Fuhrpark des Springer-Konzerns zog und dort nach Aufschrauben der Tankverschlüsse einzelne Fahrzeuge umwarf und mit den mitgebrachten Cocktails in Brand setzte. Die »Zeitungswagen in Flammen« wurden zum Fanal für die deutsche und französische Studentenbewegung.[168]
In den folgenden Tagen der Karwoche kam es zu immer größeren Demonstrationen besonders gegen den Springer-Konzern. Allein am Ostermontag zogen über 45 000 Demonstranten in mehr als 20 Städten der Bundesrepublik und West-Berlin vor die Druckereien

und Verlagshäuser des Springer-Konzerns und versuchten vor allem, die Auslieferung der BILD-Zeitung zu verhindern, was in Köln und Essen für einen Vormittag gelang. Während der Osterfeiertage kam es zu Straßenschlachten, wie sie es seit den letzten Jahren der Weimarer Republik nicht mehr gegeben hatte, als Rot-Front, Reichsbanner und Eiserne Front versuchten, die SA zu stoppen. DER SPIEGEL: »Auf der Strecke blieben zwei Tote, über 400 Schwer- und Leichtverletzte und der Anspruch der Bundesrepublik, ein intakter demokratischer Staat zu sein.« Dennoch, am Dienstag wurden BILD-Zeitung und BZ ausgeliefert, gekauft und konsumiert, wie eh und je. Dieser Skandal und die Erfahrung, unfähig zu sein, die Auslieferung auch nur für einige Tage zu stoppen, ließen in der Studentenschaft ein Gefühl der Ohnmacht aufkommen und prägten das Denken dieser Studentengeneration nachhaltig.
Jede Gesellschaft hat die Presse, die sie verdient. Am Ostersonnabend 1968 hatte man jedoch wieder einmal Grund, sich zu fragen, womit die Bundesrepublikaner und West-Berliner eine BZ und eine BILD-Zeitung verdient hatten. Nachdem sämtliche Springer-Zeitungen Rudi Dutschke mindestens ein Jahr lang Woche für Woche zum Abschuß freigegeben hatten, heuchelte die BILD-Zeitung auf Seite 2 unter der Balkenüberschrift »Terror nach dem Attentat — Terror nach dem Attentat« menschliche Solidarität mit der Schlagzeile »Millionen bangen mit«. Aber BILD bleibt BILD: »Denn plötzlich ist dieser Rudi Dutschke nicht mehr der radikale Agitator, sondern nur ein hilfloser Mensch...«. Arbeitsteilig übernahm die BZ, die Zeitung für das West-Berliner Proletariat, die Exkulpation des Hauses Springer: unter der Schlagzeile »Attentäter ein krimineller Sonderling« wurde Josef Bachmann als »Anstreicher aus München, vorbestraft, ein Einzelgänger« quasi zum Sohn von Eva Braun und Adolf Hitler stilisiert; und Springer war aus dem Schneider. (Wer weiß schließlich nicht, daß Axel Cäsar Springer erklärtermaßen ein großer Freund des jüdischen Volkes ist. Dann muß er ja immer schon ein großer Feind Hitlers gewesen sein, auch wenn er — warum auch immer — bis zum 8. Mai 1945 mit dem antifaschistischen Widerstand persönlich nichts zu tun hatte.)
Quintessenz der Einschätzung der Springer-Presse, aber auch eines großen Teils der liberalen Zeitungen, war: Der SDS und mit ihm die außerparlamentarische Opposition sind ihres führenden Kopfes beraubt und damit am Ende. Das Mitglied des Politischen Beirats des SDS-Bundesvorstandes, Bernd Rabehl, ging auf diesen negativen Personenkult, aber auch auf das im SDS verbreitete Unbehagen über Dutschkes Interviewpolitik in Fernsehen und Presse ein.

In einem SPIEGEL-Interview vom 22. April 1968 erklärte er: »Wir hatten, bevor das Attentat geschah, eine Aussprache mit Rudi, erst einmal

in einer Generalratssitzung, die sich über eine Woche erstreckte. Da haben wir diskutiert über die Funktionen von Rudi, seine Rolle als Person, sein Aufgebautwerden als Chefideologe, sein Rückwirken, seine Verselbständigung auch gegenüber dem SDS. Er wird, wenn er wieder wohlauf ist, in der neuen Verbandsstruktur seinen festen Platz haben, allerdings nicht als Chefideologe, weil wir einen Chefideologen nicht gebrauchen können. SPIEGEL: Sondern als was?
SDS: Er soll mitarbeiten, sicherlich als einer der Aktivsten. Der Personenkult um Rudi Dutschke — das war ein Bestandteil des Studentenverbandes, der nicht wußte, wie er sich nach außen artikulieren sollte. Dutschkes neue Rolle wird eine andere sein.

Warum, so muß man sich hier fragen, geht ein Verband, der die innere Stärke und Härte hat, sich einerseits mit Rudi Dutschke in Straßenschlachten zu solidarisieren, andererseits in aller Öffentlichkeit auch solidarische Kritik an einem Genossen auf dem Krankenlager zu üben, zwei Jahre später vor die Hunde?

Mai 1968

Vier rote Schwalben schienen nun aber endlich die Revolution in Westeuropa anzukündigen: zum 1. Mai gelang es dem Berliner Landesverband des SDS, mehr als 30 000 Menschen zu einer autonomen Mai-Demonstration zu mobilisieren; in Paris bauten die Studenten Barrikaden gegen den Gaullismus, und in Frankreich solidarisierte sich die Arbeiterklasse mit der akademischen Jugend im Aufstand; am 11. Mai demonstrierten mehr als 50 000 Menschen in Bonn gegen die Annahme der Notstandsgesetze; anläßlich der 2. und 3. Lesung der Notstandsgesetze fanden an zahlreichen Universitäten Streiks, Blockaden und Besetzungen statt. In dieser Situation wähnten die Studenten, die Fernsehzuschauer, die Abend für Abend in der Tagesschau miterlebten, was in Berlin, München, Essen, Frankfurt/Main, Eßlingen, Hannover, Hamburg usw. los war, aber auch der SDS sich selber auf der Straße des Sieges.
Am 1. Mai wurde der Riß, der sich schon seit Jahren durch die Berliner Bevölkerung bis in die einzelnen Familien hineinzog, für alle sichtbar: Vater und Mutter zogen zum Vizekanzler Willy Brandt auf den Platz der Republik, wo sich laut Polizeibericht 60 000 Menschen versammelt hatten, oder blieben zu Hause und sahen sich die Kundgebung in der Glotze an. Töchter und Söhne gingen zur Demonstration des »Sozialistischen Maikomitees« und marschierten vom Karl-Marx-Platz in Neukölln zum Hohenstaufenplatz in Kreuzberg. Der SDS mit seinen neu formierten Stadtteil-und Basisgruppen, der Republikanische Club, die Falken und erstmals seit dem Mauerbau wieder die SED West-Berlin brachten nahezu halb so viele Demonstranten auf die Straße wie die Berliner Gewerkschaften und die Parteien des Abgeordneten-

hauses. Legitimationskrise hin — Legitimationskrise her, jetzt wurde es für den Senat von Berlin langsam kritisch.
Ebenso wie die illegalisierte KPD in Westdeutschland traute sich in West-Berlin auch die legale SED nur im Windschatten des SDS wieder an die Öffentlichkeit — ob sie das heute noch gern hört oder nicht. Andererseits wurde das durch Stalinismus, Mauerbau etc. auch beim SDS verfestigte Vorurteil über Apparatschiks korrigiert: Eine Vielzahl von abgearbeiteten sympathischen älteren Arbeiterinnen und Arbeitern mit roter Nelke im Knopfloch zeigte dem SDS, daß auch diese Partei aus Menschen bestand. Allerdings hatten die SDSler es nicht nur mit dieser Basis zu tun: die SED West-Berlin durfte auf der Abschlußkundgebung keinen Sprecher stellen, da die zuständigen Behörden der DDR Wolf Biermann, der den Teilnehmern der sozialistischen Maidemonstration sein Lied »Drei Kugeln auf Rudi Dutschke« vortragen wollte, keine Ausreisegenehmigung erteilt hatten.
Die Barrikadennacht vom 10. zum 11. Mai 1968 im Quartier Latin in Paris, in der 30 000 Studenten sich hinter 60 Barrikaden verschanzten und der kasernierten Bereitschaftspolizei eine Schlacht lieferten, löste in Frankreich eine revolutionäre Situation aus, wie sie seit den Zeiten der Volksfront (Juni 1936 bis Juni 1937) und dem Jahr der Befreiung 1944 nicht mehr bestanden hatte. Im Gegensatz zur Bundesrepublik und zu West-Berlin solidarisierte sich in Frankreich die Arbeiterklasse mit den Studenten und nicht nur einzelne junge Arbeiter. Für den 13. Mai riefen die französische Kommunistische Partei und die von dieser kontrollierte Gewerkschaft »Confédération Générale du Travail« (CGT) sowie die ursprünglich linkskatholisch orientierte »Confédération Française Démocratique du Travaille« (CFDT) zu einer Solidaritätskundgebung mit den kämpfenden Studenten auf. Ungefähr 800 000 Franzosen beteiligten sich an der zentralen Kundgebung in Paris, auf der der Rücktritt General de Gaulles gefordert wurde.
Die französische Presse sah durchaus die Parallele der Entwicklung zur Universitätsrevolte in West-Berlin. In Nanterre, wo die Revolte ihren Anfang genommen hatte, sprach man vom Modell Berkeley und vom Modell Berlin, darüber hinaus gab es an der Sorbonne seit kurzem eine Gruppe »SDS Paris« für sozialistische deutsche Studenten, die in Paris studierten. Um diese Gruppe rankten sich schon bald die wildesten Gerüchte und Vermutungen über die Omnipotenz des SDS.[169] Tatsächlich unterhielt die »Union Nationale des Etudiants Français« (UNEF) enge Beziehungen zum AStA der Freien Universität. Das Titelblatt des SPIEGEL, in dem über die Pariser Mai-Unruhen berichtet wurde, drängte den Vergleich mit den Berliner Oster-Unruhen geradezu auf: die brennenden Autos auf dem Boulevard St. Germain hätten ebensogut Lieferwagen in der Berliner Kochstraße sein können.
Zur gleichen Zeit, als in Paris die Studenten mit Unterstützung

der Pariser Bevölkerung gegen die Polizei kämpften, fuhren am 11. Mai über 50 000 Studenten, Jungarbeiter und Gewerkschafter in Sonderzügen und Autos in einem Sternmarsch nach Bonn, um die Verabschiedung der Notstandsgesetze durch den Deutschen Bundestag zu verhindern.

Die örtlichen SDS-Gruppen erprobten zur Vorbereitung des Sternmarsches auf Bonn die unterschiedlichsten Formen der direkten Aktion.[170] Auf der Schlußkundgebung in Bonn sprachen Heinrich Böll, der VDS-Vorsitzende Christoph Ehmann und der SDS-Bundesvorsitzende Karl-Dietrich Wolff.

Der SDS war sich zu diesem Zeitpunkt darüber im klaren, daß die Anti-Notstands-Kampagne, was die Verabschiedung der Gesetze betraf, längst gescheitert war. Für ihn ging es darum, den moralisierenden Protest großer Teile der Studenten- und Schülerschaft auf die Stufe des politischen Bewußtseins zu heben und langfristig nach der Verabschiedung der Notstandsgesetze einen Rückfall in politische Apathie und Frustration zu verhindern. Von vielen damaligen bürgerlichen Radikaldemokraten, die heute im Lager des deutschen Maoismus oder der DKP stehen, wurde dem SDS dieses Verhalten — zu kämpfen, obwohl man dieses Mal nicht siegen kann, und das auch offen zu sagen — als Zynismus vorgeworfen.

In den 14 Tagen zwischen der 2. und 3. Lesung der Notstandsgesetze im Bundestag rief der SDS gemeinsam mit dem von der IG Metall unterstützten Kuratorium »Notstand der Demokratie« und der »Kampagne für Demokratie und Abrüstung« für den 27. Mai zum politischen Generalstreik in den Betrieben und an allen Universitäten auf. Ermutigt zu diesem Schritt wurde der SDS durch die Erfahrung, daß an dem Sternmarsch auf Bonn am 11. Mai allein aus den Kölner Ford-Werken 3000 Arbeiter teilgenommen hatten. Außerdem war es anläßlich der 2. Lesung zu Warnstreiks gekommen, z. B. hatten in Frankfurt mehrere tausend Arbeiter aus 30 Betrieben kurzfristig die Arbeit niedergelegt, ihre Werke verlassen und auf den Straßen gegen die Verabschiedung der Notstandsgesetze demonstriert.

Am Tage der 2. Lesung der Notstandsgesetze im Bundestag streikten Studenten in 25 Universitätsstädten. In Frankfurt/Main wurde für zwei Tage die Johann-Wolfgang-Goethe-Universität durch vom SDS organisierte Streikposten und Barrikaden blockiert. Auf den teach-ins an den größeren Universitäten wurde kontinuierlich über die Ereignisse in Paris berichtet, wo die Studenten die Sorbonne bestreikten, besetzten und gegen die Polizei militant verteidigten. Während in Frankfurt und Hamburg noch abstrakt über Betriebs- und Berufsschulagitationen diskutiert wurde, gingen in die Berliner Diskussionen schon die ersten Erfahrungen der Stadtteil- bzw. Basisgruppen ein.

Unmittelbar nach den Oster-Demonstrationen hatten sich in ganz Berlin — oft überstürzt — 16 Stadtteil- und Basisgruppen

gebildet, die zunächst eine Woche lang jeden Morgen in Flugblättern die Berichterstattung der Massenblätter des Springer-Konzerns kommentierten und diese vor Betrieben, U-Bahnhöfen, Bushaltestellen, Schulen und auf den Straßen verteilten. Das Basisgruppen-Konzept wurde später nicht nur in Teilen des SDS als Neubeginn des Rätekommunismus idealisiert. Tatsächlich handelte es sich jedoch um nichts weiter als die Wiederaufnahme des ursprünglichen Konzepts des studentischen »Komitees für Öffentlichkeitsarbeit» vom Juni 1967, dieses Mal jedoch nicht zentral organisiert, sondern dezentral, um in den verschiedenen Stadtteilen zumindest mit einzelnen Arbeitern, Hausfrauen oder Rentnern ins Gespräch zu kommen. Langfristig dachte der SDS an eigenständige Flugblatt-Redaktionen von Arbeitern und Hausfrauen, die ihre Interessen selbständig artikulieren und vertreten sollten. Praktisch handelte es sich bei den Mitgliedern der Basisgruppen größtenteils um FU-Studenten, die sich diesmal nicht in Seminaren oder Instituten organisierten, sondern regional in ihren Stadtteilen. Mit Ende des Notstands-Semesters zerfielen diese Gruppierungen relativ rasch, nur der harte Kern ging nach den Semesterferien daran, Betriebsgruppen aufzubauen. Deren Ziel war es, kleinere Arbeitskämpfe aufzugreifen und von außen her — soweit es ging — theoretisch und organisatorisch zu unterstützen und letztlich zu politisieren. (Die bekannteste war die Betriebsgruppe Wedding.)
Die Kette der Besetzungen von Instituten und ganzen Universitäten begann am 20. Mai in West-Berlin, als die Vollversammlung der Philosophischen Fakultät der Freien Universität die Besetzung des Japanologischen Instituts beschloß.[171] Diese Besetzung geschah unverzüglich und klappte einwandfrei, sogar die Gemeinschaftsküche war Tag und Nacht geöffnet, so daß die Streikposten auch um 4 Uhr morgens ihre Suppe bekommen konnten. Am 27. Mai, dem Tag, für den Streiks in Betrieben, Universitäten und Schulen angekündigt waren, besetzte eine ad hoc-Gruppe »Notstand der Germanistik« um 7 Uhr morgens das Gebäude des Germanischen Seminars der FU, in dem sich auch ein Teil der Universitätsverwaltung befand. Die ca. 80 Besetzer waren vorzüglich vorbereitet: in den 20 Minuten bis zum Eintreffen der Polizei waren alle Türen und Fenster des Erdgeschosses verbarrikadiert, ein langes Transparent mit der Aufschrift »Rosa-Luxemburg-Institut« kündigte von der Umbenennung des Germanischen Seminars, und fünf Feuerwehrschläuche waren angeschlossen, ausgerollt und auf die Polizisten gerichtet. Um 9 Uhr nahm der Sender »Rosa Luxemburg« mit einer leistungsfähigen Verstärkeranlage sein Programm auf. (Diskjockeys: Dieter Kunzelmann und Fritz Teufel. Den beiden wurde im Verlaufe des Tages allerdings ein Politkommissar vor die Nase gesetzt, da sie in ihrem unpolitischen Elan schließlich nicht mehr von »Radio Luxemburg« zu unterscheiden waren.)

Vier Tage vorher hatten die Teilnehmer eines teach-ins im Otto-Suhr-Institut beschlossen, das Institut in »Karl-Liebknecht-Institut« umzubenennen. Anstelle einer Besetzung hatte es dort einen Kompromiß zwischen Studenten und Institutsleitung gegeben, aus dem sich eine Diskussion über eine Satzungs- und Strukturreform des Instituts entwickelte.[172] Eine solche Entwicklung wollte die ad hoc-Gruppe Germanistik auf jeden Fall verhindern. Die Germanisten sperrten die Professoren aus; sie waren nicht bereit, mit ihnen über Strukturreformen bei gleichbleibenden politischen Inhalten zu diskutieren, sondern ihr Ziel war, die Produktionsmittel des Germanischen Seminars zu übernehmen. Die heutige Germanistik, so die ad hoc-Gruppe, passe in die Notstandsgesellschaft, es gelte aber, »die Wissenschaft als kontinuierlichen Widerstand gegen die Notstandsgesellschaft zu organisieren«. In der Nacht zum 28. Mai versuchten ca. 200 nationaldemokratische und korporierte Studenten, hauptsächlich der Juristischen Fakultät, unter Anleitung einiger Ordinarien das »Rosa-Luxemburg-Institut« zu stürmen. Die mit dem Schlachtruf »Jetzt regieren die Fäuste!« angreifenden Rechten wurden an den Barrikaden mit Stuhlbeinen, Latten und dem Wasserstrahl aus den Feuerwehrschläuchen abgewehrt. Aus der ad hoc-Gruppe entwickelte sich später die erste Rote Zelle an der Freien Universität, die »Rote Zelle Germanistik« (ROTZEG). Der größte Teil der Mitglieder hat dann später, Anfang März 1970, die maoistische »KPD-Aufbauorganisation« (KPD/AO) mitgegründet. In der mehrwöchigen Institutsbesetzung im Sommer 1968 hatte sich ein relativ disziplinierter aktionistischer Kader herausgebildet.
In Berlin war der theoretische Höhepunkt der Mai-Ereignisse eine viertägige Diskussion zwischen SDS und Herbert Marcuse, zum Teil im Auditorium Maximum. Da sich Marcuse schlicht weigerte, Ratschläge für die unmittelbare Praxis zu erteilen, hinterließ diese Diskussion bei einem Großteil der Studenten, die in Marcuse mehr den General der Revolution, weniger den marxistischen Philosophen gesehen hatten, eine Katerstimmung.[173] Ganz anders in Frankfurt. Dort verstand es der SDS auf einem teach-in zum Thema »Autoritärer Staat und Widerstand« auf eine Vielzahl von Fragen des studentischen Protests relativ konkret einzugehen.

Reimut Reiche untersuchte in seinem Beitrag »Hat der autoritäre Staat der BRD eine Massenbasis?«, ob die sich wiederholenden Pogrom-Szenen auf einen faschistischen Grundkonsensus in großen Teilen der Bevölkerung schließen ließe. Nach den Berliner Erfahrungen im Anschluß an den »Internationalen Vietnam-Kongreß« — so Reiche — müsse man davon ausgehen, daß faschistisches Bewußtsein in Einzelfällen für den autoritären Staat mobilisierbar sei. Dieser Fall werde nicht automatisch eintreten, der SDS müsse sich aber darauf vorbereiten, da er eine neue Reichskristallnacht nicht überstehen würde.[174] Hans-Jürgen Krahl warnte vor Illusionen darüber, daß die Bundesregierung und die hessische Landesregierung nicht begriffen hätten, daß der »treibende

Motor« der Streikbewegung gegen die Notstandsgesetze der SDS und das antiautoritäre Lager seien. Der Angriff der Staatsgewalt werde sich deshalb in Frankfurt gegen die gerade gegründete »Politische Universität« richten, die Plattform der Selbstreflexion der Studenten.

Die von Krahl geforderte Besetzung der Universität scheiterte vorerst, statt dessen blockierten die Studenten zwei Tage lang das Hauptgebäude und ließen niemanden herein oder hinaus. Dann schloß der Rektor, Prof. Dr. Walter Rüegg, die Frankfurter Universität. Am 27. Mai übernahm das »Streikkomitee«, dem SDS, LSD und SHB angehörten, die Schlüsselgewalt der Universität, am Mittag stürmten und besetzten 2000 Studenten das Rektoratsgebäude. In der besetzten Universität wurde die »Politische Universität« weiter durchgeführt.
Am Nachmittag des 27. Mai fand auf dem Römerberg eine gemeinsame Kundgebung des DGB-Landesvorstandes Hessen, des SDS, des Kuratoriums »Notstand der Demokratie« und der »Kampagne für Demokratie und Abrüstung« statt, an der sich 12 000 Demonstranten beteiligten. Hans-Jürgen Krahl unterzog in seinem Redebeitrag die Politik der Gewerkschaften einer solidarischen, aber sehr harten Kritik, so daß die anschließend sprechenden DGB-Spitzenfunktionäre sich mit dieser indirekten Aufforderung an die Arbeiter, ihre Gewerkschaften zu radikalisieren, inhaltlich auseinandersetzen mußten. Die Studenten und ein Teil der neugierig gewordenen Arbeiter zogen anschließend zurück in die Universität, die sie in »Karl-Marx-Universität« umbenannten. Was sich schon bei der »Kritischen Universität« in West-Berlin gezeigt hatte, wurde auch hier offenkundig: Der SDS war aufgrund jahrelanger theoretischer Arbeit in der Lage, ad hoc ein ausgefächertes »Seminarprogramm für die Politische Universität« anzubieten. Schwerpunktthemen waren: Geschichte und Gewalt, Revolutionstheorie, Krise des Parlamentarismus, Geschichte des Widerstandsrechts, Analyse der BRD: Ökonomische Struktur und politisches System, Politisierung der Wissenschaft, psychoanalytische Fragen der traditionellen Arbeiterbewegung und der neuen Studentenbewegung, politische Apathie u. a. Ganz zu schweigen davon, daß KPD, KBW, DKP... nicht bereit sind, sich überhaupt noch solchen Themen zu stellen — und aufgrund ihrer rigiden politischen Sozialisation auch nicht mehr dazu fähig wären —, wird man beim Durchblättern der heutigen Vorlesungsverzeichnisse bei unseren soziologischen Instituten wahrscheinlich die Breite der Problemstellung von damals vermissen.
Fast alle Universitäten und viele Schulen wurden an diesem Tag bestreikt. Besetzt wurden außer in West-Berlin und Frankfurt/Main auch Institute in Göttingen und Bochum. Die Studenten der Gießener »Justus-Liebig-Universität« benannten ihre Hochschule in »Georg-Büchner-Universität« um. Die Kölner nannten ihre Universität »Rosa-Luxemburg-Universität«. In

Hamburg demonstrierten 8000 Studenten vor dem Kurt-Schumacher-Haus gegen die Zustimmung der SPD zu den Notstandsgesetzen. Die sozialistische Schülerorganisation AUSS, die schon Anfang des Jahres in Bremen, Kiel, Bochum und Freiburg relativ militante Demonstrationen gegen Fahrpreiserhöhungen bei öffentlichen Verkehrsmitteln durchgeführt hatte, verriegelte ohne jede Diskussion mit Ketten und Vorhangschlössern die Pforten von einigen Dutzend Schulen der Bundesrepublik.

Neben Ereignissen, die damals in der Presse Furore gemacht haben, wie z. B. Theaterbesetzungen, müssen andere Aktionen noch hervorgehoben werden: Einmal die Aufforderung der politischen Studentenverbände mit Ausnahme des RCDS an alle Offiziere und Soldaten der Reserve, ihr Soldbuch zurückzuschicken. In Berlin, Freiburg, Frankfurt/Main, Bonn und München kamen dem allein ca. 900 Reservisten nach. Diese Ansätze einer Politisierung der Bundeswehr hat die zuständigen Stellen auf Jahre hinaus beschäftigt. Zum anderen kam es besonders im Ruhrgebiet zu Warnstreiks mit stillschweigender Billigung der IG Metall.

Am 30. Mai 1968 verabschiedete der Deutsche Bundestag mit 384 gegen 100 Stimmen (1 CDU, 53 SPD und 46 FDP) die Entwürfe der Vorsorgegesetzgebung für den Notstand. Nach Billigung durch den Bundesrat wurde die Notstandsverfassung am 27. Juni verkündet und trat am darauffolgenden Tag in Kraft. Wenige Tage vor der Verabschiedung hatte der SDS in seiner Massenpropaganda im Gegensatz zu seiner politischen Einschätzung die Linie vertreten: »Erst die dritte Lesung... entscheidet endgültig über die Notstandsgesetze. Noch ist Zeit zum Widerstand, aber dazu muß jeder etwas tun. Jetzt!« Nach der Verabschiedung zog er sich auf eine Formulierung der Resolution zurück, mit der die XXI. DK im September die Notstandskampagne als Schwerpunktaktion des SDS beschlossen hatte: »Der Erfolg unseres Kampfes bemißt sich nicht allein an der Verhinderung der Verabschiedung der Notstandsgesetze, sondern an dem durch den Kampf zu gewinnenden Widerstandspotential.« Praktisch passierte also folgendes: Zehntausende von Studenten gingen nach den euphorisierenden Streik- und Besetzungserlebnissen in die Semesterferien und realisierten, daß der Deutsche Bundestag trotz des massenhaften Widerstandes der akademischen Jugend, der Schüler und großer Teile der Gewerkschaftsbewegung die Notstandsgesetze verabschiedet hatte. Dieser Kampf war verloren. Im Gegensatz zum Juni 1967 und zu Ostern 1968 hüllte sich der SDS-BV nach der Verabschiedung der Notstandsgesetze in Schweigen und überließ die Studenten ihrem Gefühl der Ohnmacht. Früher waren die Studenten resigniert und unpolitisch. Als sie jetzt aus den Semesterferien zurückkamen, waren sie politisiert, standen links, waren aber wieder resigniert.

Die Schlacht am Tegeler Weg

Das Attentat auf Rudi Dutschke am Gründonnerstag, der gescheiterte Versuch, die Auslieferung der Springer-Zeitungen zu verhindern und das Inkrafttreten der Notstandsgesetze verstärkten noch das Gefühl der Studentenschaft, das Freiwild der bürgerlichen Gesellschaft zu sein. Aus dieser Situation der Ohnmacht heraus erklären sich auch die Ereignisse am Tegeler Weg vom 4. November 1968.

Der Generalstaatsanwalt beim Kammergericht des Landes Berlin hatte gegen Rechtsanwalt Horst Mahler, der seit Mitte der 60er Jahre zahlreiche Studenten der FU verteidigte, ein Ehrengerichtsverfahren bei der Berliner Rechtsanwaltskammer beantragt. Der Vorwurf: Mahler habe die Standesehre und seine Berufspflichten verletzt, als er sich am Abend des Gründonnerstag nach dem Attentat auf Rudi Dutschke an einem Marsch auf das Springer-Hochhaus beteiligte. Axel Cäsar Springer hatte Mahler auf Zahlung der Kosten für die angeblich während dieser Demonstration entstandenen Schäden, darunter die von Peter Urbach angezündeten Lieferwagen, in Höhe von DM 506 696.70 verklagt. In dieser Situation rief der Berliner SDS die Studenten zu einer Solidaritätsdemonstration mit dem Anwalt der Außerparlamentarischen Opposition auf. Vor dem Landgericht am Tegeler Weg gingen ungefähr 1000 Studenten unter der Führung einiger SDS-Mitglieder zum Angriff gegen die bereitstehenden Polizeieinheiten über, die zahlenmäßig in der Minderheit waren. Die Waffe der Studenten war der Pflasterstein. 130 Polizeibeamte und 21 Studenten wurden verletzt. Zwar blieben die Studenten in dieser taktischen Situation kurzfristig in der Offensive, doch bereits am Abend desselben Tages war sich der SDS darüber im klaren, daß beim nächsten Angriff die Polizei von ihren Waffen Gebrauch machen würde. Da aber eine solche Konfrontation — so der SDS in internen Einschätzungen — in letzter Konsequenz Bürgerkrieg bedeute, könne die Studentenschaft nur im Bündnis mit der Arbeiterklasse ihre jetzige offensive Politik fortsetzen. Dieses Bündnis zwischen einer Studentenschaft links von der SPD und der Arbeiterklasse kam jedoch nicht zustande: der SDS fraktionierte sich und löste sich auf.

Einen Tag nach der Schlacht am Tegeler Weg nahm auf einer Veranstaltung des SDS im Auditorium maximum der FU u. a. Prof. D. Helmut Gollwitzer zur Gewaltfrage Stellung: nur für Faschisten sei die Gewalt kein Problem. Ein Sozialist aber müsse sich über die Funktion von Gewalt immer Rechenschaft geben. Weder in West-Berlin noch in der Bundesrepublik bestünde gegenwärtig eine revolutionäre Situation. Deshalb sei jede Gewalt gegen Personen inhuman. »Wer will, daß die studentische Bewegung zerfallen wird..., der soll weiter solche Aktionen machen.« (Was Gollwitzer nicht sagte, war, daß sich am Tegeler Weg langaufgestaute Angst und Haß entluden und die Studenten ganz unüberlegt und unpolitisch Rache genommen hatten für den 2. Juni: »Unser Widerstand gegen die Polizei... befreit uns aus der Lage des duldenden Opfers«, so der Text eines anonymen Flugblattes vom 6. November.)

Historisches Versagen des SDS war, daß er nach den Erfahrungen am Tegeler Weg nicht weitere derartige Aktionen offensiver Gewalt verhindert hat und davor zurückschreckte, mit den Studenten über die tatsächlichen gesellschaftlichen und politischen Machtverhältnisse in der Bundesrepublik und West-Berlin zu diskutieren.

Die Kritik von Jürgen Habermas

Zwei Tage nach Annahme der Notstandsgesetze forderte Jürgen Habermas in einer Rede vor einem vom »Verband Deutscher Studentenschaften« (VDS) einberufenen Schüler- und Studentenkongreß in der Mensa der Frankfurter Universität den SDS zu einem inhaltlichen Streitgespräch heraus. Er trug fünf Thesen vor, die er später unter dem Eindruck der Diskussion um eine sechste erweiterte. Habermas schickte voraus, daß er aufgrund der Erfahrungen der Studenten- und Schülerbewegungen in den USA und der Bundesrepublik davon überzeugt sei, daß es eine »neue und ernsthafte Perspektive für die Umwälzung tiefsitzender Gesellschaftsstrukturen« gebe.

These 1: »Das unmittelbare Ziel des Studenten- und Schülerprotestes ist die Politisierung der Öffentlichkeit.« Der Spätkapitalismus lebe von der entpolitisierten Öffentlichkeit, sobald breite Schichten der Bevölkerung ihre Interessen wahrnähmen und sich politisierten, gerate er notwendig in eine Legitimationskrise. These 2: »Die Studenten- und Schülerbewegung verdankt ihre Erfolge der phantasiereichen Erfindung neuer Demonstrationstechniken.« Gerade auch der SDS habe mit relativ geringem Aufwand eine überproportionale politische Wirkung erreicht. Die neuen aus der Popkultur stammenden gewaltlosen und symbolischen Demonstrationstechniken führten einerseits zu heftigen Abwehrreaktionen des Staatsapparates, andererseits aber zu einem heilsamen Schock, der tendenziell in allen Schichten der Bevölkerung einen Lernprozeß in Gang setze: »Die neuen Demonstrationstechniken treffen die einzige schwache Stelle des legitimationsbedürftigen Herrschaftssystems, nämlich die funktionsnotwendige Entpolitisierung breiter Bevölkerungsschichten.« These 3: »Die Studenten- und Schülerbewegung geht aus einem Potential hervor, das keine ökonomische, sondern eine sozialpsychologische Erklärung verlangt.« Habermas konstatierte, daß die Träger der Protestbewegung relativ privilegiert sind. Die Sozialisation der bürgerlichen Jugend in den 50er und 60er Jahren habe sich in einer Sphäre der vom unmittelbaren ökonomischen Zwang freigesetzten Subkultur vollzogen, die tradierten Tugenden und Opfer seien für diese Generation obsolet. Bei dem bestehenden gesellschaftlichen Reichtum habe das Leistungsprinzip seine Funktion für die Einordnung des Individuums in die Hierarchie der Gesellschaft verloren. Die Studentenbewegung sei auf dem Weg, der historisch überholten Leistungsideologie den Rest zu geben. These 4: »Die Studenten- und Schülerproteste folgen vielfach Interpretationen, die entweder ungewiß oder nachweislich falsch, in jedem Falle aber unbrauchbar sind, um Handlungsmaximen daraus abzuleiten.« Habermas rüttelte hier an drei Säulen der marxistischen Theorie: erstens stehe entgegen der Krisentheorie von Marx das Kapital nicht vor grundsätzlich unlösbaren Verwertungsschwierigkeiten; zweitens gebe es keine ernstzunehmenden empirischen Belege dafür, daß Klassengegensätze notwendig in politischen Klassenkampf umschlagen müssen; drittens — und hier meinte er mehr die Weiterentwicklung der Marxschen Theorie durch Lenin und Luxemburg — die traditionelle imperialistische Ausbeutung der Länder der Dritten Welt durch die Industrienationen werde mehr und mehr abgelöst durch strategische Abhängigkeit und wachsende Unterprivilegierung der einstmals kolonialisierten Völker. Die im SDS noch immer gepflegte Imperialismustheorie sei damit hinfällig. These 5: »Aus der falschen Einschätzung der Situation folgt eine verhängnisvolle Strategie, welche nicht nur Studenten und Schüler auf die Dauer isolieren, sondern alle auf Demokratisierung drängenden gesellschaftlichen und politischen Kräfte schwächen muß.« In den Köpfen der militanten SDSler hätten sich die Demonstrationstechniken der antiautoritären Studentenbewegung längst verselbständigt. Sie verwechselten die Symbole mit der Wirklichkeit, damit sei der klinische Tatbestand der Wahnvorstellung erfüllt. These 6: »Die Taktik der Scheinrevolution muß einer langfristigen Strategie der massenhaften Aufklärung weichen.« Eine sich neu formierende sozialistische Bewegung in der Bundesrepublik müsse die Phase der verbalen Selbstbefriedigung überwinden. Sie müsse realistisch sein im Hinblick auf die Dauer des Kampfes, auf den verfassungsrechtlichen Spielraum, auf die Kräfteverhältnisse; die Sozialisten müßten zur Kenntnis nehmen, daß ohne den Gewerkschaftsapparat nach Verabschiedung der Notstandsgesetze kein politischer Streik mehr möglich sei, und schließlich zeige die Geschichte, daß ein Sozialist nicht stellvertretend für die Massen agieren könne.

Der SDS, dessen Stärke während der vergangenen 10 Jahre gewesen war, keiner inhaltlichen Diskussion aus dem Wege gegangen zu sein, kniff dieses Mal.[175] Statt dessen wurde Habermas im Dezember 1968 und Januar 1969 vor das Tribunal der Studentischen Revolution zitiert.

Aktiver Streik

Was zunächst als Kritik des Habermasschen philosophischen Ansatzes in seinem Seminar »Probleme einer materialistischen Erkenntnistheorie« begann, eskalierte sehr schnell zu einer grundsätzlichen Auseinandersetzung zwischen der Protestgeneration des Frankfurter SDS mit den Autoritäten der Kritischen Theorie. Schauplatz des Schlagabtauschs war das Soziologische Seminar. Schon zu Beginn des Wintersemesters warf der SDS Habermas vor, er gehe zur Rechtfertigung seiner erkenntnistheoretischen Fragestellungen nicht von konkreten gesellschaftlichen Problemen

aus, mithin sei sein Ansatz idealistisch und zu verwerfen. Unter den beiden zentralen Parolen des Soziologenstreiks an der Philosophischen Fakultät »Leistet praktischen Widerstand gegen den autoritären Staat durch Selbstorganisation der Wissenschaft« und »Ausrichtung der Wissenschaft an den strategischen Erfordernissen der Protestbewegung« wurde die Forderung erhoben, die Seminare von Jürgen Habermas, Theodor W. Adorno, und auch die von Ludwig von Friedeburg und Alexander Mitscherlich in den Dienst der antiautoritären Revolte zu stellen. Die Professoren argumentierten so wie der SDS im Mai 1964 auf dem Deutschlandtreffen der FDJ: jedwede Instrumentalisierung von Wissenschaft zerstöre deren emanzipative Kraft. Der Frankfurter SDS dementierte nicht den Vorwurf der Vertreter der Kritischen Theorie, die Antiautoritären wollten die Wissenschaft nun ihrerseits für ihren Kampf instrumentalisieren. Damit hatte sich der SDS (zumindest die Frankfurter Gruppe) aus seiner eigenen Tradition der Verteidigung der Autonomie der Wissenschaft gegen alle gesellschaftlichen Interessen herauskatapultiert. Ähnlich wie die Jungkommunisten und Antifaschisten an den deutschen Hochschulen nach 1945 stand diese Protestgeneration vor dem Problem, ob Wissenschaft nicht notwendig Partei ergreifen müsse, gerade um ihre emanzipative Funktion entfalten zu können.
Auf der institutionalen Ebene spitzte sich diese Kontroverse innerhalb der Satzungsdiskussion auf die Frage zu: Drittel- oder Halbparität für die Studenten? Für die neue Institutssatzung forderte der SDS für die Studenten 50 % der Sitze im Entscheidungsgremium, der Seminarversammlung, um bei der Neueinstellung von Assistenten und Hilfsassistenten nicht von Professoren und Dozenten überstimmt werden zu können. Habermas und seine Kollegen zogen sich in diesem Punkt auf den alten Ordinarienstandpunkt zurück: eine Entscheidung gegen den Willen der Mehrheit der Hochschullehrer sollte in diesen Fragen nicht möglich sein. Für Hans-Jürgen Krahl, Reimut Reiche, vor allem aber für die Brüder Wolff, Udo Knapp u. a. war dies eine klare Kampfansage. Am 9. Dezember besetzten die Studenten das Soziologische Seminar und benannten es in »Spartakus-Seminar« um. An den Wänden des großen Seminarraums stand fortan der Spruch: »Die Revolution sind die Festtage der Unterdrückten«. In den frühen Morgenstunden des 18. Dezember 1968 wurde das Seminar von der Polizei geräumt. Einige Studenten wurden festgenommen, unter ihnen Hans-Jürgen Krahl, Doktorand bei Theodor W. Adorno. Die Räumung war nur dadurch möglich geworden, daß die Professoren Adorno, von Friedeburg und Habermas gegen die Besetzer Strafanträge wegen Hausfriedensbruchs gestellt hatten. (Diese Strafanträge wurden später zurückgenommen.) Das »Grand Hotel Abgrund« (so Georg Lukács über die Frankfurter Schule) hatte zugeschlagen. Damit hatte der Genosse Krahl nicht gerechnet.

Jetzt war der SDS in der glücklichen Lage, den Spieß umdrehen zu können: nachdem er selbst die Diskussion über Autonomie und Funktion von Wissenschaft in der nachfaschistischen Gesellschaft verweigert hatte, denunzierte er nun den Ruf der Professoren nach der Polizei als »sprachlose Antwort der autoritären Bürokraten der Landesregierung und der Universität auf den Versuch der Studenten, endlich einen eigenen Studienbetrieb zu organisieren«.[176]

IX. Die Selbstauflösung

Am 21. März 1970 löste eine mehr oder minder zufällig zusammengewürfelte Versammlung im Frankfurter Studentenhaus auf Antrag des SDS-BV-Mitgliedes Udo Knapp per Akklamation den SDS-Bundesvorstand und damit den SDS als Bundesverband auf. Aus West-Berlin war schon niemand mehr angereist, ein Teil der Genossen war mit der Gründung eigener proletarischer Aufbauorganisationen beschäftigt, die Mehrheit der Mitglieder des Berliner Landesverbandes sah nach dem Einzug der Liquidatoren und Parteigründer vorerst keine Möglichkeit mehr für eine sinnvolle Zusammenarbeit.
Die Auflösung des Verbandes war am 20. Februar im Anschluß an die Beerdigung des bei einem Autounfall ums Leben gekommenen Genossen Hans-Jürgen Krahl im Café der Architekturfakultät der Technischen Universität Hannover informell beschlossen worden. Ungefähr 80 Genossinnen und Genossen aus allen deutschen Hochschulgruppen, die seit 1960 den SDS wesentlich geprägt hatten, trafen sich dort nach eineinhalb Jahren zum ersten Mal wieder und stellten fest, daß sie sich politisch nichts mehr zu sagen hatten. Die Faktoren, die zur Selbstauflösung des wohl wichtigsten linken Studentenverbandes der deutschen Geschichte geführt haben, sollen hier nur thesenartig angedeutet werden.[177]
Die Pariser Studenten-Commune wurde im Sommer 1968 von der Bourgeoisie zerschlagen. Am 21. August 1968 besetzten Streitkräfte der Warschauer-Pakt-Staaten UdSSR, VR Polen, VR Ungarn, VR Bulgarien und DDR die CSSR und verhinderten eine eigenständige kommunistische Entwicklung, die sich nicht sklavisch an das Vorbild der Sowjetunion hält. In fast allen Städten der Bundesrepublik und in West-Berlin zog die außerparlamentarische Opposition unter roten Fahnen auf die Straße und demonstrierte gegen die sowjetische Großmachtpolitik. Das Klima hatte sich verändert: ein paar Jahre zuvor hätte man zu einem solchen Anlaß

allenfalls Korporierte mit schwarz-rot-goldenen Fahnen gesehen.[178] Die spontanen massenhaften Demonstrationen von links gegen die sowjetische Intervention zeigten, daß die Linke in der Geschichte der Bundesrepublik noch nie so stark war wie Ende der 60er Jahre. Andererseits zeigten die Reaktionen der stalinistischen Bürokraten, der bürgerlichen Konservativen und der rechten Sozialdemokraten, daß es unmöglich war, Sozialismus im ersten Anlauf in irgendeinem Lande Europas zu verwirklichen. Auch dem letzten Juni-Gefallenen schwante, daß es ohne langen Atem wohl nicht gehen werde. Genau zu diesem Zeitpunkt übernahmen die Liquidatoren den SDS.

Eine der wichtigsten Diskussionen im SDS, die seit November 1967 auch in der nk öffentlich geführt wurde, drehte sich um die Parlamentarismusfrage: Soll sich der SDS an Bundestags- oder Landtagswahlen beteiligen? Falls ja, soll er Wahlbündnisse unterstützen oder soll er eigene Kandidaten stellen?[179] Die Diskussion im Verband verlief so kontrovers, daß für die Zeit vom 29. bis zum 31. März 1968 eine außerordentliche Delegiertenkonferenz nach Frankfurt einberufen wurde.

Rudi Dutschke sagt heute, daß der SDS zwar außerparlamentarisch, aber niemals antiparlamentarisch gewesen sei. Hier irrt Rudi Dutschke. Die auf der Sonder-DK angenommenen Beschlüsse sind eindeutig: »Voraussetzung für den antibürokratischen Kampf . . . kann nicht das Parlament als integrative Instanz der Interessenvermittlung durch Parteibürokratien sein, sondern Massenaktionen, die an die konkreten Bedürfnisse dieser Massen anknüpfen.« Die antiautoritäre Fraktion, die damals in Frankfurt die Mehrheit hatte, walzte mit der Abstimmungsmaschinerie alle Anträge, die eine Teilnahme des SDS an der Bundestagswahl 1969 befürworteten, nieder und legte den Verband auf die Linie einer fundamentaloppositionellen Politik fest. Es gelte, »beinahe naturwüchsige Ansätze einer Gegengesellschaft (Massenversammlungen, Demonstrationen, Gegenuniversitäten, Kneipen etc.)« auszubauen und die Zusammenarbeit mit Industriearbeitern in Basisgruppen zu intensivieren, um so eine »anschauliche Alternative zur Wahlkampfmanipulation herauszubilden«.

Heute mag es ein philologischer Streit sein, ob der SDS außer- oder antiparlamentarisch gewesen ist. Wenn man unter antiparlamentarisch versteht: Bomben in Wahllokale oder am besten gleich in den Bundestag zu werfen, dann war der SDS natürlich nicht antiparlamentarisch. Wenn man aber der Überzeugung ist, daß Parlamentarismus im Gegensatz zu direkter Rätedemokratie nur Manipulation sein kann, und deshalb systematisch versucht, Wahlversammlungen in Tribunale umzufunktionieren oder zu verhindern, dann war der SDS halt schon antiparlamentarisch.[180] Die Antiautoritären wollten einfach nicht sehen, daß die Große Koalition Ende der 60er Jahre nicht zu vergleichen war mit der revolutionären Situation in Europa Ende des ersten großen imperialisti-

schen Weltkrieges. Die Rätefrage stand eben nicht auf der Tagesordnung. Das Bewußtsein der Antiautoritären war wesentlich geprägt durch den Ekel über die deutsche Bourgeoisie nach Auschwitz, die sich zum Völkermord der USA in Vietnam ausschwieg, weil es machtpolitisch nicht opportun schien, dazu eine Meinung zu haben; über eine SPD, die sich als rechts von der CDU/CSU darstellte, um endlich an der Regierungsgewalt beteiligt zu werden; über eine stalinistische Bürokratie in der UdSSR und in der DDR, die vor jeder spontanen Bewegung der Basis Angst hat und nichts anderes verteidigt als den Status quo; über deutsche Kommunisten, die aus lauter Schuldgefühl über ihr historisches Versagen als Wiedergutmachung dem großen Bruder in der Sowjetunion jeden Wunsch von den Lippen ablesen. Der berechtigte Ekel in den Köpfen der Intellektuellen schaffte jedoch noch keine revolutionäre Situation. In ihrem Haß hätten sich die Intellektuellen nicht dazu verleiten lassen dürfen, eine nichtrevolutionäre Situation in eine revolutionäre umzuinterpretieren. Das existentielle Gefühl: Wenn sich nichts ändert, können wir nicht weiterleben! machte sie zu Idealisten: Sie setzten die Veränderung in ihren Köpfen.
Auf der letzten ordentlichen Delegiertenkonferenz des SDS vor der Selbstauflösung vom 12. bis 16. September 1968 in Frankfurt/Main zeigte sich, daß der Verband unfähig war, die informellen Machteliten abzubauen, und statt Demokratisierung Dezentralisierung propagierte. Dezentralisierung noch in einem besonderen Sinn: jede Teilelite sollte ihr eigenes Fürstenreich als Einflußsphäre erhalten. Ein bestimmter Typus von Räte-Theoretikern im Verband ideologisierte diese Diadochenkämpfe in für Außenstehende absolut nicht mehr verständlichen Modellen von x Ebenen und y Räten.[181]
In diese letzte Runde der Organisationsdebatte platzte Helke Sander als Delegierte des »Aktionsrates zur Befreiung der Frauen« mit der Forderung an den SDS, endlich die Interessen der Frauen, besonders aber der Mütter und Kinder zur Kenntnis zu nehmen. Der SDS als demokratischer Verband gestehe den Frauen zwar Redefreiheit zu, nur zu schnell reagierten die Genossen jedoch pikiert über die ungeschickte Ausdrucksweise oder den Eklektizismus im Beitrag der Genossin soundso, ohne darüber nachzudenken, warum Frauen im SDS schlicht Angst hätten, überhaupt das Wort zu ergreifen. »Wir werden versuchen, unsere Positionen zu klären, wir verlangen, daß unsere Problematik hier inhaltlich diskutiert wird. Wir werden uns nicht mehr damit begnügen, daß den Frauen gestattet wird, auch mal ein Wort zu sagen, daß man sie, weil man ein Antiautoritärer ist, anhört, um dann zur Tagesordnung überzugehen.«
Genau das tat auch diesmal der SDS. Die Tomaten, die die Frauen für diesen erwarteten Fall schon mitgebracht hatten, trafen un-

glückseligerweise Hans-Jürgen Krahl, der zufällig als nächster nach Helke Sander auf der Rednerliste stand. Krahls Sprache mag oft esoterisch gewesen sein, er war jedoch sicher nicht der Typ des autoritären Pascha, dem die Tomaten eigentlich galten. Trotz der Tomaten — als es nun wirklich darauf ankam, über Demokratie konkret nachzudenken, wichen auch die Rätedemokraten aus. Die Delegierten waren nicht bereit, über Fragen der paritätischen Aufteilung der wichtigen Funktionen im Verband zwischen Männern und Frauen, über gemeinsame Veränderungen des bisherigen Arbeitsziels oder über die Mitarbeit der Männer in den von Helke Sander vorgeschlagenen Kinderläden zu diskutieren, die den Müttern ein Studium und eine Mitarbeit im SDS erst ermöglichen sollten. Wer überhaupt auf die Frauen einging, empfahl ihnen, erst einmal die Arbeiterinnen zu revolutionieren, denn die seien ja noch viel schlimmer unterdrückt als die Genossinnen im SDS. Die Delegiertenkonferenz ging im allgemeinen Tohuwabohu unter. Nach der Wahl eines kommissarischen Bundesvorstandes vertagten die Delegierten die Konferenz für Mitte November nach Hannover.[182]

Als die Arbeiter in den Stahlwerken und im Kohlebergbau der Bundesrepublik im September 1969 wilde Streiks durchführten, als am 22. Oktober desselben Jahres SPD und FDP eine Kleine Koalition bildeten, als rund 100 000 neue Mitglieder unter 35 Jahren in die SPD eintraten[183] und die Jungsozialisten sich politisierten und radikalisierten, gab es keinen aktionsfähigen Bundesverband des SDS mehr. Die sozialistischen Studenten konnten nicht mehr als einheitlicher Studentenverband mit einer ausdiskutierten Konzeption in die Strategiediskussion eingreifen, die in den etwa 2500 örtlichen Arbeitsgemeinschaften der Jusos über »antikapitalistische Strukturreformen«, »Doppelstrategie« (Mitarbeit in den Institutionen und gleichzeitige Mobilisierung der Bevölkerung für ihre eigenen Interessen) und über permanente Demokratisierung in Gang kam. Der Linksruck an der Basis der Jungsozialisten erfolgte zu einer Zeit, als der SDS sich selbst abschaffte.[184]

Anmerkungen

* Besonders wütend sind wir über zwei Veröffentlichungen: studentenbewegung 1967-69 - Protokolle und Materialien, herausgegeben und eingeleitet von Frank Wolff und Eberhard Windaus, erschienen im Verlag Roter Stern, Frankfurt am Main 1977; und: 2. Juni 1967 und die Studentenbewegung heute - Hrsgg. von Frank Deppe. Mit Beiträgen von Günther Amendt, Hans Gellhardt, Herbert Lederer, Wolfgang Lefèvre, Steffen Lehndorff, Jutta Menschik, Klaus Naumann, Bernhard Wilhelmer und vier Liedern von Franz Josef Degenhardt, erschienen im (DPK-nahen) Weltkreis-Verlag, Dortmund 1977. Der Beitrag des Verlags Roter Stern zur Vergangenheitsbewältigung, eine Aneinanderreihung von Texten dreier Filme, die aus zufällig noch vorhandenen Aufzeichnungen von Streikversammlungen, Delegiertenkonferenzen und Landesvollversammlungen zusammengeschustert wurden, wird selbst von den Herausgebern als »Splitter auch unserer eigenen Geschichte« bezeichnet. Wolff und Windaus verklären die Methode der Filmemacher aus Ulm, unsystematisch und assoziativ nur Stimmungen festzuhalten, als die der Revolte adäquate Darstellungsweise, die »ungeeignet für die Gefängnismauern systematisch-objektiver Geschichtsschreibung« sei. Soweit die Herausgeber im weitgehend melancholisch-nostalgischen Vorwort überhaupt politisch Stellung nehmen, betreiben sie eine Mystifikation der Liquidatoren des SDS. Trotz einiger kluger Randbemerkungen alles in allem ein ärgerliches Dokument.
Die heute weitgehend der DKP/SEW nahestehenden Autoren des anderen weitgehend hingeschluderten Büchleins, das erst während unserer Arbeit an dieser Kleinen Geschichte des SDS erschien, nehmen den 10. Jahrestag des 2. Juni zum Anlaß, die Rolle der wenigen Sympathisanten der damals illegalisierten KPD im SDS maßlos aufzubauschen und das Erbe der Studentenbewegung für den MSB Spartakus in Anspruch zu nehmen. Mit Ausnahme des 7-Seiten-Beitrages von Wolfgang Lefèvre und eines gut recherchierten Aufsatzes des MSB-Spartakus-Bundessekretärs Klaus Naumann über die Kritischen Universitäten ist allen Autoren der beiden Bücher gemeinsam, daß sie die Geschichte als Steinbruch betrachten, aus dem sie genau die Klamotten herausbrechen, die ihnen in den Kram passen.

1 Anfang Oktober 1914 unterzeichneten 93 führende deutsche Wissenschaftler einen von Ulrich von Wilamowitz-Moellendorf verfaßten Aufruf, der vom Ausland als Bekenntnis der deutschen Intelligenz zum Annexionismus und Militarismus gewertet wurde. Diese »Erklärung der 93« hatte später mit ungefähr 4000 Unterschriften annähernd die gesamte deutsche Professorenschaft hinter sich (der französische Ministerpräsident Clémenceau bezeichnete diesen Aufruf als »das größte Verbrechen Deutschlands«). Vgl. Fritz Fischer, Griff nach der Weltmacht — Die Kriegszielpolitik des kaiserlichen Deutschland 1914/18, Düsseldorf 1961, S. 180.

2 Der politische Liberalismus in der Weimarer Republik war in zwei Lager aufgespalten: Die linksliberale »Deutsche Demokratische Partei« (DDP), die sich am 20. November 1918 konstituierte, und die nationalliberale »Deutsche Volkspartei« (DVP), die ungefähr einen Monat später, am 15. Dezember 1918, gegründet wurde. Die benachbarten liberalen Parteien konnten sich weder über Fragen der Bündnispolitik — Zusammenarbeit mit der Mehrheitssozialdemokratie — einigen, noch über die personelle Zusammensetzung eines eventuellen gemeinsamen Parteivorstandes. Die Mehrheit der DDP-Mitglieder lehnte z. B. den späteren DVP-Vorsitzenden und Außenminister Gustav Stresemann wegen dessen annexionistischer Politik im Kaiserreich ab.
An den meisten Universitäten entstanden 1918 mehr oder minder spontan liberale Hochschulgruppen, die für einen »Ausbau des demokratischen Staats zu einem sozialen Volksstaat eintraten, der alle vereinen soll, die deutsche Kultur und Sprache in sich aufgenommen haben und deutsch sein wollen«. Das bedeutete, daß jüdischen Kommilitonen die Aufnahme nicht verwehrt wurde. (Vgl. Horst Mendershausen, Reichsbund deutscher demokratischer Studenten, in: Das akademische Deutschland, Bd. II, Berlin 1930, S. 605.) In dem Programm wird der Einfluß der bürgerlichen Jugendbewegung und der ersten Nachkriegsgeneration

deutlich. Ihr Wahlspruch lautete: »Freiheitswille, Gemeinschaftsbewußtsein und Vorurteilslosigkeit«. Die Mitgliederzahlen dieser Gruppen schwankten erheblich. Zunächst hatten sie einen sehr starken Zulauf, aber bereits 1920 stagnierte die Mitgliederzahl der meisten liberalen Hochschulgruppen. (Die Hochschulgruppe der DDP hatte 1930 im gesamten Reich nur noch ca. 500 Mitglieder.) Der Elan der ersten Stunde war verpufft, und im Jahre 1922 organisierten sich die Sympathisanten der DVP in einem separaten »Reichsstudentenausschuß«.

3 Wilhelm Tietgens, Die Arbeit der Sozialistischen Studentenschaft, in: Die Arbeit, 8. Heft/August 1931.

4 Vgl. Emil Julius Gumbel, Vier Jahre politischer Mord, Berlin 1922. Gumbel dokumentierte in einer Reihe von Schriften des Malik-Verlages die Fememorde der Schwarzen Reichswehr, der Organisation Consul und verschiedener Freikorps. Vgl. auch Heinrich Hannover und Elisabeth Hannover-Drück, Politische Justiz 1918—1933, Frankfurt/Main 1966 (Hamburg 1977).

5 Amtliche Deutsche Hochschulstatistik, Dezember 1970, zitiert nach Hans Peter Bleuel und Ernst Klinnert, Deutsche Studenten auf dem Weg ins Dritte Reich, Gütersloh 1967, S. 261 f.

6 Weder in der Bundesrepublik noch in der DDR gibt es bis heute umfassende Untersuchungen über die »Sozialistische Studentenschaft Deutschlands und Österreichs« und über die im »Reichsverband frei sozialistischer Studenten« zusammengeschlossenen Roten Studentengruppen. Auch über den Anteil der Studenten am antifaschistischen Widerstand gibt es bisher keine Analysen. Vielleicht wäre es angebracht (statt die 77. Diplom- oder Doktorarbeit über produktive und unproduktive Arbeit zu erstellen), einmal über ein solches Thema zu forschen, solange noch Zeitgenossen von damals Auskunft geben können.

7 Das NS-Regime führte nicht nur in der Propaganda, sondern auch in seinem eigenen Selbstverständnis den militärischen Zusammenbruch des Wilhelminischen Reichs und die November-Revolution 1918 auf einen »Dolchstoß« der hungernden Zivilbevölkerung an der Heimatfront zurück. Timothy W. Mason beweist, daß die Nazis davor zurückschreckten, den Arbeitskräftemangel während des Zweiten Weltkrieges durch Zwangsverpflichtung arbeitsfähiger Frauen zu beheben, weil solche Maßnahmen schon 1916/17 zu weitverbreiteter Verbitterung in der Zivilbevölkerung geführt hatten. An der »Dolchstoß-Legende« ist soviel richtig, daß hungernde Frauen, proletarische Rentner und Jugendliche zahlreiche Hungerstreiks und Lebensmittelplünderungen initiiert und seit spätestens 1916 die Fortsetzung des imperialistischen Angriffskrieges abgelehnt hatten. Vgl. Timothy W. Mason, Arbeiterklasse und Volksgemeinschaft — Dokumente und Materialien zur deutschen Arbeiterpolitik 1936 bis 1939, Opladen 1975; ders., Nationalsozialismus und Arbeiterklasse — Zu einer politischen Sozialgeschichte des Dritten Reiches, Opladen 1977.

Annemarie Tröger hat den »Wust von Vorurteilen über Frauen im Faschismus« untersucht. Sie widerlegt die in der »Männergesellschaft« bürgerlicher Geschichtswissenschaft nach 1945 verbreitete Behauptung, der Erfolg Hitlers sei durch das Wahlverhalten der Frauen zustandegekommen. (Vgl. Annemarie Tröger, Die Dolchstoßlegende der Linken: »Frauen haben Hitler an die Macht gebracht« — Thesen zur Geschichte der Frauen am Vorabend des Dritten Reiches, in: Frauen und Wissenschaft, Beiträge zur Berliner Sommeruniversität für Frauen, Juli 1976, Berlin 1977, S. 324 ff.)

8 Der Erfahrungsaustausch am ersten Kongreßtag ergab ein besonders günstiges Bild für die britische Zone: außer den Gründerkreisen für den »Sozialistischen Studentenbund Münster« und die »Arbeitsgemeinschaft sozialistischer Studenten« in Hamburg existierten zum damaligen Zeitpunkt schon recht aktive Gruppen mit 40 bis 50 Mitgliedern, die »Akademische Vereinigung der SPD« in Kiel, der »Studentenkreis der SPD« in Bonn, die »Sozialistische Studentengruppe« in Düsseldorf, die »Sozialistische Studentengruppe Göttingen« und die »Studentische Sozialistische Arbeitsgemeinschaft an der TH Aachen«. In der amerikanischen Besatzungszone war der Aufbau der regional sehr unterschiedlichen Hochschulgruppen in Hessen am weitesten fortgeschritten: starke Zentren waren die »Sozialistischen Studenten in der SPD« in Frankfurt/Main, der »SDS«

in Marburg und in Weilburg. Diese drei Gruppen hatten bereits vor dem Gründungskongreß eine gemeinsame Landeskonferenz abgehalten. In Bayern dagegen hatten sich wegen der restriktiven Politik der amerikanischen Militärregierung unter dem Panzergeneral George S. Patton erst zwei Gruppen zur Zeit der Gründungskonferenz bilden können: die »Studentengruppe der SDP« in Erlangen und der »SDS« in München. In Hamburg waren außerdem Delegierte der »SPD-Betriebsgruppe« an der Berliner Universität, die ungefähr 130 Mitglieder umfaßte, und Vertreter einer »Freien Studentengruppe« in Tübingen anwesend.

9 In den »Hamburger Richtlinien« formulierten die Delegierten noch kein konkretes Konzept einer sozialistischen Hochschulpolitik, sondern beschränkten sich auf die abstrakte Forderung nach Chancengleichheit, für die eine materielle Absicherung während des Studiums Voraussetzung sein sollte. Allerdings zeichnete sich schon eine Stoßrichtung gegen die durch Stillschweigen oder Mitarbeit im Nationalsozialismus belasteten Ordinarien ab. Im nachhinein muten die Vorschläge von damals in ihrer Hilflosigkeit geradezu liebenswürdig an: durch »die Berufung und ausreichende Besoldung einer größeren Zahl jüngerer Dozenten und Assistenten«, die nicht mehr während des NS-Regimes intellektuell sozialisiert worden waren und deshalb zum »Lehrgespräch« und zu einer »engen Verbindung des Lehrers zu den Lernenden« fähig sein sollten, glaubten sie die Demokratisierung der Hochschule erreichen zu können. Dadurch wurde der Konflikt zwischen Nationalsozialismus und Sozialismus mit fast genialer antifaschistischer Selbstverständlichkeit auf einen Generationenkonflikt reduziert. Die Inhalte der Lehre und Forschung standen noch nicht zur Diskussion, sondern die Methoden der Vermittlung. Prinzipiell sollten Forschung und Lehre frei sein von jeglicher Einmischung durch Institutionen des Staates oder politischer Parteien. Aufgrund der offenen Kollaboration der nationalkonservativen und später nationalsozialistischen Professoren in den 20er und 30er Jahren mit der faschistischen Barbarei mißtraute die erste Generation sozialistischer Studenten der tradierten Autonomie der Universität zutiefst. Die notwendige Selbstverwaltung der Hochschule zur Wahrung der Freiheit von Forschung und Lehre dürfte nicht so weit gehen, daß den Ex-Nazis die Personalpolitik jenseits der Kontrolle staatlich-parlamentarischer Gremien überlassen bleibe.
Dieser Versuch eines bürokratisch-staatlichen Eingriffs gegen Nazis im Lehrkörper scheiterte. Die Generation, die damals in den politischen Studentenverbänden aktiv war, darunter auch Mitglieder des damaligen SDS, praktiziert heute ein undifferenziertes Berufsverbot gegen links. Die Legitimation soll dabei die große Vereinfachung der Totalitarismustheorie der 50er Jahre braun = rot liefern. Im Namen der Solidarität aller Demokraten bewältigt das Bürgertum in Deutschland seine unbewältigte Vergangenheit und erzeugt eine allgemeine Atmosphäre der Unsicherheit und Denunziation.

10 Die in diesem Zusammenhang wichtige Passage der Rede Ollenhauers lautete: »Der Studentenbund soll alle diejenigen vereinigen, die sich aus ehrlicher Überzeugung zum demokratischen und freiheitlichen Sozialismus bekennen. Die Unabhängigkeit von der SPD bedeutet keine Trennung, da ja allgemein bekannt ist, daß die sozialistischen Studenten auf dem Boden der SPD stehen. Aber der direkte Weg zur Partei ist für junge Menschen schwer. Es soll ihnen erleichtert werden, sich mit Gleichgesinnten zusammenzufinden. Ist der Studentenbund zwar unabhängig, aber vom richtigen Geist erfüllt, werden sie später den Weg in die Partei finden. Nicht um Formulierungen soll gestritten, sondern der lebendige Geist an den Universitäten zum Durchbruch gebracht werden!« Zit. nach: Michael Mauke, Zehn Jahre SDS, in: Standpunkt — Bundesorgan des Sozialistischen Deutschen Studentenbundes Nr. 5, Nov. 1956, S. 14.

11 Vgl. Kurt Schumacher, Rede vor Studenten 1946, in: neue kritik, Heft 1, März 1960. Daß auf der ersten SDS-Reichskonferenz sehr wohl eine kontroverse inhaltliche Auseinandersetzung geführt wurde, zeigt das Hauptreferat von Kurt Schumacher zum Thema »Der Student in der Politik«. Schumacher setzte sich sowohl mit der Politik der CDU als auch mit der der KPD scharf auseinander und kritisierte die Demontage-Politik der vier Alliierten und die Festlegung der Oder-Neiße-Grenze. Zur Deutschlandpolitik der amerikanischen und britischen

Militärregierung nahm Schumacher allerdings nicht Stellung. Das Referat ist jedoch Indiz dafür, daß auf der Reichskonferenz politische Fragen zur Debatte standen, die sich in den »Hamburger Richtlinien« nicht wiederfinden lassen. Die Minimalplattform läßt vermuten, daß sich die vier politischen Fraktionen damals weitgehend paralysierten und sich nur auf einen vorläufigen organisatorischen Rahmen einigen konnten.

12 Vgl. Siegward Lönnendonker/Tilman Fichter unter Mitarbeit von Claus Rietzschel, Freie Universität Berlin 1948-1973 — Hochschule im Umbruch, Teil I 1945-1949 »Gegengründung wozu?« und Teil II 1949-1957 »Konsolidierung um jeden Preis«, Berlin 1973 und 1974. (Teil III 1957-1964 »Auf dem Weg in den Dissens« und Teil IV 1964-1967 »Die Krise« sind noch zu erhalten über: Maulwurf-Buchvertrieb, 1000 Berlin 15, Postfach 645.)

13 So gründeten bevollmächtigte Delegierte politischer Studentenverbände und freier Gruppen auf einer Tagung am 24. und 25. Februar 1951 in Bonn den »Ring Politischer und Freier Studentenverbände und Gemeinschaften Deutschlands«. Mitglieder waren u. a. der »Liberale Studentenbund Deutschlands« (LSD), der »Bund Christlich Demokratischer Studenten« (BCDS, später »Ring Christlich Demokratischer Studenten«, RCDS) und der »Sozialistische Deutsche Studentenbund« (SDS). Vgl. Siegward Lönnendonker/Tilman Fichter, Freie Universität Berlin 1948-1973..., Teil II..., a.a.O., S. 13 (s. Anm. 12).

14 Zit. nach Lothar Krappmann, Die Studentenschaft in der Auseinandersetzung um die Universität im Dritten Reich, in: Universitätstage 1966 der Freien Universität Berlin, »Nationalsozialismus und die Deutsche Universität«, Berlin 1966, S. 158.

15 Ebenda.

16 Vgl. Ute Schmidt/Tilman Fichter, Arbeiterklasse und Parteiensystem — Aspekte der Parteiengeschichte in den ersten Nachkriegsjahren (1945-1949), in: Die Linke im Rechtsstaat Bd. 1: Bedingungen sozialistischer Politik 1945—1965, Berlin 1976, S. 44.

17 Das Europabild der älteren sozialdemokratischen Parteifunktionäre unterschied sich in der Regel wesentlich von dem der jüngeren Generation. Ihr Bewußtsein war noch durch die Traditionen der Arbeiterbewegung vor 1933 geprägt. Sie waren nicht bereit, auf die Verstaatlichung der Kohle- und Stahlindustrie zu verzichten zugunsten einer Europäisierung unter kapitalistischen Vorzeichen. Letztlich scheiterten sie, weil sie vor außerparlamentarischen Kampfmaßnahmen zurückschreckten. Aber im Gegensatz zu den Führungsgruppen im SDS waren sie sich stets über den Stellenwert einer eventuellen Sozialisierung im klaren. Ihr Ziel war eher ein sozialistisches Europa à la François Mitterand und nicht ein vereintes Europa als riesiges internationales Zeltlager unter grünweißer Flagge ohne Grenzen, mit Liedern zur Gitarre am abendlichen Lagerfeuer.

18 Otto Stammer, geb. 1900, war Gründungsmitglied und 1. Vorsitzender des »Verbandes Sozialistischer Studentengruppen Deutschlands und Österreichs« von 1921-1924. Danach Redakteur bei der austromarxistisch orientierten Tageszeitung »Arbeiterwille« und Leiter des Arbeiterbildungswesens in der Steiermark. Nach seiner Rückkehr nach Deutschland im Jahre 1930 Leiter der Wirtschaftlichen Fachschule für Arbeiter und Angestellte (Arbeiterwirtschaftsschule) in Peterswaldau/Schlesien. Nach der Machtergreifung der Nazis erhielt er Berufs- und Veröffentlichungsverbot und arbeitete nach einer kurzen Haftzeit in Leipzig zuerst als Kellner, später als technischer Betriebsleiter eines pharmazeutischen Werkes. Von Oktober 1954 bis April 1969 wissenschaftlicher Leiter des »Instituts für politische Wissenschaft« (IfpW) an der Freien Universität Berlin.

19 Vgl. Tilman Fichter/Siegward Lönnendonker, Historisch-empirische Politikforschung in Berlin, in: Sozialwissenschaftliche Forschungen — Arbeitsbericht des Zentralinstituts 6 der FUB 1972-1975, München 1975, und Martin Jay, Dialektische Phantasie — Die Geschichte der Frankfurter Schule und des Instituts für Sozialforschung 1923-1950.

20 Theo Pirker, Die SPD nach Hitler — Die Geschichte der Sozialdemokratischen Partei Deutschlands 1945-1964, München 1965, S. 150.

21 Schon in den Jahren 1931/32 hatte der Reichsminister a. D. Prof. Dr. Gustav

Radbruch (SPD) die sozialistischen Studenten und die Organisationen der Sozialdemokratie zur Gründung einer »Sozialistischen Hochschulgemeinschaft« zur Abwehr des Nationalsozialismus an den deutschen Universitäten aufgerufen. Die am 27. Februar 1932 gegründete Gemeinschaft sollte als eine »Allianz der Wissenschaft und der Arbeiter« die isolierten und schwachen sozialistischen Studentengruppen unterstützen und eine eigenständige sozialdemokratische Hochschulpolitik konzipieren.

22 Vgl. Unser Standpunkt — Bundesorgan des Sozialistischen Deutschen Studentenbundes Nr. 7, Juli 1953.

23 AN DIE SCHWANKENDEN
Du sagst, es steht schlecht um unsere Sache.
Die Finsternis nimmt zu.
Die Kräfte nehmen ab.
Jetzt, nachdem wir so viele Jahre gearbeitet haben,
sind wir in schwierigerer Lage als am Anfang.

Der Feind aber steht stärker da denn jemals.
Seine Kräfte scheinen gewachsen.
Er hat ein unbesiegliches Ansehen angenommen.

Wir aber haben Fehler gemacht, es ist nicht mehr zu leugnen.
Unsere Zahl schwindet hin.

Unsere Parolen sind in Unordnung,
einen Teil unserer Wörter hat der Feind verdreht bis zur Unkenntlichkeit.

Was ist jetzt falsch von dem, was wir gesagt haben,
Einiges oder alles?
Auf wen rechnen wir noch?
Sind wir Übriggebliebene, herausgeschleudert aus dem lebendigen Fluß.
Werden wir zurückbleiben,
keinen mehr verstehend und von keinem verstanden?

Müssen wir Glück haben?

So fragst du. Erwarte
Keine andere Antwort, als die deine.

Unser Standpunkt, Nr. 10, Okt. 1953, S. 1.

24 Franz Neumann, geb. 1904 in Berlin, war der klassische Vertreter des reformistischen Traditionalismus in der deutschen Sozialdemokratie. Der gelernte Schlosser trat mit 16 Jahren in die SPD ein und studierte Anfang der 20er Jahre — wie viele andere sozialdemokratische Funktionäre — im Sozialpolitischen Seminar der Hochschule für Politik. Bis zur Machtergreifung der Nazis arbeitete er als Jugendfürsorger im Magistrat von Groß-Berlin. Damals begründete er zusammen mit anderen Genossen die sozialdemokratischen Ferienlager (eine Einrichtung, die heute von der »Sozialistischen Jugend Deutschlands — Die Falken« fortgeführt wird) und die Werkheime für jugendliche Arbeitslose. Beide Initiativen waren Teil der kollektiven Selbsthilfe der Arbeiterbewegung. Im Jahre 1933 erhielt Franz Neumann von den Nazis Berufsverbot und wurde nach einer kurzen »Schutzhaft« im Konzentrationslager zu eineinhalb Jahren Zuchthaus verurteilt. Während des Krieges arbeitete er als Schlosser in der Rüstungsindustrie. Nach der Befreiung Berlins wurde er von der SMAD als stellvertretender Bürgermeister im Arbeiterbezirk Reinickendorf eingesetzt. Im Frühjahr 1946 organisierte er die Urabstimmung über die bürokratische Vereinigung der SPD und KPD von oben. Nach einer entschiedenen Auseinandersetzung mit Otto Grotewohl während einer SPD-Funktionärskonferenz im Admiralspalast im sowjetischen Sektor Berlins

wurde er zum Landesvorsitzenden der SPD gewählt. Nach der Wahl Willy Brandts zum Regierenden Bürgermeister im Oktober 1957 organisierten Klaus Schütz und Kurt Neubauer in der Berliner SPD eine Kampagne mit dem Ziel, Franz Neumann als Landesvorsitzenden abzuwählen und an seiner Stelle Willy Brandt durchzuboxen. Auf dem Landesparteitag der Berliner SPD im Jahre 1958 wurde Franz Neumann abgewählt. In seiner Abtrittsrede formulierte er als Kritik einer Äußerung Willy Brandts, daß Sozialisierung ein »Schreckgespenst des 19. Jahrhunderts« sei, sein Bekenntnis zur Tradition des Reformismus: Sozialismus sei ohne Sozialisierung nicht denkbar.

25 Harry Ristock, geb. 1928 in Ostpreußen, Mittlere Reife, mit 16 Jahren Soldat. Bis 1948 Aufenthalt in der sowjetischen Besatzungszone. November 1948 bis 1952 Studium an der »Deutschen Hochschule für Politik« (DHfP), gehörte dort der »Unabhängigen Sozialistischen Studentengruppe« an. Als »beratender Delegierter« (Ristock) dieser Gruppe nahm er an Sitzungen des Vorbereitungsausschusses zur Bildung der »Unabhängigen Arbeiterpartei Deutschlands« (UAPD) teil.

Der Gründungskongreß der UAPD, zu dem sich ausgeschlossene KPD-Mitglieder und marxistische Intellektuelle zusammengefunden hatten, fand am 24. März 1951 in Worms statt. (Das Geld für die Gründung hatte Wolfgang Leonhard in Jugoslawien flüssig gemacht.) August 1950 Eintritt in die SPD und den SDS. 1954 bis 1963 war Ristock Landesvorsitzender der »Sozialistischen Jugend Deutschlands — Die Falken«. Im Jahre 1965 wurde er Stadtrat und Leiter der Abteilung Volksbildung in Charlottenburg. In diesem Jahre baute er mit einigen Genossen den »Donnerstagkreis« auf, eine linke Fraktion innerhalb der Berliner SPD, nachdem die traditionalistischen Reformisten um Franz Neumann aufgerieben worden waren. Am 18. Februar 1968 nahm Ristock an der Demonstration anläßlich des »Internationalen Vietnam-Kongresses« gegen den amerikanischen Krieg in Vietnam teil und wurde deshalb »wegen parteischädigenden Verhaltens« vom Landesvorstand mit 11 gegen 4 Stimmen aus der Partei ausgeschlossen. Auf dem im März 1968 stattgefundenen SPD-Parteitag in Nürnberg gelang es der Linken nach harten Auseinandersetzungen, den Ausschluß rückgängig zu machen. Im Zuge der »Konzentration der Kräfte«, einer Absprache zwischen dem damaligen Regierenden Bürgermeister Klaus Schütz, dem informellen Sprecher der Rechten, Klaus Riebschläger, und Harry Ristock, erhielt der »Donnerstagskreis« seine Legitimation als eigenständige Institution in der Partei durch den Parteivorstand und nannte sich forthin »Vereinigte Linke«. Seit 1975 ist Ristock Senator für Bau- und Wohnungswesen und wird bei Verlust der nächsten Wahl für die SPD Oppositionsführer im Abgeordnetenhaus sein.

26 Die einzige bisher veröffentlichte quellenmäßig abgesicherte Studie über den SDS beschränkt sich weitgehend auf die Ära Lohmar/Arndt, was auf den Umstand zurückzuführen ist, daß dem Autor das Privatarchiv von Dr. Claus Arndt (Hamburg) zur Verfügung stand. Vgl. Jürgen Briem, Der SDS — Geschichte des bedeutendsten Studentenverbandes der BRD von 1945 bis 1961, Frankfurt/Main 1976.

27 Diese Thesen basierten auf den Ergebnissen einer »Wehrpolitischen Konferenz, des Ringes Politischer und Freier Studentenverbände und Gemeinschaften« in Bonn vom 1.-4. Juni 1953. Claus Arndt hatte im Auftrage des Bundesvorstandes an der Ausarbeitung einer Wehrverfassung teilgenommen, die diese Studentenverbände zur Diskussion stellten. Dadurch war in der Öffentlichkeit kurz vor der Bundestagswahl 1953 der Eindruck entstanden, daß der SDS im Gegensatz zur SPD in Fragen der Wehrpolitik die Wiederbewaffnung und die Aufstellung von Freiwilligenverbänden bejahte. Besonders die SDS-Gruppen Tübingen, Göttingen, Münster und Marburg hatten daraufhin die Einberufung einer a. o. DK gefordert, da der Bundesvorstand Lohmar/Arndt die Gruppen übergangen habe. Mit Rücksicht auf den schärfer werdenden Wahlkampf bestanden sie jedoch nicht auf der Konfrontation einer a. o. DK, obwohl Ulrich Lohmar als Bundesvorsitzender schon versucht hatte, sie durch Einstellungen der »laufenden Zahlungen« unter Druck zu setzen.

28 Diese Denkschrift war auf der hochschulpolitischen Tagung des SDS vom 27. Ju-

li bis 1. August 1953 ausgearbeitet worden. Welche Relevanz der SPD-Parteivorstand dieser Denkschrift beimaß, geht daraus hervor, daß der hessische Kultusminister Ludwig Metzger, das Mitglied des Parteivorstandes Willi Eichler, Heinz Kühn und die Professoren Fritz Borinski (Freie Universität Berlin) und Wolfgang Abendroth (Marburg) an der Tagung teilnahmen.

29 Sozialistischer Deutscher Studentenbund (SDS), Die Hochschule in der modernen Gesellschaft — Denkschrift des Sozialistischen Deutschen Studentenbundes zu einem Hochschulpolitischen Programm 1953. Abgedruckt in: Dokumente zur Hochschulreform 1945—1959, bearbeitet von Rolf Neuhaus, Veröffentlichungen der Westdeutschen Rektorenkonferenz, Wiesbaden 1961, S. 611—621.

30 Veit Harlan hatte im Dritten Reich u. a. das antisemitische Machwerk »Jud Süß« gedreht.

31 Bereits am 15. Januar 1952 versuchte die SDS-Hochschulgruppe Freiburg/Breisgau die Aufführung des Veit-Harlan-Films »Hanna Ammon« zu verhindern. Ursprünglich hatte die Gruppe einen Universitätsstreik geplant, der jedoch schon damals von vielen Dozenten mit der Begründung abgelehnt wurde, daß sie als Beamte des Öffentlichen Dienstes nicht streikberechtigt seien. Die studentischen Demonstranten wurden von einer weitverbreiteten antisemitischen und antikommunistischen Pogromstimmung überrascht. Die meisten Polizisten weigerten sich, gegen Passanten einzuschreiten, die die Studenten mit Beschimpfungen wie »Ihr Judenlümmel!«, »Heil Hitler!«, »FDJ-Schweine!« bedachten und zum Teil tätlich angriffen. Die akademische Auseinandersetzung mit dem kleinbürgerlichen Antisemitismus und Rassismus gewann durch solche Erfahrungen eine neue Qualität. Zu den militanten Demonstrationen gegen die Veit-Harlan-Filme in West-Berlin und gegen die Bestimmungsmensur in der Deutschen Burschenschaft und im Coburger Convent in Göttingen und West-Berlin, vgl. Lönnendonker/Fichter, Freie Universität Berlin 1948-1973, Teil II, a.a.O., S. 22 ff. (s. Anm. 12).

32 Im Dezember 1951 sprach das Göttinger Landgericht im »Göttinger Mensurenprozeß« einen Korporierten, der drei Bestimmungsmensuren gefochten hatte, von der Anklage des Zweikampfes und der Körperverletzung frei. (Der 5. Strafsenat des Bundesgerichtshofes hatte dieses Urteil bestätigt.) In der neuesten, sehr materialreichen Untersuchung über die Korporationen kommt Gerhard Schäfer ebenfalls zu der Einschätzung, daß diese Entscheidung einen Wendepunkt in der Nachkriegsgeschichte der Universität darstellt. Vgl. Gerhard Schäfer, Studentische Korporationen — Anachronismus an bundesdeutschen Universitäten?, Lollar/Lahn 1977, S. 58 f.

33 Sozialistischer Deutscher Studentenbund, Bundesvorstand (Hrsg.), Hochschule in der Demokratie — Denkschrift des Sozialistischen Deutschen Studentenbundes zur Hochschulreform, Frankfurt/Main, o. J. (1961). Wiederveröffentlicht im Verlag neue kritik, Frankfurt/Main 1972. Seit Anfang des Jahres 1960 hatte eine Autorengruppe im SDS unter der Leitung von Wolfgang Nitsch die Überlegungen und Vorarbeiten verschiedener Hochschulgruppen bearbeitet. Zentrale Fragenkomplexe der Denkschrift waren: Forschung, Lehre und Studium; Die Hochschule und ihre Arbeitsformen; Akademische Freiheit und soziale Demokratie; Der Lehrkörper der Hochschule; Soziale Lage der Studentenschaft; Demokratische Hochschulverwaltung; Hochschule und Staat. Im Anhang dieser für den Verband programmatischen Denkschrift finden sich ausgewählte Dokumente zur studentischen Selbstverwaltung im In- und Ausland. Eine wesentlich erweiterte Studie veröffentlichten die Berliner Mitautoren der Denkschrift 1965 im Verlag Luchterhand: Wolfgang Nitsch/Uta Gerhard/Claus Offe/Ulrich K. Preuß. Hochschule in der Demokratie, Neuwied, Berlin 1965. Kein anderer Studentenverband hat bis heute zu diesem zentralen Thema eine Arbeit vorgelegt, die auch nur annähernd so umfassend und empirisch-analytisch abgesichert wäre. So haben sowohl sämtliche damaligen Studentenverbände — Verband Deutsche Studentenschaften (VDS), Sozialdemokratischer Hochschulbund (SHB), Liberaler Studentenbund Deutschlands (LSD),Gewerkschaftliche Studentengemeinde (GSG), Evangelische Studentengemeinde (ESG), Katholische Studentengemeinde (KSG), Bundesverband Deutsch-Israelischer Studentengruppen (BDIS), Ring Christlich-Demokratischer Studenten (RCDS) — als auch offizielle universitäre und staatliche

Institutionen wie die Westdeutsche Rektorenkonferenz (WRK) und Kultusministerien der SPD-regierten Länder sich mindestens indirekt auf diese Denkschrift bezogen. Es wäre allerdings verkürzt, den SDS als Vorreiter von Regelstudienzeit, Trennung von Grund- und Aufbaustudium und ähnlichem zu denunzieren. Die Vorschläge zur Spezialisierung und Untergliederung des Studiums waren Teil eines im ganzen zu verwirklichenden Demokratisierungskonzeptes. »Akademische Freiheit des Studiums, rezeptives Lernen und produktives Studium« sollten ebenso unverzichtbar sein wie die Autonomie der Universität gegenüber dem bürgerlichen Staat. Wenn heute einzelne der damals vorgeschlagenen Maßnahmen von gewissen Kultusministern und Senatoren jenseits der geforderten Einheit von Wissenschaft und Demokratie isoliert durchgeführt werden, kann man natürlich nicht im nachhinein den SDS für diese technokratische Hochschulreform verantwortlich machen.

34 Seit 1957 bestand in der Frankfurter SDS-Gruppe ein von Oskar Negt aufgebauter und geleiteter Kapital-Arbeitskreis, der insbesondere das Problem untersuchte, inwieweit die von Marx für den kapitalistischen Produktionsprozeß entwickelten Kategorien unmittelbar in der gewerkschaftlichen Bildungsarbeit verwendbar seien. Angesichts des heutigen vielfältigen Angebots an Kapital-Arbeitskreisen fällt es schwer, die Bedeutung dieser damaligen Pionierleistung zu ermessen. Im Gegensatz zum »Seminar-Marxismus«, der bis zum heutigen Tag beweist, daß die Marxsche Methode in der Erfassung der Realität der bürgerlichen Soziologie unendlich weit überlegen ist, hatte dieser Arbeitskreis einen direkt praktischen Bezug. Aufgrund dieser Vorarbeiten wurde Oskar Negt als Vertreter von Herbert Tulatz zum Leiter der »DGB-Bundesschule Fritz Tarnow« bestimmt. Negt versuchte dort, sein theoretisches Konzept in Zusammenarbeit mit Praktikern der Bildungsarbeit weiterzuentwickeln. Hans Matthöfer, damals Leiter der Bildungsabteilung beim Vorstand der IG Metall, beauftragte Negt 1962 mit der Ausarbeitung eines Programms für eine betriebsnahe Bildungsarbeit. Um solchen Ansätzen eine breitere organisatorische Basis zu schaffen, gründeten im Frühjahr 1962 Peter von Oertzen, Siegfried Braun, Adolf Brock, Oskar Negt u. a. die »Sozialwissenschaftliche Vereinigung e. V.«, die bis zum Februar 1967 regelmäßig die »Arbeitshefte« herausgab. Ziel ihrer Arbeit war, nach der Bestandsaufnahme der bisherigen Theorie und Praxis der Industrie-Gewerkschaften und des DGB zu dieser Frage, die Entwicklung eines Konzepts für betriebsnahe Bildungsarbeit. Innerhalb dieses Programms wurden seit Mitte der 60er Jahre ungefähr 6000 ehrenamtliche Bildungsobleute der IG Metall ausgebildet. In der IG Chemie wurden diese Vorstellungen vor allem von Werner Vitt, Hermann Rappe und Hinrich Oetjen übernommen. Bis heute basiert die Arbeiterbildung in den meisten Industriegewerkschaften auf diesem Konzept.

Für die Kontinuität der Diskussion dieses Problems in Teilen des SDS ist interessant, daß Dr. Hans Tietgens, Sekretär des Bundesvorstandes von 1952-1955 — also zur Zeit des Gespanns Lohmar/Arndt — bei seiner Tätigkeit in der Erwachsenenbildung der Volkshochschule in den 60er Jahren die Vorstellungen der »Sozialwissenschaftlichen Vereinigung« aktiv unterstützte. Oskar Negt entwickelte als Quintessenz dieser 10jährigen gewerkschaftlichen Bildungsarbeit in seinem Buch »Soziologische Phantasie und exemplarisches Lernen« (Frankfurt/Main 1968) ein alternatives betriebsnahes Bildungskonzept. Negt stellt dem Bereich traditionell bekannter objektiver Konflikte am Arbeitsplatz die Analyse der von der klassischen Arbeiterbewegung und der marxistischen Theorie weitgehend verdrängten oder verzerrt wahrgenommenen subjektiven Konflikte des proletarischen Individuums gegenüber. Die bisher praktizierte begrenzte Wissensvermittlung über technisch-praktische Fragen (z. B. Auslegung des Arbeitsrechts, Tarifverträge, Arbeitsplatzbewertung etc.) sei ergänzungsbedürftig. Die Alltagserfahrungen müßten für das Alltagsbewußtsein des Arbeiters, der seine psychischen Konflikte und Leiden kaum zur Kenntnis nehme, exemplarisch aufgearbeitet und systematisiert werden. Nur so könne dieser den Zusammenhang zwischen mörderischem Betriebsalltag und psychischer Deformation erkennen. Negt geht davon aus, daß ein solcher exemplarischer Lernprozeß in der Bildungsarbeit 1. überhaupt möglich sei und darüber hinaus 2. die Arbeiter zur klassenkämpferischen Praxis motiviere. Bildungsarbeit könne allerdings niemals Kampferfahrungen ersetzen.

35 Vgl. Reinhard Krusche/Dagmar Pfeiffer, Probleme der Gewerkschaftspolitik 1945-1965, in: Die Linke im Rechtsstaat, a.a.O., S. 139 ff. (s. Anm. 16); Ute Schmidt/Tilman Fichter, Der erzwungene Kapitalismus — Klassenkämpfe in den Westzonen 1945-48, Berlin 1971, S. 16 ff.

36 In der Frage der Klassenarroganz gab es zwischen den sich abzeichnenden Flügeln im SDS keinerlei Meinungsunterschiede. Ein im Februar 1953 veröffentlichter Artikel von Ulrich Lohmar spiegelt den Konsensus des Gesamtverbandes in der Gewerkschaftsfrage wider: Ulrich Lohmar, Gewerkschaften und Universität, in: Unser Standpunkt, Nr. 2, Februar 1953, S. 7.

37 In der gesamten Geschichte des SDS — auch noch in der antiautoritären Phase — kam der Antragskommission für die Herstellung des gesamtverbandlichen Konsensus größere Bedeutung zu, als man gemeinhin annimmt, wenn über innerverbandliche Willensbildung gesprochen wird. Selbst die große Mehrzahl der direkt Beteiligten war sich nicht darüber im klaren, daß die Zusammenfassung von unterschiedlichen Anträgen zu Fragenkomplexen niemals nur eine redaktionelle Bearbeitung, sondern eine Vorwegnahme inhaltlicher Entscheidungen bedeutete. In kleinstem Rahmen handelten meistens taktisch versierte Vertreter traditionell starker Hochschulgruppen, politischer Fraktionen und informeller Führungscliquen untereinander Kompromisse aus. Wer in diesen Verhandlungen nicht vertreten war, hatte es später im Plenum äußerst schwer, seine Vorstellungen noch einzubringen. Die Antragskommission wirkte dabei meistens als Mittler zwischen unterschiedlichen Interessen und politischen Vorstellungen; ihr kam die Aufgabe der Formulierung des Minimalkonsensus zu. Verschiedentlich versuchte der Bundesvorstand, die Kommission als Filter und Kontrollinstanz zu benutzen. In dieser Praxis waren sich politisch unterschiedlich einzuordnende Bundesvorstände wie Lohmar/Arndt, Kallauch/Seifert, Schauer/Dabrowski und Reiche/Gäng einig. Ganz zu schweigen von den Gebr. Wolff.

38 Die Mitglieder der Antragsprüfungskommission waren: Robert Jenisch (München), Helmut Wagner (Mainz), Gerhard Wiegand (Marburg), Egon Erwin Müller (Berlin) und Jochen Link (Heidelberg). Der Ausschuß war en bloc per Akklamation gewählt worden. Zu Mitgliedern der neuen Kommission wurden gewählt: Helmut Lenz (Marburg), Jürgen Kraft (Göttingen), Heinz Roese (Berlin) und Walter Fehling (Freiburg/Breisgau).

39 Zur Politik der Höchster Verbände vgl. auch S. 80 ff. und Anm. 140.

40 Umgekehrt hatte auch die FDJ ihre Erfahrungen gemacht. Die Regierung der Bundesrepublik hatte den Kommunistischen Jugendverband am 26. Juli 1951 verboten. (Aufgrund des Vier-Mächte-Abkommens galt das Verbot nicht für West-Berlin.) Durch diese Maßnahme sollte die Teilnahme westdeutscher FDJ-Gruppen an den »3. Weltfestspielen der Jugend und Studenten« vom 5. bis 9. August 1951 in Berlin (DDR) verhindert werden. Mehr als 6000 FDJ-Mitglieder wurden damals durch den Bundesgrenzschutz beim »unerlaubten« Grenzübertritt festgenommen und zwangsweise in ihre Heimatorte zurückgebracht. Als Reaktion darauf marschierten am 15. August 1951 ca. 6000 Teilnehmer des Weltjugendfestivals durch die West-Berliner Arbeiterbezirke Kreuzberg, Neukölln und Wedding. Die Polizei ging mit Holzknüppeln und Wasserwerfern gegen die »Friedensdemonstration« vor. Ungefähr 400 Demonstranten wurden verletzt, 115 wegen »Widerstands gegen die Staatsgewalt« festgenommen. Am 11. Mai 1952 erreichte diese Eskalation ihren vorläufigen Höhepunkt: mehr als 30 000 Jugendliche beteiligten sich an einer »Friedensdemonstration« in Essen gegen die geplante Unterzeichnung des Deutschlandvertrages, in dem die Beziehungen zwischen Deutschland und den Westalliierten geregelt werden sollten. Die Essener Polizei ging mit Wasserwerfern und Schußwaffen gegen militante Demonstrationskerne der verbotenen FDJ vor und erschoß den 21-jährigen Philipp Müller aus München-Neuaubing. Das »Forum« nahm den Tod Müllers zum Anlaß, die Jugend der DDR in einem Leitartikel dazu aufzurufen: »Kämpft wie die Helden in Essen!« Am 29. Mai 1952 hieß es in der

nächsten Ausgabe: »Unsere Studenten und Dozenten erklären: Wir sind bereit, die Heimat mit der Waffe zu verteidigen.« Das Beispiel zeigt, wie die traditionelle Spaltung der Arbeiterbewegung in Deutschland in ein sozialdemokratisches und ein kommunistisches Lager Anfang der 50er Jahre den Charakter eines Konflikts zwischen zwei Teilstaaten annahm. Der Tod des FDJ-Demonstranten gegen die Wiederaufrüstung der Bundesrepublik wird so zum Kronzeugen für die Notwendigkeit der Wiederaufrüstung in der DDR. So beschwört das Forum vom 15. Juli 1952 die Verteidigung des Vaterlandes der Werktätigen gegen den kapitalistischen Außenfeind: »Heimat, dich werden wir hüten!«

41 So bildeten u. a. tradierte antikommunistische Ressentiments, die Furcht vor der — unbewußt als berechtigt eingestuften — Rache der Roten Armee für die deutschen Kriegsverbrechen und ein gerade im Proletariat weitverbreiteter Widerstand gegen die Demontage von Produktionsmitteln ein unentwirrbares Knäuel von Vorurteilen, Erfahrungen und Ängsten in den Köpfen der Deutschen, auch in großen Teilen der Arbeiterklasse. (Schließlich hatte die Deutsche Wehrmacht, die 1941 die Sowjetunion überfallen hatte, zum größten Teil aus Arbeitern und Bauern bestanden.) Trotz des ständigen Konfrontationskurses der SPD gegen die KPD/SED wurde die Sozialdemokratie von der Regierung Adenauer als 5. Kolonne Moskaus denunziert.

42 Die Ostertagungen des SDS-Landesverbandes Berlin hatten inzwischen im wesentlichen die Funktion, Vertreter ausländischer sozialistischer Studentenorganisationen über die Position des SDS zu informieren und sie auf eine gemeinsame Politik in der Frage der Wiedervereinigung zu verpflichten. Zum Thema der 5. Konferenz vom 7. bis 14. April 1955 in Berlin-Wannsee »Deutschland im Spannungsfeld der Internationalen Politik« sprachen Willy Brandt (SPD), Ernst Lemmer (CDU) und Dr. Erich Müller-Gangloff über »Wege zur deutschen Einheit«. Ernst Richert (Institut für politische Wissenschaft) analysierte die sowjetische Deutschlandpolitik, und Arno Scholz (Telegraph, SPD) untersuchte die »Deutschlandpolitik der Westmächte«. An der Tagung beteiligten sich neben den Berlinern 65 Delegierte aus der Bundesrepublik Deutschland und 22 ausländische Gäste, größtenteils Mitglieder der IUSY.

43 Egon Erwin Müller, langjähriger Organisator der Ostertagungen des SDS, veröffentlichte 1953 zusammen mit Marianne Müller im Berliner Colloquium-Verlag ein vielbeachtetes Buch über die Hochschulpolitik der SMAD und der SED in der sowjetischen Besatzungszone bzw. DDR: »...stürmt die Festung Wissenschaft!« — Die Sowjetisierung der mitteldeutschen Universitäten seit 1945. Diese Ansammlung einer Fülle von einzelnen Fakten über die Wiedereröffnung der Universitäten, die Phase des ersten Zweijahrplans 1948-50 (»Auf dem Wege zur Universität neuen Typus«) und der ersten drei Jahre des Fünfjahrplans bleibt leider in der Denunziation stecken: eine Analyse kommunistischer Hochschulpolitik in einem Lande, in dem keine Revolution stattgefunden hat, ist jenseits des Blickfeldes der Autoren. Statt dessen solidarisieren sie sich bedingungslos mit den nichtkommunistischen Hochschulgruppen in der DDR. In dieser sozialdemokratischen antikommunistischen Kampfschrift finden sich zahlreiche z. T. erschütternde Beispiele bürokratischer Machtpolitik gegen große Teile der Studenten und Dozenten. (Und das nicht nur gegen Konterrevolutionäre aus der bürgerlichen Intelligenz, um einem heute gängigen Argumentationsmechanismus der FDJ/MSB Spartakus/ADSen vorzubeugen.) Viele der in diesem Buch zusammengetragenen Tatsachen, z. B. Namen der seit 1945 verhafteten oder verschleppten Studenten und Dozenten oder die Manipulation der Studentenratswahlen durch die SMAD und die Deutsche Verwaltung für Volksbildung, waren langfristig nicht durch einfache Polemik zu widerlegen. So versuchte z. B. 1966 ein Mitglied des Instituts für deutsche Geschichte die Vorwürfe als Diffamierung der Hochschulpolitik in der sowjetischen Besatzungszone/DDR und gleichzeitige Glorifizierung des Konservatismus in der Bundesrepublik Deutschland abzutun und setzte dem die »Großzügigkeit und das Verständnis der sowjetischen Offiziere für die Belange der Universität« gegenüber. (Henny Maskolat, Arbeiterbewegung und Berliner Universität in der Periode

der Wiedereröffnung 1945/46, in: Wissenschaftliche Zeitschrift der Humboldt-Universität zu Berlin — Gesellschafts- und sprachwissenschaftliche Reihe, Jg. XV [1966], H. 4, S. 533, ff.)
Jürgen Briem weist darauf hin, daß Egon Erwin Müller auf der a. o. DK in Berlin dem »Gesamtdeutschen Ausschuß« zur Vorbereitung der Diskussion »Einige vertrauliche Überlegungen zur Kontaktaufnahme zwischen der Bundesrepublik und der DDR unter besonderer Berücksichtigung studentischer Ost-West-Kontakte« vorlegte. In diesem Papier gab Müller eine nur für die innerverbandliche Diskussion bestimmte ausführliche Analyse der außen- und innenpolitischen Situation der Bundesrepublik Deutschland nach der Ratifizierung der Verträge über die Europäische Verteidigungsgemeinschaft (EVG-Vertrag). Seiner Meinung nach war die bisherige Deutschlandpolitik der SPD sowohl innen- als auch außenpolitisch gescheitert. Vgl. Jürgen Briem, a.a.O., S. 146 (s. Anm. 26).
Egon Erwin Müller war von 1961—1966 persönlicher Referent von Bürgermeister und Innensenator Heinrich Albertz und gleichzeitig zusammen mit Hanns-Peter Herz Leiter des »Studios am Stacheldraht«, einer Propagandatruppe des Berliner Senats, die über Lautsprecher die Volkspolizisten auf der anderen Seite der Mauer zu agitieren versuchte. Heute ist Müller Leiter der Heimvolkshochschule der Friedrich-Ebert-Stiftung in Bergneustadt.

44 Die Gegenstimmen kamen aus den Hochschulgruppen Tübingen (Erhard Moosmayer) und Göttingen (Gerhard Sebode). Weitere Vorbehalte hatten vor allem die Gruppen Münster, Würzburg (darunter Otto Köhler, später ständiger Glossator bei »Pardon«, von 1966 bis zu seiner Kündigung im Jahre 1972 — wegen der Auseinandersetzungen mit der Spiegel-Redaktion über die Mitbestimmung — beim »Spiegel«), Frankfurt/Main (Werner Thönessen, Promotion bei Max Horkheimer über Emanzipation und Frauenbewegung in der SPD, Pressechef des IG-Metall-Vorstandes, heute stellvertretender Generalsekretär des Internationalen Metallgewerkschaftsbundes — IMB) und Göttingen (Willi Fahlbusch), deren Mitglieder sich der Stimme enthielten. Außer der Frankfurter Gruppe waren das kleine sozialistische Intellektuellengruppen in der Diaspora, die gezwungenermaßen schon zu Beginn der 50er Jahre eine eigene politische Identität mit gewissem theoretischem Anspruch entwickelten. Gegen bürokratische Disziplinierungsmaßnahmen des Bundesvorstandes waren solche Leute immun. Werner Thönessen wurde später vorgeworfen, daß er in Berlin Vorsitzender des Ausschusses war, der die »Grundsatzerklärung« ausgearbeitet hatte, und gleichzeitig »insgeheim« in Besprechungen mit FDJ-Funktionären ein Ost-West-Treffen in Frankfurt vereinbart habe.
Der Berliner Block (12 Delegierte!) stimmte geschlossen mit »Ja«. Trotzdem ist die spätere Entwicklung des Gesamtverbandes nach links nicht ohne die Mitwirkung einiger damaliger Berliner Delegierter zu erklären (Klaus Meschkat, Michael Mauke, Hartmut Zimmermann). Das zeigt, daß die Konfrontation mit der FDJ sich nicht in ein einfaches Links-Rechts-Schema pressen läßt. Auch Sozialisten waren über den Stalinismus verbittert und gingen bewußt Koalitionen mit dem parteikonformen Flügel ein. Der »Standpunkt« (Redaktion: Gerhard Schoenberner, für den Inhalt verantwortlich: Lutz Meunier, heute beim RIAS Berlin) interpretierte das damals auf seine Weise: »Damit ist das alte kommunistische Märchen von ›der linken Mitgliedschaft, die ein rechter Vorstand ständig verrät‹, das eigens für den SDS wieder aus der Kiste geholt wurde, einmal mehr ad absurdum geführt.« Bleibt hinzuzufügen: von wem? Von der FDJ! Aus welcher Kiste? Der Kiste der Sozialfaschismustheorie!

45 Chefredakteur war stud. phil. Egon Erwin Müller, der Redaktion gehörten weiterhin an: stud. pol. sc. Ulrich S. Dübber, stud. phil. Georg Hecht und stud. phil. Eberhard Beigel.

46 Fast dieselben Worte benutzte 5 Jahre später im Mai 1959 Karl Mommer, als er die SPD-Mitglieder im SDS vor der Politik der »Konkret-Fraktion« und des Bundesvorsitzenden Oswald Hüller warnte. Vgl. Anm. 93.

47 Vgl. Jürgen Briem, a. a. O., S. 65 (s. Anm. 26). Emil Gross, geb. 1904 in Bielefeld, war von 1931 bis 1933 Vorsitzender der »Sozialistischen Studenten-

schaft von Berlin«, emigrierte nach der Machtergreifung durch die Nazis nach Amsterdam, war dort Mitherausgeber der »Freien Presse«. Nach dem Einmarsch der Deutschen Wehrmacht wurde er von der Gestapo verhaftet und wegen Vorbereitung zum Hochverrat zu $2^1/_4$ Jahren Zuchthaus verurteilt. Von 1946 bis zu seinem Tod im Jahre 1967 war er Mitglied des Landtags von Nordrhein-Westfalen und dort stellvertretender Fraktionsvorsitzender der SPD, seit 1946 verlegte er die »Freie Presse« (Bielefeld), bis Alfred Nau im Zuge des Sanierungsprogramms der sozialdemokratischen Presse auch dieses im Raume Ostwestfalen-Lippe einzig lesenswerte Blatt zur Aufgabe zwang. Die Überreste der »Freien Presse« fusionierten mit der »Westfälischen Zeitung« zur »Neuen Westfälischen Zeitung«, einer blassen Postille der Positionslosigkeit.

48 Hans Matthöfer, geb. 1925 in Bochum, 1943 bis 1945 Panzergrenadier. Nach der Kriegsgefangenschaft studierte er Wirtschafts- und Sozialwissenschaften in Madison/Wisconsin und Frankfurt/Main. Dipl.-Volkswirt, seit 1951 Mitglied der SPD, 1953 bis 1957 Leiter der Abteilung Wirtschaft und 1961 bis 1972 Leiter der Abteilung Bildungswesen beim Vorstand der IG Metall. Seit 1961 Mitglied des Bundestages, von 1972 bis 1974 Parlamentarischer Staatssekretär im Bundesministerium für wirtschaftliche Zusammenarbeit. Seit 1974 Minister für Forschung und Technologie.

49 Wenige Jahre später zeigte sich, daß die Rivalität zwischen den beiden größten SDS-Hochschulgruppen, Frankfurt/Main und FU Berlin, den Verband fast spaltete, und das zu einem Zeitpunkt, als in Berlin von antikommunistischer Hysterie im Berliner Landesverband nicht mehr die Rede sein konnte. Bis zur Selbstauflösung des Verbandes stritten die Fürstentümer Berlin und Hessen um den Besitz der Kaiserkrone.

50 Die seit 1969 vom »Sozialistischen Büro« herausgegebene sozialistische Zeitung »links« ist eine von der damaligen Zeitschrift personell unabhängige Neugründung.

51 Die erste von den USA am 1. November 1952 gezündete Wasserstoffbombe ließ sich noch nicht in einem Flugzeug transportieren. Die amerikanischen Militärs forcierten schon damals das Gerücht, die UdSSR sei den USA in der militärtechnischen Entwicklung voraus, um schneller mehr Mittel vom Kongreß bewilligt zu erhalten. Bei der von der UdSSR am 12. August 1953 ausgelösten Explosion hatte es sich allem Anschein nach nicht um eine Wasserstoffbombe gehandelt und schon gar nicht um eine transportable, wie amerikanische und sowjetische Militärs in berufsspezifischer Kumpanei der Weltöffentlichkeit weismachten — wider besseres Wissen und nach Motto: »Kriegt ihre eure Dollars, kriegen wir unsere Rubel.« Eine neue Etappe des Wettrüstens konnte beginnen.
Inzwischen haben die USA mit der Entwicklung der »humanen« Neutronenbombe eine neue Phase eingeleitet. »Human« deshalb, weil die starke Neutronenstrahlung die Menschen angeblich ohne Siechtum innerhalb einiger Stunden bis Wochen tötet; Panzer, Brücken, Häuser usw. bleiben dagegen wegen der stark reduzierten Hitze- und Druckwelle funktionsfähig. Der größte Teil dieser Bomben soll für den Ernstfall in der Bundesrepublik gelagert werden.

52 Durch die »Paraphierung« eines Vertrages wird die parlamentarische Beratung eingeleitet. Erst nach der Zustimmung durch den Bundestag und den Bundesrat wird ein Vertrag rechtskräftig.

53 Helmut Gollwitzer, geb. 1908 in Pappenheim in Bayern, Promotion 1937 in Basel bei Karl Barth, seit 1936 Referent in der Leitung der Bekennenden Kirche in Thüringen und Preußen, 1938 bis 1940 Gemeindepfarrer in Berlin-Dahlem, der Wirkungsstätte Martin Niemöllers. 1940 wurde Gollwitzer von den Nazis aus dem Amt gewiesen und erhielt Redeverbot. Bis Mai 1945 Wehrdienst als Sanitäter an fast allen Hauptschauplätzen der Ostfront, 1945 bis 1949 sowjetische Kriegsgefangenschaft (vgl. Helmut Gollwitzer, Und führen, wohin du nicht willst, München 1951). Ab 1950 o. Prof. für Systematische Theologie an der Universität Bonn, ab Februar

1957 Ordinarius für Evangelische Theologie. Seit 1972 Mitglied des PEN-Zentrums in der Bundesrepublik. 1974 erhielt Gollwitzer von der Liga für Menschenrechte die »Carl-von-Ossietzky-Medaille«.

54 Alfred Weber (1868 bis 1958). 1899 Habilitation in Berlin als Privatdozent für Nationalökonomie, 1904 o. Prof. in Prag, ab 1907 in Heidelberg. 1933 bis 1945 Berufsverbot, nach 1945 wieder o. Prof. in Heidelberg. Weber setzte sich nach 1945 zusammen mit Franz Leopold Neumann und Eugen Kogon für die Etablierung der Politikwissenschaften an den deutschen Universitäten gegen den Widerstand der klassischen Fakultäten ein. Mitbegründer der »Deutschen Vereinigung für die Wissenschaft von der Politik«.

55 Gustav W. Heinemann, geb. 1899 in Schwelm a. d. Ruhr, Soldat im Ersten Weltkrieg, Promotion 1922 zum Dr. rer. pol. in Marburg. Justitiar und Prokurist der Rheinischen Stahlwerke in Essen, seit 1936 stellvertretendes Mitglied im Vorstand. Seit 1933 führendes Mitglied der Bekennenden Kirche, ab 1945 als Vertreter der Laien im Rat der Evangelischen Kirche in Deutschland (EKD). 1949 bis 1955 Präses der Gesamtdeutschen Synode, 1945 Gründungsmitglied der CDU, 1946 bis 1949 Oberbürgermeister in Essen, vom Juni 1947 bis zum Juni 1948 Justizminister von Nordrhein-Westfalen, ab 1949 Innenminister im ersten Kabinett Adenauer. Am 9. Oktober 1950 trat Heinemann demonstrativ als Innenminister zurück, weil Adenauer den Westalliierten ohne Wissen des Kabinetts einen deutschen Wehrbeitrag angeboten hatte. Im November 1952 Austritt aus der CDU. Zusammen mit der ehemaligen Zentrums-Parlamentarierin Helene Wessel Gründung der Gesamtdeutschen Volkspartei (GVP). (Die GVP bleibt bei der Bundestagswahl im September 1953 unter der 5-Prozent-Klausel und scheitert damit als Bündnisorganisation für die sozialdemokratische Deutschlandpolitik. Die GVP wurde im Mai 1957 aufgelöst.) Anwaltspraxis zusammen mit Dieter Posser, Verteidigung zahlreicher Mitglieder der illegalisierten KPD. Ab Dezember 1966 SPD-Justizminister der Großen Koalition. Von März 1969 bis Mai 1974 Bundespräsident. Im Juni 1976 starb Heinemann in Essen.

56 Zit. nach dem unkorrigierten Wortprotokoll der X. DK, Archiv ZI 6, Akte »X. o. DK SDS, Göttingen, 21.-23. 10. 55«. Die entsprechende Stelle im offiziellen Protokoll lautet: »... aber die Durchsetzung erfolgt ... nur in Zusammenarbeit aller sozialistischen Organisationen, und dem Prinzip der Teilung nach, ist in erster Linie die Partei dafür zuständig.«

57 Die Göttinger hatten fünf Monate zuvor in den letzten Maitagen den ersten westdeutschen Universtätsstreik nach 1945 organisiert, um den niedersächsischen Kultusminister Leonhard Schlüter (FDP) zum Rücktritt zu zwingen. (Schlüter war 1948 als Kandidat der neonazistischen »Deutschen Rechtspartei« (später SRP) in Göttingen zum Stadtrat gewählt worden und hatte nach 1945 in seinem Verlag die Rechtfertigungsschrift »Europa was nun?« des Herrenreiters Franz von Papen veröffentlicht.) Nachdem auch Rektor und Senat der »Georg-August-Universität« aus Protest ihre Ämter niedergelegt hatten und der Streik auf Braunschweig übergesprungen war, wurde Schlüter beurlaubt. Bemerkenswert ist, daß Rektor Wörnmann und der AStA der Universität Solidaritätserklärungen auch von Industriegewerkschaften erhielten.

58 Lohmars Standpunkt war weitgehend identisch mit dem der Denkschrift zu einer demokratischen Wehrverfassung, die von der Wehrpolitischen Konferenz des »Ringes Politischer und Freier Studentenverbände und Gemeinschaften« im Juni 1953 ausgearbeitet worden war. Diese Denkschrift sei, so Lohmar, »von mehreren Abgeordneten aller Parteien als Grundlage für eine demokratische Wiederbewaffnungsarbeit bezeichnet« worden. (Assoziationen zu Begriffen aus der Kindersprache — »Mutti macht wieder gut« —, die Anfang der 50er Jahre in die offizielle Terminologie der bundesrepublikanischen Machteliten Eingang fanden, drängen sich auf. Als könnte der Mord an 6 Millionen Juden jemals gut-gemacht werden; ge-

nauso absurd ist die Verschmelzung der Begriffe Demokratie, Arbeit und Bewaffnung.)

59 Selbst in dieser entschärften Fassung war der Beschluß für das Innenministerium der zweiten Adenauer-Regierung Grund genug, dem SDS die Förderung durch Bundesjugendplanmittel zu entziehen. Als Vorwand diente dem Regierungsdirektor des BMI, Karl-Friedrich Scheidemann, ironischerweise ein von Ulrich Lohmar verfaßter Artikel im »Standpunkt« vom Juni 1955 (»Der Kanzler will es«), in dem angeblich in »flapsiger« Form der Kanzler und das Parlament »verunglimpft« wurden.

60 Heinz Brandt, geb. 1909 in Posen, Journalist, trat 1931 der KPD bei, wurde 1935 als Jude und Kommunist von den Nazis zu 6 Jahren Zuchthaus verurteilt. Bis zur bedingungslosen Kapitulation des Deutschen Reiches war er in den Konzentrationslagern Sachsenhausen, Buchenwald und Auschwitz inhaftiert. 1946 bis 1954 Sekretär der Ostberliner Bezirksleitung der SED, zuletzt für Agitation. September 1958 Flucht nach Frankfurt/Main. Arbeitete dort in der Redaktion der Zeitung »IG Metall« und beteiligte sich aktiv an der Anti-Atom-Kampagne. Am 16. Juni 1961 wurde Heinz Brandt vom Staatssicherheitsdienst der DDR verschleppt und am 10. Mai 1962 in einem nicht öffentlichen Verfahren zu 13 Jahren Zuchthaus verurteilt. Das Gericht beschuldigte ihn, für den Bundesnachrichtendienst (BND) und einen amerikanischen Geheimdienst gearbeitet zu haben.

61 Protokoll der X. Bundesdelegiertenkonferenz des Sozialistischen Studentenbundes in Göttingen vom 21. bis 23. Oktober 1953, Archiv ZI 6 (s. Anm. 56).

62 Nach dem Verbot der KPD durch das Bundesverfassungsgericht am 17. August 1956 wurde Studenten, die Mitglieder der legalen KPD gewesen waren, in einigen Hochschulgruppen des SDS eine Art Gastrecht gewährt, nicht zuletzt, um sie vor der politischen Strafjustiz zu schützen. Im SDS war es offenes Geheimnis, daß dieses Gastrecht in dem Moment nicht mehr gewährt würde, in dem die Mitglieder der illegalisierten KPD versuchten, die Politik dieser Partei im SDS organisiert durchzusetzen. Zu ernsthaften Auseinandersetzungen kam es im Jahre 1959 im Zusammenhang mit den Vorbereitungen zur Gründung der »Deutschen Friedensunion« (DFU), in deren Verlauf auch einige Mitglieder der illegalisierten KPD aus dem SDS ausgeschlossen wurden. (Vgl. Kapitel IV »Der Unvereinbarkeitsbeschluß«.) Der Konflikt spitzte sich erneut zu, als im Mai 1964 zu einem Bundesseminar des SDS in West-Berlin über Fragen der »Entwicklung der DDR und der Koexistenz zwischen den beiden deutschen Staaten« der harte Kern der zu diesem Thema in großer Anzahl eingereisten KPD-Sympathisanten in einem putschistischen Akt versuchte, den SDS zur Annahme der von der FDJ aufgestellten Bedingungen zur Einreise in die DDR zu zwingen. Anschließend an das Seminar sollte eine Delegation des SDS eine mehrtägige Reise durch die DDR unternehmen, um dort die diskutierten Probleme in der Praxis kennenzulernen. Wenige Stunden vor der Abreise verlangte die FDJ, daß die SDS-Delegation in eine Delegation des Landesverbandes Berlin und eine Delegation der Hochschulgruppen der Bundesrepublik aufgespalten werden sollte. Die KPD-Mitglieder machten spontan den Vorschlag, nur die »Betroffenen« sollten über diese Bedingungen abstimmen. Eine Annahme hätte die Anerkennung der Drei-Staaten-Theorie durch den SDS bedeutet. Der zweite Bundesvorsitzende Hartmut Dabrowski stellte klar, daß eine solche weitgehende Entscheidung nur durch eine Delegiertenkonferenz getroffen werden könne und kündigte den Ausschluß aller SDS-Mitglieder an, die an der von den KPD-Mitgliedern vorgeschlagenen Abstimmung teilnehmen würden. Diese steckten daraufhin zurück.
Zum Eklat kam es im Verlauf der »IX. Weltfestspiele der Jugend und Studenten« in Sofia vom 28. Juli bis zum 6. August 1968. Die Delegation des SDS initiierte am 29. Juli eine Demonstration gegen den amerikanischen Krieg in Vietnam vor der US-Botschaft. Fünf Mitglieder der KPD-Fraktion im SDS organisierten daraufhin zusammen mit der »Sozialistischen Deutschen Arbeiterjugend« (SDAJ) eine Demonstration gegen den SDS, weil die gegen die USA gerichtete Protestaktion den offiziellen bulgarischen Stellen höchst unangenehm war. (Im Verlaufe der Handgreiflichkeiten fing sich der Bundesvorsitzende Karl-Dietrich Wolff eine Ohrfeige ein.) Als auf der folgenden (XXIII.) DK im September 1968 die fünf aus dem

SDS ausgeschlossen wurden, zog sich die gesamte Fraktion um die Zeitschrift »facit« aus dem SDS zurück und gründete den »Marxistischen Studentenbund Spartakus« (MSB Spartakus).

63 Jürgen Kraft, An Statt einer Rezension — Bemerkungen zu Buttingers »Am Beispiel Österreichs«, in: Standpunkt, Heft 3/4, Oktober-Dezember 1959. Die Ausgabe das »Standpunkts«, in der Wolfgang Abendroth zu dem Entwurf für ein neues Grundsatzprogramm der SPD Stellung nahm, erschien zum Godesberger Parteitag der SPD im November 1959 und soll — so Jürgen Seifert — einer der Gründe für den Unvereinbarkeitsbeschluß von 1961 gewesen sein. (Vgl. Jürgen Briem, a.a.O., S. 230, s. Anm. 26). Joseph Buttinger, geb. 1906, sozialdemokratischer Parteisekretär der SPÖ, ab 1935 (unter dem Decknamen Gustav Richter) Vorsitzender des Zentralkomitees der »Revolutionären Sozialisten Österreichs«, einer Abspaltung von der verbotenen SPÖ, die mit der deutschen Widerstandsgruppe »Neu Beginnen« zusammenarbeitete. 1938 in Paris Obmann der Auslandsvertretung österreichischer Sozialisten. Emigrierte im November 1939 in die USA und schrieb dort seine kritische Analyse über das Scheitern des sozialdemokratischen Widerstandes gegen die klerikalfaschistische Diktatur unter Engelbert Dollfuß. Das 1953 erschienene Buch löste in der Sozialdemokratie Verärgerung und Protest aus. Joseph Buttinger, Am Beispiel Österreichs — Ein geschichtlicher Beitrag zur Krise der sozialistischen Bewegung, Köln 1953. Der SDS-Verlag »neue kritik« legte das Werk 1972 unter dem irreführenden Titel »Das Ende der Massenpartei. Am Beispiel Österreichs« wieder auf.
Wie viele seiner politischen Alters- und Leidensgenossen — z. B. Herbert Marcuse, Max Horkheimer, Arkadij Rudolf Lang Gurland, Franz Leopold Neumann, Theodor W. Adorno, Otto Kirchheimer und Paul Hagen — erwarb Buttinger die US-Staatsbürgerschaft (1943). Bis zum Ende des Zweiten Weltkrieges organisierte er die Flucht politisch verfolgter Intellektueller aus den von der Deutschen Wehrmacht okkupierten Ländern. Diese Tätigkeit setzte er als Europadirektor des »International Rescue Committee« für die osteuropäischen Länder fort, die von der Roten Armee besetzt waren. In den Jahren 1954, 1958 und 1973 besuchte er als Spezialist für politische Flüchtlinge Vietnam. Buttinger ist Autor mehrerer Standardwerke über Indochina — z. B. »Vietnam: A Dragon Embattled« (2 Bände), das Jürgen Horlemann und Peter Gäng zusammen mit dem Arbeitskreis »Vietnam« im Berliner SDS für ihr Buch »Vietnam — Genesis eines Konflikts« systematisch ausgewertet haben.

64 Michael Mauke, geb. 1928 in Berlin, in den letzten Kriegsjahren in ein Arbeitslager der Hitler-Jugend zwangsverpflichtet, wo er sich eine tuberkulöse Infektion zuzog. Seit Gründung der Freien Universität im Jahre 1948 war Mauke Mitglied der SPD-Hochschulgruppe bzw. des SDS. Ständiger Mitarbeiter und von Frühjahr 1957 bis Ende 1959 Redakteur des Bundesorgans »Standpunkt«. Zusammen mit Peter Furth verfaßte er die Sondernummer über die Restauration des Waffenstudententums. Diese historische und ideologiekritische Arbeit setzte er zusammen mit Gerd Merrem und Dietrich Wetzel in dem unter dem Pseudonym Lutz E. Finke erschienenen Buch »Gestatte mir Hochachtungsschluck — Bundesdeutschlands korporierte Elite« (Hamburg 1963) fort. Neben Willy Huhn, Fritz Lamm, Leo Kofler und Wolfgang Abendroth war Michael Mauke ein Genosse der antifaschistischen Kriegsgeneration, der sich auch noch intensiv an der internen Diskussion im SDS Anfang der 60er Jahre beteiligte. Weniger durch Veröffentlichungen als durch Seminare, Diskussionsbeiträge und Gespräche beeinflußte Mauke mehrere Generationen der bundesrepublikanischen linken Intelligenz. Michael Mauke starb am 30. Januar 1966 an den Folgen seiner Krankheit, nachdem er kurz zuvor eine Anstellung bei der Historischen Kommission in Berlin gefunden hatte. Kajo Heymann, Klaus Meschkat und Jürgen Werth veröffentlichten 1970 aus seinem Nachlaß einen Teil seiner nicht abgeschlossenen Doktorarbeit. Michael Mauke, Die Klassentheorie von Marx und Engels, Frankfurt/Main 1970.

65 »Die Neue Gesellschaft« wurde ab Juli/August 1954 von Dr. Fritz Bauer, Willi Eichler, Dr. Erich Potthoff und Prof. Dr. Otto Stammer herausgegeben. Im Januar 1959 wurde das Herausgebergremium verändert und bestand nun aus Otto Brenner, Dr. Heinrich Deist, Fritz Erler, Waldemar von Knoeringen, Prof. Dr. E. W. Meyer, Prof. Dr. Carlo Schmid, Dr. Carl Schumacher und Herbert Wehner.

66 Vgl. Jürgen Briem, a. a. O., S. 214 ff. (s. Anm. 26).

67 Am 15. September 1957 erhielten die CDU/CSU 50,2% der Stimmen (270 Sitze), die SPD 31,8% (169) und die FDP 7,7% (41). Die besonders in Niedersachsen erfolgreiche nationalkonservative bäuerliche Mittelstandspartei DP zog mit nur 3,4% der Stimmen durch die Wahlabkommen mit der CSU im Rucksackverfahren mit 17 Sitzen in den Bundestag ein. D. h., CDU/CSU/DP verfügten mit 53,6 % der Stimmen im Bundestag über 287 von 497 Stimmen.

68 Hartmut Soell weist in seiner Studie über Fritz Erler z. B. auf einen Briefwechsel zwischen Theodor Steltzer und Fritz Erler hin, in dem dieser die Meinung vertritt, daß die SPD auch nach Godesberg nicht auf die Hegelsche Dialektik und die philosophischen Erkenntnisse von Karl Marx verzichten dürfe. Vgl. Hartmut Soell, Fritz Erler — Eine politische Biographie, Bd. I, Berlin/Bonn-Bad Godesberg 1976, S. 290. (Über Erlers politische und intellektuelle Sozialisation siehe Kapitel II, S. 18 ff.)

69 In der vorletzten erschienenen Ausgabe des »Standpunkts« (nach Sperrung der finanziellen Unterstützung durch den Parteivorstand der SPD stellte die Zeitschrift das Erscheinen mit der Nummer 3/4 Oktober-Dezember 1959 ein) findet sich eine weitere »freundschaftliche Antwort« Lohmars an Mauke, auf die dieser jedoch öffentlich nicht mehr einging.

70 Am 12. April 1957 übergab der Präsident der Max-Planck-Gesellschaft, Prof. Dr. Otto Hahn (Nobelpreisträger für Chemie des Jahres 1944) der Öffentlichkeit die Erklärung. Unter den Unterzeichnern befanden sich die Nobelpreisträger Max Born (Physik, 1954), Werner Heisenberg (Physik, 1932) und Max von Laue (Physik, 1914).

71 Am 1. März 1954 — kurz vor der Einnahme der französischen Festung Dien-Bien-Phu durch die Vietminh — war das Wettrüsten durch die Zündung der »Drei-Stufen-Bombe« (eine Atombombe im Inneren zündete eine Wasserstoffbombe, die wiederum von einem Mantel aus Uran 238 umgeben war) in eine qualitativ neue Phase getreten. Hier hatten Wissenschaftler und Militärs erstmals die Kontrolle über ihr »Experiment« verloren, und das in mehrerer Hinsicht: Einmal war die Explosion doppelt so stark wie berechnet; zum zweiten stellte man nach der Detonation in der Luft, im Regen und im Meerwasser radioaktive Verseuchung bis nach Europa und den USA fest, die die Wissenschaftler nicht vorausgesagt hatten; zum dritten wurde die Mannschaft eines japanischen Fischerbootes, das sich weit außerhalb der Sicherheitszone etwa 100 Kilometer vom Explosionsort entfernt befand, vom radioaktiven Aschenregen erfaßt, weil plötzlich der Wind gedreht hatte. Einer der 23 Fischer starb einige Monate später, die übrigen siechten bis zu ihrem Tod in Krankenhäusern dahin. Vgl. Robert Jungk, Heller als tausend Sonnen, Bern/München/Wien 1963, S. 500 ff.

72 Laut Umfrage des Allensbacher Instituts für Demoskopie befürworten 52% der erwachsenen Bevölkerung diese politischen Streiks, nur 31% stellten sich gegen sie. Noch im April 1954 lehnten nur 39% die Stationierung amerikanischer Atomwaffen in Deutschland ab (Umfrage der RAND-Corporation), 1957 waren es schon 77% und im Februar/März 1958 83% (Umfragen des EMNID-Instituts, Bielefeld). Vgl. Hans Karl Rupp, Außerparlamentarische Opposition in der Ära Adenauer: Der Kampf gegen die Atombewaffnung in den fünfziger Jahren — Eine Studie zur innenpolitischen Entwicklung in der BRD, Köln 1970, S. 167, 66, 149. Im Gegensatz zu anderen Aspekten der außerparlamentarischen Bewegung nach 1945 ist die Kampagne »Kampf dem Atomtod« durch zwei neuere Studien relativ gut aufgearbeitet. Vgl. Hans Karl Rupp, a. a. O.; Karl A. Otto, Vom Ostermarsch zur APO — Geschichte der außerparlamentarischen Opposition in

der Bundesrepublik 1960—70, Frankfurt/New York 1977. Vgl. auch: Andreas Buro, Betroffenheit und Politisierung — Anmerkungen zur Geschichte der außerparlamentarischen Opposition, in: links, Nr. 90 Juli/August 1977, S. 31 ff.

73 Dabei ging es weniger um die »Berliner Beschlüsse« als um die Frage, ob der Bundesvorstand in die Rechte der autonomen Hochschulgruppen eingreifen dürfe. (Köhlers Ausschluß durch den BV wurde mit 29:20 Stimmen bei 4 Enthaltungen von der DK aufgehoben.)

74 In zwei politisch wichtigen Resolutionen, die nicht Fragen der Hochschule betrafen, verurteilten die Delegierten den französischen Kolonialkrieg in Algerien und das Verbot der Kommunistischen Partei Deutschlands. Das KPD-Verbot erschwere die Wiedervereinigung Deutschlands und legitimiere unter dem Deckmantel des »Kampfes gegen den Kommunismus« die Unterdrückung aller sozialistischen Positionen. Die DK wählte Johannes Reinhold (Bonn) zum 1. und Günther Metzger (Marburg) zum 2. Vorsitzenden. In den Beirat wurden gewählt: Wolfgang Büsch (Berlin), Gerhard Moosmayer (Tübingen), Hans Jürgen Schulz (Hamburg), Herbert Kazmierzak (Münster) und Günter Müller (München).

Bei Günter Müller (geb. 1934 in Passau) handelt es sich um den heutigen Adlatus von Franz Josef Strauß. Müller gehörte 1960 zu den Mitbegründern des »Sozialdemokratischen Hochschulbundes« (SHB). 1963 bis 1967 Bundesvorsitzender der Jusos, 1965 bis 1972 Bundestagsabgeordneter für die SPD. Nachdem er mit einer Spalterliste an den Münchner Kommunalwahlen teilgenommen hatte, um den »Kräften, die den Rechtsstaat in Zweifel ziehen«, (d. h. der SPD in München) entgegenzutreten, und beim konstruktiven Mißtrauensvotum im Deutschen Bundestag für Rainer Barzel gestimmt hatte, wurde Müller aus der SPD ausgeschlossen. Im September 1972 Eintritt in die CSU. Müller war jedoch nicht der einzige Delegierte, der sich später der Konterrevolution als Wasserträger anbiederte. Aus Berlin war als Vertreter der Deutschen Hochschule für Politik (DHfP) ein gewisser Lothar Bossle angereist. Im Herbst 1973 entblödete sich Bossle (inzwischen CDU-Mitglied) nicht, im Club Manquehue in Santiago de Chile vor Anhängern der Pinochet-Junta den ermordeten Präsidenten der Unidad Popular, Salvador Allende, Willy Brandt und Adolf Hitler als »Typ des politischen und sozialen Bohemiens« gleichzusetzen (vgl. Frankfurter Rundschau vom 18. Sept. 1975) Der »fachlich nicht ausgewiesene Parteigänger« (Fritz Vilmar) wurde auf Betreiben von Franz Josef Strauß vom Kultusminister des Freistaates Bayern, Prof. Dr. Hans Mayer, unter 55 Mitbewerbern gegen die Voten des Akademischen Senats, des Berufsausschusses und des Fachbereichsrats als neuer Inhaber des Lehrstuhls für Soziologie an der Julius-Maximilians-Universität zu Würzburg durchgeboxt. (Das, was z. B. der »Sozialistischen Assistentenzelle [SAZ] am »Otto-Suhr-Institut« [OSI] der Freien Universität Berlin dauernd von Heinrich Lummer, dem Möchtegern-Napoleon der Berliner CDU, und Konsorten vorgeworfen wird — was sie allerdings leider nie geschafft hat —, hat Franz Josef Strauß als Würzburger Lehrstück inszeniert. Die Studentenschaft reagierte — bisher — nur mit Diskussionsbeiträgen in Bossles Vorlesungen und mit der Verleihung des Titels Prof. h. CSU. Vgl. Der Spiegel, 31. Jg., Nr. 24 vom 6. Juli 1977.)

75 Der Landesvorsitzende des SDS Berlin, Wolfgang Büsch (am 2. Juni 1967 Innensenator in West-Berlin), wird zum neuen 1. Bundesvorsitzenden, Oswald Hüller (Heidelberg) zum 2. Bundesvorsitzenden gewählt. Beirat: Hans Müller (Bonn), Klaus Pöhle (Hamburg), Kay Tjaden (Frankfurt/Main). Bei der Wahl sowohl des 1. als auch des 2. Vorsitzenden hatte Günter Müller (München) kandidiert und war beide Male durchgefallen.

76 Der »Vorwärts« vom 21. März 1958 feierte dieses Ergebnis der EMNID-Umfrage als ein Indiz für die Tendenzwende nach links. Vgl. auch Anm. 70.

77 Außenminister Heinrich von Brentano (CDU) lehnte in einer Erklärung die von der sowjetischen Regierung am 10. Dezember 1957 vorgeschlagene »Deutsche Konföderation« als Grundlage für eine spätere Wiedervereinigung ab. Gleichzeitig sprach er sich gegen die vom polnischen Außenminister Adam

Rapacki vorgeschlagene atomwaffenfreie Zone in Mitteleuropa aus, da ein solcher Plan die Freiheit und Sicherheit der Bundesrepublik Deutschland gefährde. In einer leidenschaftlich geführten Mitternachtsdebatte warfen die beiden ehemaligen Minister Dr. Thomas Dehler (FDP) und Dr. Dr. Gustav Heinemann (früher CDU, jetzt SPD) Adenauer persönlich vor, er habe am 10. März und am 9. April 1952 im Kabinett verhindert, daß das Angebot der Regierung der Sowjetunion zur Wiedervereinigung überhaupt ernsthaft geprüft worden sei. Dehler betonte, Adenauers gesamte Außenpolitik sei praktisch auf die Zerreißung Deutschlands ausgerichtet. Die Debatte bedeutete einen »rhetorischen Sieg« der SPD/FDP-Opposition über die völlig unvorbereitete CDU/CSU/-DP-Mehrheit.

78 Am 22. Februar 1958 trafen sich in Bad Godesberg u. a. Vertreter der SPD, der FDP, der bereits aufgelösten GVP, des Zentrums, des DGB und der »Evangelischen Kirche in Deutschland« (EKD), um eine gemeinsame Plattform für eine außerparlamentarische Kampagne auszuarbeiten. Der Kampf-Aufruf »Kampf dem Atomtod«, der am 10. März der Presse übergeben wurde, endete mit den von Prof. Dr. Martin Niemöller vorgeschlagenen Worten: »Wir werden nicht Ruhe geben, solange der Atomtod unser Volk bedroht.« Die erhoffte Breitenwirkung unterblieb, was sich schon in der Zusammensetzung der Unterzeichner angekündigt hatte. So fehlten z. B. die Unterschriften des FDP-Bundesvorstandes und die Namen der Göttinger Achtzehn.

79 Es entbehrt nicht einer gewissen Delikatesse, auf der Titelseite des »Vorwärts« vom 4. April 1958 unter der Schlagzeile »Die Notwendigkeit des Widerstandes« darüber aufgeklärt zu werden, daß Volksbefragungen ein »legitimes Mittel des politischen Kampfes um die richtige Politik der Bundesrepublik« seien. Eine solche Äußerung würde heute mit ziemlicher Sicherheit mit Berufsverbot quittiert werden.

80 Anfang Mai stellte Adenauer den Länderregierungen von Hessen, Hamburg und Bremen, in denen Volksbefragungen beabsichtigt waren, ein Ultimatum. Sollten die Regierungen die Vorbereitungen zum Plebiszit nicht unverzüglich einstellen, werde die Bundesregierung das Bundesverfassungsgericht anrufen. Am 30. April unternahm die politische Polizei unter Berufung auf das Sammlungsgesetz aus dem Jahre 1934 Hausdurchsuchungen beim Münchner Komitee »Kampf dem Atomtod« und beschlagnahmte Geschäftspapiere, Akten und das gesamte Bargeld.

81 Nach der Entscheidung des Bundesverwaltungsgerichts herrschte im Funktionärskörper der Partei weitgehend ein Gefühl der Erleichterung vor, endlich diese immer nur halbherzig unterstützte Bewegung los zu sein. Offenbar interessierte sich damals kaum jemand für die Konsequenzen dieses Urteils, mit dem das plebiszitäre Element fast vollständig aus dem politischen Leben der Bundesrepublik gestrichen wurde und durch das der Opposition im Bundestag jede Möglichkeit genommen wurde, die Bevölkerung direkt zu Einzelentscheidungen der Regierung zu befragen.

82 Am 14. Oktober 1958 empfahl die SPD-Bundestagsfraktion den Mitgliedern der sozialdemokratischen Jugendorganisationen, sich freiwillig für die Unteroffiziers- und Offizierslaufbahn zu melden. Die Fraktion befürchtete, daß Adenauer bei seinem Versuch, »die Sozialdemokratie aus diesem Staate herauszudrängen« (Protokoll), die Bundeswehr als CDU-Schule der Nation mißbrauchte. Durch den Eintritt geschulter Sozialdemokraten sollte die Bundeswehr »im innenpolitischen Machtkampf neutralisiert« werden (Erler). (Außer dem SDS protestierten die »Sozialistische Jugend Deutschlands — Die Falken«, die »Naturfreundejugend« und einige Landesverbände der »Jungsozialisten« erbittert gegen diese Empfehlung der Fraktion.) Vgl. Hartmut Soell, a.a.O., S. 118 ff. (s. Anm. 65).

83 Die Regierung der UdSSR kündigte in gleichlautenden Noten an die Westalliierten, die Bundesrepublik Deutschland und die Deutsche Demokratische Republik den Vier-Mächte-Status von Berlin. Innerhalb von 6 Monaten sollten Verhandlungen über eine entmilitarisierte »Freie Stadt Westberlin« eingeleitet werden.

84 Als Vorläufer der Zeitschrift »Konkret« erschien im April 1955 der von Claus (heute Klaus) Rainer Röhl herausgegebene »Studenten-Kurier«. Im Herbst 1957 änderte die Redaktion den Namen in »Konkret — Die unabhängige deutsche Studentenzeitung«. Ab 1958 erschien die Zeitung in Großformat unter dem Namen »Konkret — Die unabhängige Zeitschrift für Kultur und Politik«. Das Layout der Zeitung war für damalige Verhältnisse avantgardistisch. Besonders die Titelfotos und Nonsenszeichnungen von Zie Tzaro fanden unter den Studenten großen Anklang. Ende 1958 las ungefähr ein Drittel der deutschen Studenten diese Zeitschrift. Laut Röhls eigenen Angaben wurde ein Teil der Kosten der Zeitschrift mit DDR-Geldern finanziert. (Vgl. Klaus Rainer Röhl, Fünf Finger sind keine Faust, Köln 1974, S. 90 ff.) Im Unterschied zu den späteren Jahrgängen waren bis 1965 in Konkret ausschließlich politische Fotos, Collagen und Karikaturen zu finden.

85 Zum Verlauf des Kongresses und zur a. o. Mitgliederversammlung der Berliner SDS-Gruppe an der Freien Universität am 22. Januar 1959 vgl. Siegward Lönnendonker/Tilman Fichter, a.a.O., Teil III, S. 12 f., 90 ff. (s. Anm. 12); Hans Karl Rupp, a.a.O., S. 250 ff. (s. Anm. 69).

86 Dem Organisationsausschuß gehörten an: Oswald Hüller (SDS), Heinz Brakemeier (Jungsozialisten), Heiner Halberstadt (Falken) und Herbert Faller (Naturfreundejugend).

87 Als erstes von drei Integrations-Seminaren fand am Vortage des Kongresses im Naturfreundehaus Rosenhöhe in Offenbach ein Vorbereitungsseminar »Antagonismen in der kapitalistischen Gesellschaft« statt. Das Hauptreferat hielt Dr. Fritz Opel (IG Metall); in der Arbeitsgemeinschaft Film referierte Enno Patalas zum Thema »Soziale Leitbilder im deutschen Nachkriegsfilm«, in der Arbeitsgemeinschaft Wirtschaft Heinz-Otto Draker (Mitarbeiter der »Korrespondenz für Wirtschafts- und Sozialwissenschaften« [WISO], einer Monatszeitschrift, die von Viktor Agartz herausgegeben wurde): »Tendenzen der spätkapitalistischen Gesellschaft« und in der Arbeitsgemeinschaft Hochschule Alfred Schmidt zum Thema: »Ideologie oder objektive Wissenschaft«. Schmidt war eingeladen worden, um auch andere Gruppen als die um Oskar Negt aus dem Frankfurter Institut für Sozialforschung für die Unterstützung des SDS zu gewinnen. Am Abend fand eine Diskussion mit Ruth Fischer über außenpolitische Fragen statt.

Ruth Fischer (Elfriede Eisler, 1895—1961), Mitbegründerin der Kommunistischen Partei Österreichs (KPÖ), 1919 Übersiedlung nach Berlin, gehörte dort zum linken Flügel der KPD. Ständige Mitarbeiterin bei der theoretischen Zeitschrift »Die Internationale«, ab 1921 Leiterin der Berliner Parteiorganisation und Mitglied des Zentralausschusses der KPD. Nach der Absetzung der Einheitsfrontregierungen in Sachsen und Thüringen durch die Reichswehr leitete sie faktisch die KPD und begann mit der Bolschewisierung der Partei, d. h. der Liquidierung des »Luxemburgismus«. Nach Differenzen mit der KPdSU im Sommer 1926 wurde Ruth Fischer aus der KPD ausgeschlossen. Mitbegründerin des linksoppositionellen Lenin-Bundes, 1933 Flucht nach Paris, 1940 in die USA. Dort schrieb sie u. a. das Rechtfertigungsbuch über ihre Rolle in der KPD »Stalin und der deutsche Kommunismus«. Während der McCarthy-Periode denunzierte sie ihren Bruder Gerhart Eisler. Mitarbeit in mehreren proamerikanischen antikommunistischen Organisationen. Nach dem XX. Parteitag der KPdSU bekannte sich Ruth Fischer erneut zum Sozialismus und ergriff offen Partei für die Politik Nikita Chruschtschows. Ruth Fischer hat 1956 ihr Buch »Von Lenin bis Mao — Kommunismus in der Bandung-Ära« veröffentlicht, das im SDS Grundlage der Diskussion über Kolonialismus, Erziehungsdiktatur, Freiheitsbewegung in Nordafrika, chinesischen Kommunismus etc. war. Ruth Fischer hat Ende der 50er Jahre in der beginnenden Diskussion im SDS über Antiimperialismus eine durchaus richtungweisende Rolle gespielt: ihre Solidarität galt in dieser Frage nicht so sehr den Völkern der Sowjetunion oder der Volksrepublik China, sondern dem aufbrechenden Befreiungskampf der Völker der Dritten Welt.

Das nächste wichtige Bundesseminar fand vom 10. bis 13. November 1959 auf

Schloß Schney bei Lichtenfels zum Thema »Universität und Studenten in der Gesellschaft der Bundesrepublik« statt. (Dieses SDS-Seminar galt der Vorbereitung der SDS-Mitglieder zum VI. Deutschen Studententag vom 4. bis 8. April 1960 in Berlin zum Thema »Abschied vom Elfenbeinturm«.) Das dritte Integrations-Seminar fand vom 28. Dezember 1959 bis zum 4. Januar 1960 auf dem Dörnberg bei Kassel statt. Referenten dieses volkswirtschaftlichen Seminars waren u. a. Ernest Mandel, Peter von Oertzen, Erich Gerlach, Manfred Teschner und Heinz-Otto Draker. Im Mittelpunkt der Diskussionen stand die Kritik der bürgerlichen Volkswirtschaft an der Marxschen Theorie. Bundesseminare dieser Art hatten nicht nur die Funktion, der theoretischen Arbeit und der Schulung im SDS einen festen Platz zuzuweisen, sondern auch die, die kleinen Gruppen in die Theorie-Diskussion und damit in die SDS-Fraktion zu integrieren.

88 Konny Zilliacus (1894 bis 1967), während des Ersten und Zweiten Weltkrieges beim britischen Geheimdienst tätig, Journalist, politischer Schriftsteller und Dozent. 1945 Mitglied des Unterhauses für den Wahlkreis Gateshead, im Mai 1949 Parteiausschluß aus der Labour-Party wegen ständiger Opposition gegen die Außenpolitik der Labour-Regierung (Außenminister Ernest Beven), Februar 1952 Wiedereintritt, ab 1955 Mitglied des Unterhauses für den Wahlbezirk Manchester. Vgl. Anmerkung 89.

89 In der Arbeitsgruppe I referierten u. a. Ruth Fischer zum Thema: »Faschismus als letzter Ausweg«, das Mitglied des Hessischen Landtages, Olaf Radke: »Kampf der Gewerkschaften gegen die Restauration« und das Mitglied der Labour-Party, Mr. Sachs, London: »Restauration und Antikommunismus«; in der Arbeitsgruppe II das Mitglied des Bundestages, Arno Behrisch (SPD, später DFU): »Restaurative Einflüsse und Tendenzen in der Bundeswehr«, und der Schriftsteller Günther Weisenborn: »Militarismus und Widerstandsbewegung«; in der Arbeitsgruppe III Oberkirchenrat Heinz Kloppenburg: »Die Todesstrafe«, Dr. Dieter Posser: »Notstandsgesetz und Staatsgefährdung« und Prof. Dr. Ossip K. Flechtheim: »Lobbyismus und pressure groups in der Bundesrepublik«.

90 Die Resolutionen I und II des Frankfurter Kongresses hatten u. a. die Konkret-Redakteure Reinhard Opitz, Hans Stern, Gerd Lauschke, Ulrike Meinhof, Erika Runge, Eckhard Spoo und Gerhard Bessau ausgearbeitet. Zusammen mit Wolfgang Abendroth polemisierte Ossip K. Flechtheim gegen die Annahme der Resolution der Arbeitsgruppe II. Die Resolution in der Arbeitsgruppe III gibt den Konsensus des Vorbereitungsseminars des SDS in wesentlichen Teilen wieder und nimmt darüber hinaus wesentliche Positionen des Verbandes im späteren Kampf gegen die Notstandsgesetze vorweg: »Die demokratische Ordnung der Bundesrepublik wird durch das Auseinanderfallen von Grundgesetz und Verfassungswirklichkeit mehr und mehr gefährdet.« Bei der Ausformulierung dieser Resolution, die zum Widerstand gegen die »schleichende Aushöhlung demokratischer Institutionen« aufrief, hatte vor allem Jürgen Seifert von der Frankfurter Gruppe mitgewirkt. Für den Problemkreis Grundgesetz, Verfassungswirklichkeit und Sozialisten vgl. den informativen Artikel von Jürgen Seifert: Linke in der SPD (1945 bis 1968), in: Die Linke im Rechtsstaat, a.a.O., S. 236 ff. (s. Anm. 16).

91 Die Resolution lehnt sich im Stil an die antimilitaristischen Reden Karl Liebknechts an die deutsche Jugend an: »Der Militarismus dient der Unterordnung des Volkes unter die innen- und außenpolitischen Ziele der herrschenden Schichten.« Symptom für das Wiederaufleben des Militarismus der Bundesrepublik sei die Existenz von »militaristischen Traditionsverbänden« und »revanchistischen Vertriebenenorganisationen«. Konkrete Forderungen der Resolution waren: die Abschaffung der allgemeinen Wehrpflicht, die Ausschaltung des alten Offizierskorps der Wehrmacht in der Bundeswehr, Verhandlungen der beiden deutschen Staaten mit dem »Ziele einer stufenweisen Zusammenführung der Teilstaaten« und die Anerkennung der Oder-Neiße-Grenze. (Vgl. Anm. 90) Vorbild für die Planung und den Ablauf des Kongresses war eindeutig der »Internationale Kongreß gegen koloniale Unterdrückung« im Brüsseler Palais

Egmont vom 11. bis 15. Februar 1927. Willi Münzenberg (KPD) hatte diese Veranstaltung im Auftrage der KOMINTERN organisiert. Die von Münzenberg arrangierte Zusammensetzung der Delegationen und die zur Verabschiedung vorgelegten Resolutionen dokumentierten für die Öffentlichkeit das enge Bündnis der fortschrittlichen bürgerlichen Intelligenz und der unterdrückten Völker mit der Arbeiterklasse. Der Kongreß sollte in erster Linie Plattform für eine kämpferische Parteilichkeit und eine Proklamation der Solidarität sein. Nicht nur Oswald Hüller benutzte Münzenbergs Kongreß-Schnittmuster, sondern u. a. auch die Renegaten um Arthur Koestler, die im Juni 1950 in West-Berlin den »Kongreß für kulturelle Freiheit« ausrichteten, sowie im Februar 1968 Rudi Dutschke, Gaston Salvatore, Sibylle Plogstedt, Christian Semler und der Berliner SDS bei der Organisierung des »Internationalen Vietnam-Kongresses«.

92 Die Bundestagsfraktion der SPD beschloß am 20. März 1959 als Reaktion auf das Chruschtschow-Ultimatum den von Herbert Wehner ausgearbeiteten »Deutschlandplan«. Eine isolierte Teillösung der Berlin-Frage ohne den Abschluß eines Friedensvertrages für ganz Deutschland sei abzulehnen. Die SPD empfahl als realistische Alternative ein schrittweises Vorgehen: In der ersten Phase sollte in Mitteleuropa eine Entspannungszone eingerichtet werden, die Deutschland, Polen, die Tschechoslowakei und Bulgarien umfassen sollte; alle Truppen der NATO und des Warschauer Paktes sollten aus diesen Ländern zurückgezogen werden; zur Überprüfung des Verbotes der Stationierung von Atomwaffen schlug die SPD ungehinderte Boden- und Luftkontrollen vor. Die Einhaltung dieser Bestimmungen sollte durch ein kollektives Sicherheitssystem, dem die USA und die UdSSR angehören sollten, garantiert werden.
In der zweiten Phase war eine paritätisch besetzte gesamtdeutsche Konferenz zur Ausarbeitung der verfassungsrechtlichen Grundlagen für die Einberufung eines gesamtdeutschen Parlamentarischen Rates vorgesehen. In der letzten Phase sollten freie allgemeine geheime Wahlen für eine verfassunggebende Nationalversammlung in beiden deutschen Staaten stattfinden. (Noch am Tage des Beschlusses lehnte ein Sprecher der CDU/CSU den »Deutschlandplan der SPD« ab, da die vorgeschlagene Form der Entspannungszone eine einseitige Vorleistung des Westens darstelle.)

93 Mommer glaubte sich im Vorfeld von Godesberg auf Kosten des SDS politisch profilieren zu können. In seiner Rede, die ihm vor allem den Beifall der FAZ und der Welt einbrachte, sagte er u. a.: »Es ist unmöglich, den Kommunisten so in die Hände zu arbeiten, wie es in Frankfurt geschah. Es zeigt sich, daß die kommunistische Infiltration bei uns beachtliche Erfolge erzielt, die man nicht noch größer werden lassen sollte. Man muß den Anfängen wehren. Ich bin der Meinung, die sozialistischen Studenten, die sich nicht als trojanische Esel für Pankow einspannen lassen wollen, sollten sich vom SDS trennen. Es ist notwendig, eine klare Trennungslinie zu ziehen.« Konny Zilliacus sei im übrigen das »Paradepferd der SED in England«.

94 Seit Oswald Hüller auf der Mannheimer DK gegen Konrad Grube (Bonn) zum 1. Bundesvorsitzenden gewählt wurde, planten die Bonner Albert-Schweitzer-Gruppe, die SDS-Hochschulgruppen in Wilhelmshaven, Heidelberg und Köln und die Berliner SDS-Gruppe an der Hochschule für Politik zunächst unabhängig voneinander die Loslösung vom Bundesverband und die Gründung parteikonformer Gruppen.

95 Am 13. Mai 1958 putschten die Fallschirm-Obristen Thomazo (»Ledernase«), Trinquier, Ducasse und der Ex-Generalgouverneur von Algerien, der ehemalige Sozialist Jacques Soustel unter Führung der Generäle Massu und Salan gegen die französische Zentralregierung in Paris. Die Putschisten waren gegen jede Art von Verhandlungen mit Vertretern der algerischen Befreiungsfront FLN.

96 Laut § 29 der Bundessatzung des SDS vom 17. Sept. 1951 bedurfte dieser Beschluß der Zustimmung von zwei Dritteln der SDS-Hochschulgruppen, um wirksam werden zu können. § 27 der Bundessatzung schrieb vor, daß die einzelnen Gruppen an Beschlüsse des Bundesvorstandes gebunden sind.

97 Für die Wilhelmshavener Linie votierten u. a. die Gruppen: Köln, Bonn, Stutt-

gart, Hannover, Freiburg, Universität München und Düsseldorf. Für den BV sprachen sich mehrheitlich die Gruppen Würzburg, Hamburg, Frankfurt/Main (die außerdem den sofortigen Ausschluß der Initiatoren der Resolution auf dem Frankfurter Kongreß forderte), Tübingen, Weilburg, Braunschweig, Kiel, Landesverband Berlin (die FU-Gruppe beschloß gleichzeitig die Einleitung eines Ausschlußverfahrens gegen den Konkret-Redakteur Hans Stern, das am 19. Juni nicht die nötige Zwei-Drittel-Mehrheit erhielt) und Erlangen aus. Gegen die Abberufung von Hüller und Bessau entschieden sich die Gruppen Germersheim, Speyer, Mannheim, Münster (was Jürgen Seifert, der Mitglied dieser Gruppe war, nicht verhindern konnte. Bei der Delegiertenwahl für die DK am 30. Juli unterlag allerdings Ulrike Meinhof mit 14 Stimmen bei 19 Stimmen für den Gegenkandidaten Jochen Grönert), Heidelberg, Karlsruhe und Saarbrücken (die ihr »uneingeschränktes Vertrauen« zu Hüller und Bessau bekundete).

98 Oswald Hüller schloß sein Studium 1959 als Dipl.-Volkswirt ab und trat anschließend in die Stabsabteilung Organisation des Krupp-Konzerns ein. Er wurde persönlicher Assistent des Krupp-Direktors Otto Proksch. Ab 1963 Geschäftsführer der Wirtschaftsförderungs-Gesellschaft für den Kreis Unna. Heute ist Hüller als Industrieberater bei der Ansiedelung überwiegend amerikanischer Großkonzerne im Ruhrgebiet tätig. Klaus Rainer Röhl ließ es sich nicht nehmen, seinen Lesern solche Fakten in seiner schon zum Polit-Porno verkommenen Zeitschrift »Konkret« genüßlich mitzuteilen unter der Rubrik »Karrieren«: Die »Ossi«-Hüller-Story: Vom SDS-Boß zum Manager, in: Konkret Nr. 23, 5. November 1970, S. 51 ff.

99 Als Oswald Hüller am 3. Juni 1959 gutgelaunt zur BV-Sitzung erschien, ließ er sich nicht träumen, daß diese blaue Bände lesenden Intellektuellen den Mut zu organisatorischen Konsequenzen aufbringen würden. Seiner Vorstellung nach war so etwas Leuten wie ihm vorbehalten: Apparatschiks schließen aus und werden nicht ausgeschlossen. Oswald Hüller empfand den Ausschluß als persönliche Niederlage und zog sich aus der Politik zurück.

100 Die Spalter-Fraktion arbeitete bereits seit längerem zielstrebig auf die schließlich im Mai 1960 erfolgte Gründung des parteifrommen »Sozialdemokratischen Hochschulbundes« (SHB) hin, der sich dann allerdings für die Partei auch als Fehlinvestition erwies. Die Genossen um Hüller schlossen sich bald der am 5./6. November 1960 gegründeten Auffangorganisation für unzufriedene oder enttäuschte SPD-Linke »Vereinigung Unabhängiger Sozialisten« (VUS) an. Die Mehrheit der Konkret-Fraktion betrieb aktiv die Gründung der »Deutschen Friedens-Union« (DFU), einer Bündnisorganisation der illegalisierten KPD. Führende Funktionäre der VUS, z. B. Viktor Agartz, boykottierten den Gründungskongreß der DFU am 17. Dezember 1960 in Stuttgart, weil diese Partei bewußt auf eine sozialistische Linie in der Innenpolitik verzichtete, um die potentiellen bürgerlichen Bündnispartner für ihre außenpolitischen Ziele nicht zu verprellen. (Die DFU forderte zwar die sofortige Anerkennung der DDR und der Oder-Neiße-Grenze, stand innenpolitisch jedoch rechts von Godesberg. Eine nicht undelikate Mischung, wie man zugeben muß.)

101 Die damals vom Parteivorstand der SPD lancierte und bis heute sogar von so manchem Kritiker der SPD-Politik kritiklos übernommene Erklärung für die Entfremdung zwischen SPD und SDS läuft darauf hinaus, daß die sozialdemokratische Partei Ende der 50er Jahre sich in einer Legitimationskrise befand und durch den Unvereinbarkeitsbeschluß beweisen wollte, daß es ihr mit Godesberg ernst war. Vgl. Unterkapitel »Trotz alledem«.

102 Vgl. Michael Vester, Zur Geschichte des Sozialistischen Deutschen Studentenbundes (SDS), in: Studien von Zeitfragen, Sonderdruck, Mainz, o. J., S. 16.
Stellvertretender Bundesvorsitzender wurde Manfred Schmidt (München); in den Beirat wurden gewählt: Peter Heilmann (Berlin), Monika Seifert-Mitscherlich (Frankfurt/Main) und Dieter Wunder (Hamburg); zum Geschäftsführer wurde Manfred Dammeyer (Bonn) gewählt. Auf seiner ersten Sitzung am

12./13. September 1959 setzte der BV einen »Hochschulpolitischen Beirat« ein, der die Hochschulpolitik innerhalb der verschiedenen SDS-Gruppen koordinieren und im »Verband Deutscher Studentenschaften« (VDS) vertreten sollte. Mitglieder wurden: Klaus Meschkat (FU Berlin, 1957 AStA-Vorsitzender, 1958 VDS-Vorsitzender), Horst Steckel (Göttingen), Peter Schöngarth (München) und Jürgen Borck (FU Berlin). Der »Hochschulpolitische Beirat« bereitete unmittelbar nach der Delegiertenkonferenz das hochschulpolitische Bundesseminar des SDS im November vor. Durch kontinuierliche Mitarbeit im VDS und durch die Vorlage einer langfristigen Konzeption für die Hochschulreform in der Denkschrift vom September 1961 setzte der SDS die anderen politischen Studentenverbände unter Zugzwang. Das geschah genau zu der Zeit, als Waldemar von Knoeringen für den Parteivorstand der SPD dem SDS andauernd vorwarf, er vernachlässige die praktische Hochschularbeit und versuche statt dessen, durch turbulente Kongresse in die Weltpolitik einzugreifen.

103 Bis zum Godesberger Parteitag galt das im Herbst 1925 verabschiedete Heidelberger Programm, dessen theoretische Passagen von Rudolf Hilferding nach einem Entwurf Karl Kautskys verfaßt worden waren. Zu den Problemen, mit denen die SPD nach Godesberg einfach nicht fertig wird (Rationalisierung, Dauerarbeitslosigkeit, Verhältnis von Stadt und Land), hatte dieses Programm im Gegensatz zum Godesberger inhaltlich etwas zu sagen. Hilferding ging davon aus, daß die Wirtschaft in Kartellen und Trusts organisiert sei, daß die Kleinbetriebe zurückgedrängt würden und ihre ökonomische Bedeutung weitgehend verlören. Dagegen nehme die Bedeutung der Angestellten und Intellektuellen im Wirtschaftsprozeß ständig zu. Durch die wissenschaftliche Forschung werde die Produktivität der menschlichen Arbeitskraft ständig gesteigert. Die objektiv mögliche Befreiung des Menschen von materieller Not und Angst werde durch die Anarchie der kapitalistischen Produktionsweise verhindert. Statt dessen würden die Menschen durch stets drohende Arbeitslosigkeit, Inflation und Wirtschaftskrisen eingeschüchtert. Hilferding blieb nicht bei der abstrakten Forderung nach Verwandlung der kapitalistischen Produktionsweise in eine sozialistische stehen, sondern entwickelte im Arbeitsprogramm konkrete Schritte: Regierungskontrolle über die kapitalistischen Interessengemeinschaften, Kartelle und Trusts; Überführung von Grund und Boden, Bodenschätzen und natürlichen Kraftquellen in Gemeineigentum; und Ausbau eines wirtschaftlichen Rätesystems zur Durchführung eines Mitbestimmungsrechts der Arbeiterklasse. Parallel dazu sollten die Genossenschaften für Wohnungsbau, Konsum, Ferien etc. ausgebaut werden. Wo Hilferding schon im Jahre 1925 das Ende des freien Wettbewerbs und der freien Unternehmerinitiative durch den fortgeschrittenen Vereinigungsprozeß von Industrie-, Handels- und Bankkapital zum Finanzkapital konstatierte, beschwören die Godesberger Idealisten vergangene Zeiten des Frühkapitalismus. Nachdem die SPD ihre eigenen Theoretiker zu Tode geschwiegen hatte, kann es nicht verwundern, daß die Parteijugend von heute z. B. bei einem Schüler von Hilferding, dem kommunistischen Ökonomen Jürgen Kuczynski, in die Schule geht und die Lehre vom staatsmonopolistischen Kapitalismus büffelt.

104 Die Gegenanträge kamen vor allem aus Hochburgen des gestandenen traditionellen proletarischen Reformismus und aus Universitätsstädten: z. B. aus Marburg-Stadt, Senne bei Bielefeld, Tübingen, Frankfurt-Oberhausen, Darmstadt, Bremen, Essen-Katernberg und Hanau.

105 Gegen das Programm stimmten u. a. Peter Blachstein (MdB, Hamburg); der persönliche Referent des IG-Metall-Vorsitzenden Otto Brenner und spätere Hamburger Innensenator Heinz Ruhnau; der von Klaus Schütz und Willy Brandt als Berliner Landesvorsitzender abgesägte Franz Neumann; der Vorsitzende der Gewerkschaft der Polizei, Werner Kuhlmann (Gelsenkirchen); der spätere Frankfurter Oberbürgermeister Walter Möller, die Leiterin des Frauengefängnisses in Frankfurt-Praunheim, Dr. Helga Einsele; der spätere niedersächsische Kultusminister Dr. Peter von Oertzen (Göttingen) und der spätere Berliner Senator für Wissenschaft und Kunst, Prof. Dr. Werner Stein.

106 So erfuhr z. B. eine völlig überraschte SPD-Mitgliedschaft aus der Presse und dem Radio von der Rede Herbert Wehners am 30. Mai 1960 vor dem Deutschen Bundestag, in der er die europäische Einheit und die NATO für die SPD als Voraussetzungen für die Erhaltung der Freiheit und die Erlangung der Wiedervereinigung bezeichnete und sich von der zentralen Aussage des Deutschlandplans distanzierte, die Einheit Deutschlands sei nur durch den Austritt der beiden Teilstaaten aus den jeweiligen Militärbündnissen zu erreichen. Vergeblich blätterten ratlose Genossen im funkelnagelneuen Programm und suchten nach einer Begründung für diesen Kurswechsel.
Heute weiß man, daß Herbert Wehner im Herbst 1962 mit Paul Lücke (CDU) und Karl Theodor Freiherr von und zu Guttenberg (CSU) beim Wein erste Gespräche über eine Große Koalition führte. Diese Bündnispolitik war nach dem Godesberger Programm durchaus möglich, weil nämlich über Bündnispolitik in diesem Programm überhaupt nichts steht.

107 Bei der vierten Bundestagswahl erhielten die CDU/CSU 45,3 % und die FDP 12,7 %. Der Stimmenzuwachs für die SPD verringerte sich bei den Wahlen zum fünften Bundestag am 19. September 1965 wieder. (CDU/CSU 47,6 %, SPD 39,3 % und FDP 9,5 %).

108 Auf der Göttinger DK akzeptierte die Mehrheit der Delegierten nolens volens die Bedingungen, die der stellvertretende Parteivorsitzende Waldemar von Knoeringen für die weitere Zusammenarbeit genannt hatte: Ablehnung der Beschlüsse des Frankfurter Kongresses, die im Gegensatz zur Politik der SPD standen; Unvereinbarkeitsbeschluß zwischen Konkret-Mitarbeit und SDS-Mitgliedschaft; eindeutiges Bekenntnis zum demokratischen Sozialismus und zur politischen Demokratie im Sinne der Frankfurter Prinzipienerklärung der Sozialistischen Internationale aus dem Jahre 1951; klare Absage an den Kommunismus und Ablehnung aller Kontakte zur SED und ihren Massenorganisationen, solange sie nicht im Einvernehmen mit dem SPD-Parteivorstand stattfanden; und eine Änderung der Satzung, in der sich der SDS »als Teil der in Deutschland von der Sozialdemokratischen Partei geführten sozialistischen Bewegung« bezeichnete. Allerdings legte Kallauch Wert auf die Feststellung, daß der SDS in einigen wichtigen Fragen — die vom Parteivorstand allerdings auch nicht zum casus belli hochstilisiert worden waren — durchaus eine andere Position vertrat, besonders in Fragen der Wehrpolitik. Ab Herbst 1959 stellte der Parteivorstand dem SDS-Sekretär Manfred Dammeyer (Wilhelmshaven-Rüstersiel) wieder ein zweizimmriges SDS-Büro einschließlich Material und DM 400,— Gehalt zur Verfügung. Mit dem Entzug der Finanzierung des Sekretariats nach der Mannheimer DK, durch die der SDS eigentlich zur Raison gebracht werden sollte, hatte der Parteivorstand denkbar schlechte Erfahrungen gemacht. Hüller konnte so die gesamte Vorbereitung des Frankfurter Kongresses unkontrolliert durchführen; außerdem hinterließ er dem Verband Schulden, was sich allerdings erst nach Hüllers Entlastung herausstellte.

109 Die Göttinger DK hatte beschlossen, die von Reinhard Strecker (Berlin) vorbereitete »Aktion gegen nationalsozialistische Juristen, die heute in der Bundesrepublik Ämter bekleiden, zu unterstützen«. Diese Ausstellung mit Dokumenten über damals wieder tätige Richter, die bis 1945 in Sonder- und Volksgerichtshöfen Verbrechen gegen die Menschlichkeit begangen hatten, sollte in Karlsruhe, dem Sitz des Bundesverfassungsgerichts, starten. Als daraufhin die weiter mit Oswald Hüller sympathisierenden Karlsruher SDS-Gruppen mit Gerhard Bessau und Bertolt Höch an der Spitze versuchten, die Initiative über ein von ihnen eingesetztes Aktionskomitee in ihrem Sinne umzufunktionieren, geriet die Aktion in den üblichen Mißkredit. Der SPD-Parteivorstand distanzierte sich am 24. November 1959 in einer Presseerklärung. Darüber hinaus startete das Schlachtschiff der bürgerlichen Presse, die FAZ, in der letzten Novemberwoche eine Kampagne gegen die angeblich kommunistisch gesteuerte Aktion gegen die Nazirichter. (In der Ausstellung waren zahlreiche Dokumente aus der Volksrepublik Polen, aus Israel und der DDR zu sehen.) Die Ausstellung wurde u. a. in West-Berlin, Tübingen, München,

Freiburg, Stuttgart und im Ausland in Amsterdam, Leyden, Utrecht, Oxford und London gezeigt. Das war nur möglich, weil dieses Projekt nicht nur in der Linken, sondern bis weit hinein in den rechten Flügel der SPD Unterstützung fand. Am 25. Januar 1960 stellte Reinhard Strecker im Auftrage des Bundesvorstandes des SDS Strafantrag gegen 43 schwer belastete Richter.

110 Unter anderem der RCDS und die Bild-Zeitung nahmen den Protest der sozialistischen deutschen und spanischen Studenten gegen offizielle Gespräche mit dem Vertreter des Franco-Regimes zum Anlaß, dem SDS »politische Schizophrenie« vorzuwerfen, weil zur selben Zeit Monika Mitscherlich (Frankfurt/Main) und Erik Nohara (Berlin), die als Beobachter des SDS an einem internationalen Seminar zum Thema »Zehn Jahre Hochschulwesen der DDR« in Leipzig teilnahmen, mit dem Staatsratsvorsitzenden der DDR, Walter Ulbricht, ein Streitgespräch führten. (Das selbstbewußte Auftreten der SDSler, die »Tollkühnheit« ihrer Argumentation wurden sowohl von der Studentenpresse als auch von der bürgerlichen Presse überwiegend positiv bewertet.)

111 In Heft 3/4 des »Standpunkts« von Oktober-Dezember 1959 erschien trotz Intervention des Parteivorstandes Abendroths Artikel »Ein Programm-Entwurf der Anpassung und Resignation«, nachdem er eineinhalb Jahre bei der Redaktion gelegen hatte. Daß dieser Abdruck kurz nach dem Godesberger Parteitag vom Parteivorstand gegen den SDS ins Feld geführt wurde, ist allerdings verständlich. Wurde durch die vollständige Veröffentlichung doch offenkundig, daß die Publikation eines Leserbriefs im »Vorwärts« vom 9. Oktober 1959, also unmittelbar vor dem Godesberger Parteitag, unter dem selben Titel eine in wesentlichen Teilen gekürzte Fassung war, die Abendroths Argumentation entschärfte. In derselben Ausgabe des Standpunkts erschien Jürgen Krafts Buttinger-Rezension, die den Parteivorstand nicht weniger verärgert haben dürfte; schließlich hatte die deutsche Sozialdemokratie 1933 vor der Geschichte nicht besser abgeschnitten als der Austromarxismus im Jahre 1934. (Eine ebenso detaillierte und kritische Analyse »Am Beispiel Deutschlands« für die Frühlingstage des Jahres 1933 fehlt bis heute.)

112 Während der Rede des Berliner Innensenators Joachim Lipschitz (SPD) trugen FU-Studenten, zum großen Teil Sympathisanten der Zeitschrift »Konkret«, Pappschilder und ein großes Transparent mit den Namen »Oberländer, Globke, Schröder« auf den Kundgebungsplatz. (Prof. Dr. Dr. Theodor Oberländer - BHE, später CDU -, ehemaliger Offizier der Spionage-Abwehr, Mitglied des Bataillons »Nachtigall«, das für die Ermordung von ungefähr 5000 Juden in Lemberg verantwortlich ist, 1954 bis 1955 Bundesvertriebenenminister, bis 1965 Mitglied des Bundestages. Dr. Hans-Maria Globke, bis 1945 Beamter des Reichsinnenministeriums, in dieser Eigenschaft Kommentator der nationalsozialistischen Nürnberger Rassengesetze, nach 1945 als »Widerstandskämpfer« entnazifiziert, da er Vertrauensmann des Vatikans und des politischen deutschen Katholizismus war. Von 1949 bis 1963 Ministerialdirektor bzw. Staatssekretär im Bundeskanzleramt. Engster politischer und persönlicher Berater von Dr. Konrad Adenauer. Die Autoren dieser Arbeit sind wirklich keine politischen Freunde des Dr. Gerhard Schröder, der als Bundesinnenminister die Notstandsgesetze initiierte. Was sein Name jedoch neben den ehemaligen Nazis Oberländer und Globke zu suchen hatte, ist unklar.) Lipschitz griff die FU-Studenten spontan als »kommunistische Demonstranten« an, die »nach Hause in den Ostsektor« geschickt werden müßten. Bereitschaftspolizisten und Beamte der Politischen Polizei gingen daraufhin z. T. mit Gummiknüppeln gegen die Demonstranten vor und verhafteten 10 FU-Studenten. Zwei Stunden nach den Verhaftungen erklärte die Polizeipressestelle, daß es sich nicht um kommunistische Provokateure, sondern um immatrikulierte Studenten der FU gehandelt habe. Der Polizeiführung hätte sich jedoch der Anschein geboten, als ob die Kundgebungsteilnehmer unter dem Eindruck gestanden hätten, diese Studenten seien Kommunisten gewesen. Abends erklärte Innensenator Lipschitz im Fernsehen: »Was die Studenten haben ausdrücken wollen, hat meine volle Sympathie.«

113 Die Vorsitzenden der Landesverbände Nordrhein-Westfalen, Heinz Niedrig,

und Niedersachsen, Peter Gorny, unterschrieben ebenfalls diesen Brief. Knapp eineinhalb Monate später putschten sie.

114 Liehr zog als Begründung für die ausschließliche Unterstützung der Spalter durch den SPD-Landesverband Berlin den Beschluß des Bundesvorstandes der SPD vom 23. Mai heran, in dem dieser jedoch lediglich die Gründung des SHB »zur Kenntnis« genommen und dessen »eindeutige Haltung... zum Godesberger Programm« begrüßt hatte. (Der Berliner SPD-Landesvorstand hatte eine Woche später alle sozialdemokratischen Studenten aufgefordert, dem SHB beizutreten. Damit hatte er eine vorsichtige Anerkennung des »rechten« SHB durch den Parteivorstand in Bonn in einen eindeutigen Abgrenzungsbeschluß gegen den »linken« SDS uminterpretiert. Nach dem Sturz von Franz Neumann war diese Praxis in Berlin durchaus üblich.)
Als typisches Beispiel für die Sprache und Denkweise der SPD-Clique um Kurt Neubauer, Rolf Schwedler, Harry Liehr sei hier aus einer Rede des letzteren zitiert: »Wenn Ihr so wollt, Genossinnen und Genossen, wird der SDS zukünftig, entschuldigt diesen beispielhaften Vergleich, die Rolle eines unehelichen Kindes spielen..., daß es sich dabei aber um ein uneheliches Kind handelt, bei dem die Vaterschaft bestritten wird und bei dem verweigert wird, Alimentenzahlungen vorzunehmen...«.

115 In einer Erklärung der SDS-Vorsitzendenkonferenz vom 22. Mai 1960 wird der »Austritt von insgesamt 111 Mitgliedern« bedauert. Jedoch: »Über 90 Prozent der Mitglieder unseres Verbandes, darunter etwa 600 Mitglieder der SPD, haben sich an der Abspaltung nicht beteiligt.« Insgesamt hat die Polemik des Parteivorstandes dem SDS — zumindest was die Mitgliederzahl angeht — mehr genützt als geschadet: so konnte z. B. die Frankfurter Gruppe im Sommersemester 1960 56 neue Mitglieder aufnehmen und war damit in Frankfurt ebenso stark wie alle anderen politischen Studentengruppen zusammengenommen. In West-Berlin blieb die Gruppe an der Freien Universität nach 13 Neuaufnahmen mit über 150 Mitgliedern weiterhin die stärkste westdeutsche politische Studentengruppe.

116 Hier seien nur einige Solidaritätsadressen zitiert, die für das Selbstverständnis und die Bedeutung des SDS an den Hochschulen in den 60er Jahren charakteristisch sind. Prof. D. Helmut Gollwitzer: »Der SDS ist m. E. ein zur Zeit unentbehrliches Ferment im politischen Leben der gegenwärtigen Studentengeneration und der deutschen Hochschule.« Prof. Dr. Karl Barth (Basel) in einer Grußadresse an die XV. Delegiertenkonferenz des SDS: »Meine ›Botschaft‹ kann nur das Thema haben: ...daß der Tag — hoffentlich für die Übrigen kein zu schlimmer Tag! — kommen wird, an dem es sich zeigen wird, daß sie recht hatten und an dem man sie dann auch brauchen wird.« Prof. Dr. Wolfgang Abendroth zur selben DK: »Die Aufrechterhaltung der geistigen Freiheit und der Diskussionsbereitschaft in einem studentischen politischen Verbande ist — wie mir scheint — conditio sine qua non sinnvoller politisch-pädagogischer Arbeit an den Universitäten und anderen wissenschaftlichen Hochschulen im Interesse der demokratischen Erziehung des akademischen Nachwuchses. Es bleibt die Pflicht des SDS, wie bisher unter Berücksichtigung dieser Überlegung die geistige Verbindung zwischen den aufgeschlossensten Teilen der jungen akademischen Generation und der Arbeiterbewegung herzustellen, ohne sich durch irgendwelche bürokratischen Maßnahmen einschüchtern zu lassen.« Prof. Dr. Heinz-Joachim Heydorn, selber zusammen mit Alfred Hooge erster Bundesvorsitzender des Verbandes 1946 bis 1947, wies dem SDS faktisch die Funktion eines Eisbrechers im Polarmeer des Kalten Krieges in den späten Adenauer-Jahren zu: »Es bedarf jetzt der Menschen, die auch um den Preis ihrer zeitweiligen Vereinsamung und geschichtlichen Hilflosigkeit entschlossen sind, diese Sache weiter zu führen, ganz ohne Illusionen der Zukunft ein Zeichen zu geben, die sich nicht selbst zum Maßstab erheben, sondern nur das, was durch sie weiterwirken und überdauern will, als Verheißung, als Erbe aller großen Vergangenheit, als Versprechen des Kommenden. Es bedarf der Studentinnen und Studenten, die durch sich selbst das moralische Elend des Menschen in dieser Zeit widerlegen, die die mögliche, die notwendige,

die erfülltere Zukunft des ganzen Geschlechts anzeigen. Was ist, wird nicht bleiben, es wird andere Zeichen geben, gewaltige Kräfte sind in dieser Welt am Werk; die Müdigkeit darf uns nicht überkommen, unsere Präsenz ist von entscheidender Bedeutung.
Der SDS ist heute wichtiger denn je; wir aber, die wir in ihm unsere besten Jahre verbrachten, angetrieben von dem Verlangen nach Selbstverwirklichung in und mit der Verwirklichung einer umfassenderen Wahrheit des ganzen Lebens, werden Euch nicht im Stich lassen.«

117 Z. B. überwies die Förderergesellschaft im ersten Jahr nach dem Unvereinbarkeitsbeschluß DM 4500,— an den Bundesvorstand des SDS. Organisierte Gruppen gab es zum damaligen Zeitpunkt in Kiel, Berlin, Hamburg, Solingen, Frankfurt/Main, Stuttgart, Hannover, Bielefeld, Dortmund, Wuppertal, Duisburg, Ulm, Marburg und München. Schon bald gehörten dem Kreis über 300 Mitglieder an.

118 Die Zustimmung der Sozialdemokratie zum Beschluß der Ministerpräsidenten der Länder und des Bundeskanzlers Willy Brandt vom 28. Februar 1972, dem Radikalenerlaß, ist aus derselben Mischung von Vorurteilen, Aggressionen, Minderwertigkeitskomplexen und auch berechtigter Kritik gegenüber der Intelligenz zu verstehen, die im Herbst 1961 zum Unvereinbarkeitsbeschluß geführt hatte. Daran ändert auch die Tatsache nichts, daß mittlerweile Willy Brandt, Helmut Schmidt und Horst Ehmke versuchen, die Geister aus den eigenen Reihen, die sie riefen, wieder loszuwerden. Schließlich hat ein Kurt Neubauer in Berlin im Vergleich mit Helmut Kohl in Rheinland-Pfalz ein Vielfaches an Berufsverboten auf dem Gewissen.

119 Zur Einschätzung des Unvereinbarkeitsbeschlusses durch die Autoren dieses Buches s. Unterkapitel »Die Machtprobe«. Nachdem eine Reihe von bekannten SPD-Mitgliedern wegen ihrer Mitgliedschaft in der Förderergesellschaft aus der SPD ausgeschlossen worden war (z. B. Prof. Dr. Wolfgang Abendroth, Gründungsmitglied und erster Vorsitzender der »Sozialistischen Hochschulgemeinschaft« und hessischer Verfassungsrichter, Prof. Dr. Ossip K. Flechtheim, Prof. Dr. Heinz-Joachim Heydorn, Mitglied des Parteirates der SPD, und Fritz Lamm, Betriebsrat bei der Stuttgarter Zeitung) und die bürgerliche Presse darüber berichtet hatte, entstand in der SPD an der Basis Unruhe über das Informationsdefizit. In einem mit »Wer darf was wissen?« überschriebenen, leicht ironischen Leserbrief regt ein Mitbegründer des Heidelberger SHB im »Vorwärts« vom 10. Januar 1962 die Behandlung dieses Themas in der Parteipresse an. Die Redaktion des »Vorwärts« brachte erst am 31. Januar einen Artikel mit dem Titel: »Noch über Lenin hinausgehend«, in dem weiterhin unbewiesene Vorwürfe, Gerüchte und erwiesenermaßen falsche Behauptungen und Verdrehungen aneinandergereiht wurden. Der Artikel verstieg sich zu folgender absurder Konstruktion— weit jenseits der tatsächlichen Machtverhältnisse in der Partei: »Es war das Ziel der SDS-Führungsgruppe nach einer — erhofften — SPD-Wahlniederlage die politischen Vorstellungen des SDS auf breiter Ebene in die SPD hineinzutragen... Während die SPD sich in einem hart geführten Wahlkampf mit CDU/CSU und FDP auseinandersetzte, während in Berlin die Mauer wuchs, arbeitete man im SDS an einer ›theoretischen Grundlage‹, mit der man hoffte, die SPD von dem in Godesberg eingeschlagenen Kurs wieder abdrängen zu können.«

120 Peter Mosler schreibt die Unwahrheit, wenn er — von wem auch immer informiert — diese Feder der FDJ an den Hut steckt. Vgl. Peter Mosler, Was wir wollen, was wir wurden — Studentenrevolte zehn Jahre danach, Hamburg 1977, S. 11. Nicht die FDJ, sondern Genossen der »Anschlag-Gruppe«, des »Internationalen Arbeitskreises« und des »Afrikanischen Studentenbundes« hatten erstmalig in einer vorher geplanten »direkten Aktion« die Spielregeln der formalen Demokratie bewußt durchbrochen. Ihr Ziel war Aufklärung über den Neokolonialismus im Kongo *und* — das war der Unterschied zur FDJ-Selbstaufklärung in der Aktion. Zum genauen Ablauf der Vorbereitungen der Demonstration s. Siegward Lönnendonker/Tilman Fichter, a. a. O., Teil IV, Berlin 1975, S. 8, f., 175 ff (s. Anm. 12).

121 Lisa und Wolfgang Abendroth spitzten in einem Interview mit den Autoren im Mai 1972 ihre Begründung für das Zustandekommen der Studentenbewegung auf die überraschende These zu, daß die CDU/CSU-Regierung unter Konrad Adenauer im Dezember 1959 und Januar 1960 durch die Hakenkreuzschmierereien gegenüber ihren westlichen Partnern in eine echte Legitimationskrise geraten sei. Zwischen 1949 und 1959 habe die CDU/CSU zynisch-pragmatisch jede grundsätzliche Auseinandersetzung mit dem Nationalsozialismus verdrängt und verhindert. Plötzlich habe die Vergangenheit die bürgerlichen Parteien eingeholt. In dieser Situation öffnete die CDU/CSU von heute auf morgen die Klassenzimmer für Gemeinschaftskunde und rief in höchster Not Politologen und Soziologen, weil sie mit dem faschistischen »Gedankengut« in den Köpfen ihrer eigenen Kinder nicht mehr fertig wurde. Zu den Hakenkreuzschmierereien, über deren Ausmaß und Wirkung man sich heute keine Vorstellung mehr macht, vgl. Siegward Lönnendonker/Tilman Fichter a.a.O., Teil III, S. 20 ff. (s. Anm. 12).

122 Hans Manfred Bock verallgemeinert in unzulässiger Weise, wenn er den SDS vor und nach dem Unvereinbarkeitsbeschluß in die zeitlose Schublade »Linker Radikalismus« packt. Vgl. seine sonst informative und faktenreiche Arbeit über rätekommunistische Positionen in der deutschen Arbeiterbewegung: Geschichte des »linken Radikalismus« in Deutschland. Ein Versuch, Frankfurt/Main 1976, S. 194 ff.

123 Auf der XV. o. DK vom 1./2. Oktober 1960 in Frankfurt/Main wurden Wolfgang Nitsch (Berlin), Manfred Vosz (München) und Werner Gessler (Freiburg) in den Beirat gewählt. Die Bundesvorsitzenden Schumann und Vester gehörten beide der Frankfurter Gruppe an. In seinem Rechenschaftsbericht erklärte der bisherige Bundesvorsitzende Günther Kallauch: »Der SDS ist heute zum ersten Male völlig unabhängig und das ist seine Schwäche, aber zugleich seine Stärke«. Hauptthemen der DK waren: »Gesellschaftliches und politisches Bewußtsein des Arbeiters« (Michael Schumann), »Die Hochschulpolitik der Unternehmer« (Heinz Grossmann, FU), »Das politische Bewußtsein der Studenten« (Helga Gross und Peter Märthesheimer, Frankfurt/Main), »Hochschule in der Demokratie — Anspruch und Realität« (Claus Offe, FU). Eine »Studienkommission« des Berliner Landesverbandes legte einen Entwurf für ein »sozialistisches Hochschulprogramm« vor. Die Arbeit des SDS sollte zukünftig stärker bei der Minderheit der genuin demokratisch denkenden Studenten einsetzen, die »immerhin — und sei es aus moralischem Antrieb — Demokratie von unten verwirklichen wollen«. Daher müsse die politische Hochschularbeit stärker als bisher bei den »unmittelbaren Interessen der Studenten« und bei »ihrer Stellung und Arbeit im Instituts- und Seminarbetrieb, in der Klinik und im Labor« ansetzen, um einerseits die Beziehung von »sozialen Interessen und Forderungen und der restaurativen gesellschaftlichen Wirklichkeit« bewußt zu machen und andererseits, um den »noch vorhandenen Elan zur Praktizierung von Demokratie durch kritisches Messen der demokratischen Ideale an der Universitätswirklichkeit auf Proteste und Aktionen gegen die autoritäre Struktur des gegenwärtigen Wissenschaftsbetriebs zu lenken«.

124 So findet sich schon in der Nummer 3 der »neue kritik-informationen« vom Januar 1961 ein Überblick: je ein Arbeitskreis existierte in den Hochschulgruppen Stuttgart, Germersheim, Braunschweig, Marburg, Köln, Heidelberg, Saarbrücken, Mainz und Bonn; in den größeren SDS-Gruppen gab es zum damaligen Zeitpunkt bereits mehrere Arbeitskreise, je zwei in München, Wilhelmshaven, Freiburg, Göttingen und Kiel, drei in Tübingen, vier in Frankfurt/Main und sechs an der Freien Universität Berlin. Themen waren — außer den Lesevorschlägen des BV »Zur Einführung in die sozialistische Theorie« — »Die Aufarbeitung von allgemeinen Analysen des Nationalsozialismus« (Freiburg), Lukács' Geschichte und Klassenbewußtsein (Frankfurt/Main), »Afrika und die Welt von morgen« (Tübingen, Leiter des Arbeitskreises: Dr. Neville Alexander, Capetown). Zentrum der hochschulpolitischen Aktivität waren die Hochschulgruppen FU Berlin, Freiburg und Frankfurt/Main mit den The-

men Hochschule und allgemeines Bildungswesen, Studienreform und politische Bildung, Studien- und Nachwuchsförderung, Reform der Hochschulverfassung und Bürgerlicher Staat und Wirtschaftsplanung.
Wichtigstes außenpolitisches Thema des Verbandes war der Freiheitskampf der FLN in Algerien. Zusammen mit der Arabischen Studentenvereinigung, dem LSD und dem Internationalen Studentenbund (ISSF) führte der SDS Arbeitskreise, Pressekonferenzen, Demonstrationen und Flugblatt-Aktionen u. a. in Bonn, Freiburg, Tübingen, Berlin, Kiel und München gegen die französische Kolonialpolitik durch. Die Veranstaltungen des SDS an der Hochschule für bildende Künste in West-Berlin und an der Universität Kiel wurden durch die Polizei verhindert.

125 Um die Breite der Diskussion zu diesem Thema zu dokumentieren, seien hier einige der Arbeiten genannt, die für die Gewerkschaftsdiskussion des SDS wichtig waren und in der nk besprochen wurden: Karl Marx/Friedrich Engels, Über die Gewerkschaften, Berlin (DDR) 1953; Wladimir Iljitsch Lenin, Über die Gewerkschaftsbewegung, Berlin (DDR) 1959; Rosa Luxemburg, Massenstreik, Partei und Gewerkschaften, Berlin (DDR) 1955; Viktor Agartz, Expansive Lohnpolitik, Düsseldorf 1953; Wolfgang Hirsch-Weber, Gewerkschaften in der Politik — Von der Massenstreikdebatte zum Kampf um das Mitbestimmungsrecht, Köln 1959; Theo Pirker, Die blinde Macht, München 1960; und die Protokolle der Referate von Otto Brenner »Aktionsprogramm des DGB« und »Von der Klassengesellschaft zur Wirtschaftsdemokratie«.

126 Die ursprünglichen Zentren der »new left« in Großbritannien waren die linksoppositionelle Diskussionsplattform junger Kommunisten, die gegen die blutige Unterdrückung des ungarischen Volkes protestierten, »The Reasoner« und die Zeitschrift der Seminarmarxisten in Oxford »Universities and Left Review«. Beide 1956 entstandenen Zeitschriften vereinigten sich im Jahre 1959 zur »New Review«, ab Frühjahr 1960 »new left review«, die unter dem Einfluß von Stuart Hall, Norman Birnbaum, Perry Anderson u. a. die Tradition der antifaschistischen Left Book Clubs der 30er Jahre fortsetzten. Im Sommer 1962 existierten z. B. 38 «New Left Clubs«, die neben der »Campaign for Nuclear Disarmament« (CND) die wichtigste außerparlamentarische Organisation links von der Labour-Party waren. Schon im Dezember 1960 veranstaltete der Landesverband Berlin des SDS zusammen mit Vertretern der »New Left Clubs« und der »National Association of Labour Student Organization« (NALSO) ein Seminar über die ökonomische Nachkriegsentwicklung in Großbritannien und der Bundesrepublik und die Situation der Arbeiterbewegung in beiden Ländern.

127 Fritz Lamm (1911-1977), Jude aus Stettin, Pommern, emigrierte zweimal, zuerst im Herbst 1935, als er sich einer zweiten Verhaftung durch die Gestapo mit Hilfe Stuttgarter Genossen durch die Flucht in die Schweiz entzog, und 1948, als er aus Batistas Cuba kommend in seine Heimatstadt Stettin, in der er vor 1933 die Ortsgruppe der »Sozialistischen Arbeiterpartei« (SAP) mit aufgebaut hatte, nicht mehr zurückkehren konnte. In der SAP hatte er zusammen mit Otto Brenner, Willy Brandt, Fritz Rück, August Enderle, Jacob Walcher u. a. versucht, eine Einheitsfront von KPD und SPD gegen Hitler zu erzwingen. Fritz Lamms Verwandschaft wurde fast vollständig von den Nazis umgebracht. Für ihn persönlich war es ein »Glück« — so muß man es heute nennen — politisch zu sein, so daß er im SAP-Prozeß vor dem Reichsgericht in Leipzig im Januar 1934 als politischer Gegner des NS-Regimes abgeurteilt wurde. Wäre er unpolitisch gewesen, hätte er später im KZ anstelle des roten Winkels den gelben Stern und den rosa Winkel tragen müssen. In Stuttgart gab Fritz Lamm zuerst die unregelmäßig erscheinenden »Thomas-Münzer-Briefe«, ab Juli 1950 die »Funken — Aussprache-Hefte radikaler Sozialisten« heraus. Für die Fraktion im SDS, die nach 1959 den Verband gegen Spaltung und Unvereinbarkeitsbeschluß verteidigte, war Fritz Lamm einer der wichtigsten Lehrer. Über zwanzig Jahre lang war Fritz Lamm in der Schulungs- und Kulturarbeit des »Touristenvereins ›Die Naturfreunde‹« tätig, der für ihn kein historisches Überbleibsel, sondern eine der letzten Bastionen der alten Arbeiter-

bewegung darstellte. Fritz Lamm war einer der wenigen, die während der antiautoritären Revolte bis über die Selbstauflösung des SDS hinaus mit den Genossen in ständigem Diskussionsprozeß gestanden haben.
Fritz Lamms Kurzreferat auf dem Gründungskongreß der Förderer-Gesellschaft stand in der besten Tradition des humanistischen Idealismus. Aufgrund der Erfahrungen im August 1914 und der nationalen Verteidigungskriege, besonders der Völker von Großbritannien und der Sowjetunion gegen Hitler-Deutschland und nicht zuletzt der Freiheitskämpfe des algerischen und des vietnamesischen Volkes sind die Autoren jedoch der Auffassung, daß die Dialektik von nationalen Interessen der Arbeiterklasse und proletarischem Internationalismus sehr viel komplexer und widersprüchlicher ist, als dies hier von Fritz Lamm in der Tradition von Rosa Luxemburg angedeutet wird.

128 Auf der XVI. o. DK am 6./7. Oktober 1961 in Frankfurt/Main, auf der die Delegierten u. a. eine scharfe Resolution gegen den Bau der Mauer am 13. August 1961 beschlossen, wurden die Frankfurter Eberhard Dähne und Peter Brokmeier zu den neuen Bundesvorsitzenden gewählt. Mitglieder des Beirates wurden Dietrich Staritz (Berlin), Mathias Manz (München) und Diethard Kars (Göttingen).
Die Anwesenheit des Mitglieds des Direktoriums der Sozialistischen Partei Italiens (PSI), Lelio Basso, der in einem persönlichen Grußwort die Delegierten aufforderte, auf keinen Fall gegenüber dem Parteivorstand klein beizugeben, wurde von der SPD als Einmischung in ihre inneren Angelegenheiten angesehen.
Auf der XVII. o. DK wurden Diether Sterzel (Frankfurt/Main) zum ersten und Ursula Schmiederer (Marburg) zur zweiten Bundesvorsitzenden gewählt. Beirat: Bernd Hartmann (Köln), Wolfgang Spiegel (Würzburg), Klaus Wrobel (Berlin). Als Gast nahm der 1. Vorsitzende des VDS, Lothar Krappmann, an der DK teil. Zentrale Diskussionsthemen waren: Notstands- und Notdienstgesetze, West-Berlin-Frage und Ostkontakte, Politisches Mandat der Studentenvertretungen und wissenschaftliche Auseinandersetzung mit der politisch-sozialen Entwicklung in der DDR. Die Delegierten beschlossen die Einrichtung einer Sammelstelle von Seminararbeiten, Dissertationen und Bibliographien gesellschaftspolitischen Inhalts. Diese Materialien sollten den einzelnen Hochschulgruppen für ihre wissenschaftliche Arbeit zugänglich gemacht werden. Auf der XIX. o. DK im September 1964 beschloß der SDS die Einrichtung eines »Wissenschaftsreferats« zur Organisierung der wissenschaftlichen Arbeit. Das Referat, in dem u. a. Elisabeth Lenk, Walmot Falkenberg und Ursula Schmiederer mitarbeiteten, hatte folgende Funktion: Sammlung und Auswertung der wissenschaftlichen Arbeiten im SDS, Entwicklung von Studienstrategien, Konzeptionen politischer Praxis und Öffentlichkeitsarbeit.

129 Auf der XVIII. o. DK vom 6. bis 8. September 1963 in Frankfurt/Main wurden die Frankfurter Manfred Liebel und Hellmut Lessing zu neuen Bundesvorsitzenden gewählt. Mitglieder des Beirats wurden Ilse Jacob (Hamburg), Klaus Schüler (Kiel) und Dietrich Wetzel (Berlin). Das Hauptreferat der DK hielt Wolfgang Abendroth zum Thema »Die Aufgabe der jungen Intelligenz im Klassenkampf«. Die Delegierten forderten den Wirtschaftsminister und künftigen Bundeskanzler, Prof. Dr. Ludwig Erhard (CDU), in einem offenen Brief auf, der bisherigen »fragwürdigen Praxis der politischen Justiz in der Bundesrepublik« mit einer General-Amnestie für alle politischen Häftlinge zu begegnen. Die DK forderte die sofortige Freilassung des Mitgliedes der Tübinger SDS-Hochschulgruppe, Dr. Neville Alexander, der am 13. Juli 1963 in einem Vorort von Capetown als »Terrorist« auf der Grundlage des »90-Tage-Haft-Gesetzes« inhaftiert worden war. (Neville Alexander hatte einen Jiu-Jitsu-Club zur Selbstverteidigung für farbige Jugendliche gegründet.)
Auf der Grundlage dieses Beschlusses organisierte der SDS im November 1963 eine Reihe von Veranstaltungen und Demonstrationen in der Bundesrepublik und West-Berlin. An der Veranstaltung des Berliner SDS am 4. November 1963 gegen die Rassengesetzgebung in der Südafrikanischen Union nahmen zum ersten Mal seit 1961 wieder über 500 Studenten an einer SDS-Veranstaltung

teil. Mit dieser Solidaritätskundgebung für Dr. Alexander kündigte sich in Berlin der Abschied vom Seminarmarxismus an. Der SDS hatte mit einer derartigen Unterstützung aus der Studentenschaft nicht gerechnet, sonst hätte er für den nächsten Tag anstelle des veranstalteten Auto-Korsos eine Demonstration vorbereitet. Weitere Demonstrationen, Geldsammlungen zur Deckung der Verteidigungskosten, Solidaritäts-Veranstaltungen etc. fanden u. a. in Tübingen und Marburg statt. Neville Alexander und 11 Mitangeklagte wurden vom Obersten Gericht der Südafrikanischen Union zu Zuchthausstrafen zwischen 5 und 10 Jahren verurteilt. Dr. Alexander, den das Gericht zu 10 Jahren Zuchthaus verurteilte, wurde auf die Insel Robbin Island gebracht, auf der schon damals über 1000 politische Häftlinge festgehalten wurden.

130 Die Hauptreferate auf der XIX. o. DK des SDS vom 4. bis 6. September 1964 in Frankfurt/Main hielten Karl Markus Michel (später Mitherausgeber der Kursbücher) zum Thema »Intellektuelle — Narrenfreiheit in der Zwangsjacke« und Helmut Schauer (Hamburg) zum Thema »Soziale Demokratie oder neuer Faschismus — zur innenpolitischen Entwicklung der Bundesrepublik«. Die DK beschloß ein Aktionsprogramm gegen den Numerus clausus, die Zwangsexmatrikulation und das »Herausprüfen« aus der Universität. Die Delegierten bestätigten die »Höchster Vereinbarungen« vom 30. Mai 1964, eine vom SDS initiierte Einheitsfront der Studentenverbände SDS, SHB, LSD und ISSF als Reaktion auf die Gründung der rechtsstehenden »Studentenunion«. (Der BDIS schloß sich dieser Vereinbarung nach ungefähr 5 Monaten an.) Die DK forderte — damals ein durchaus ungewöhnlicher Schritt — die Aufhebung des KPD-Verbots, da dieses Verbot eine politische Strafjustiz in Gang gesetzt habe, die auch die Verketzerung jedes politischen Gegners juristisch ermögliche. Die DK beschloß, daß der SDS mit einer selbständigen Delegation an den nächsten Weltjugendfestspielen teilnehmen sollte. Der SDS-Landesverband Berlin wurde mit der Ausarbeitung einer Dokumentation zur Entwicklung der »Südvietnam-Frage« beauftragt. Zum neuen 1. Bundesvorsitzenden wurde Helmut Schauer (Hamburg) gewählt, zum 2. Vorsitzenden Hartmut Dabrowski (Hamburg). Beirat: Horst Stemmler (Frankfurt/Main), Urs Müller-Plantenberg (Berlin) und Thomas Schmitz-Bender (München).

131 Die bisher ausführlichste Dokumentation über die »Subversive Aktion/Anschlag-Gruppe« hat der ehemalige SDS-Verlag Neue Kritik vorgelegt: Subversive Aktion — der Sinn der Organisation ist ihr Scheitern, hrsg. und kommentiert von Frank Böckelmann und Herbert Nagel, Frankfurt/Main 1976. Zur Geschichte und Selbstdarstellung der Situationisten s.: Situationistische Internationale 1958 bis 1969 — Gesammelte Ausgaben des Organs der Situationistischen Internationale, Bd. 1, Hamburg 1976, Bd. 2, 1977.

132 Vgl. Tilman Fichter/Siegward Lönnendonker, ›...den sieg unfehlbar in der tasche...‹ — Die Subversive Aktion, der SDS und das Geschichtsbewußtsein der Linken, in: der lange marsch — zeitung für eine neue linke, Nr. 25, Februar 1977, S. 13 ff.

133 Vgl. die Artikel der Gründungsstudenten der FU: Klaus Heinrich, Erinnerungen an das Problem einer freien Universität, Rundfunkrede, abgedruckt in: Das Argument, Jg. 9, Heft 2/3, Juli 1967; Georg Kotowski (CDU), Der Kampf um Berlins Universität, in: Veritas, Iustitia, Libertas, Festschrift zur 200-Jahr-Feier der Columbia University New York, Berlin 1954. Auch der SDS berief sich stets auf den »Gründergeist« der FU. Vgl. die von SDS-Mitgliedern auf der Grundlage eines Manuskriptes des ehemaligen 1. AStA-Vorsitzenden Martin Schmidt (ESG, DIS) verfaßten Broschüre: Von der Freien zur Kritischen Universität — Geschichte der Krise an der Freien Universität Berlin, hrsg. vom AStA der FU, Berlin o. J. (1967).

134 An der Diskussion über die Thesen beteiligten sich Prof. Dr. Kurt Hager (Mitglied des Politbüros, Mitglied und Sekretär des ZK der SED für Kultur, Wissenschaft und Volksbildung), der ehemalige Atomwaffen-Spion für die UdSSR, Prof. Dr. Klaus Fuchs (Institut für Kernforschung in Rossendorf b. Dresden), und der Prorektor der Humboldt-Universität. Prof. Dr. Heinz Sanke.

135 Die Themen der Arbeitsgruppen waren: »Notstand und parlamentarische

Kontrolle«, »Pressefreiheit im Notstandsfall« und »Streikrecht und Zivildienst«. Hauptreferenten waren die ersten Bundesvorsitzenden des SDS, Helmut Schauer, und des SHB, Hajo Haus, von der IG Metall der Leiter der Pressestelle, Dr. Werner Thönessen, und das Vorstandsmitglied Georg Benz, der Chefredakteur der »Gewerkschaftlichen Monatshefte«, Walter Fabian, als Vertreter der SDS-Generation, die den Verband nach dem Unvereinbarkeitsbeschluß der SPD weiterführten, Dr. Michael Schumann, Jürgen Seifert und Dr. Thomas von der Vring sowie die Professoren Karl Dietrich Bracher, Thomas Ellwein (FDP), Jürgen Habermas, Helmut Ridder und Rechtsanwalt Heinrich Hannover. Weiterhin sprachen der politische Schriftsteller Bernt Engelmann (SPD), der heutige Bundesminister Werner Maihofer (FDP) und der Rundfunk-Redakteur Alexander von Cube. An der Schlußkundgebung im Universitätshof der Friedrich-Wilhelms-Universität nahmen etwa 2000 Menschen teil. Zum Kongreßverlauf vgl. das Sonderheft der neuen kritik: Demokratie vor dem Notstand — Protokoll des Bonner Kongresses gegen die Notstandsgesetze am 30. Mai 1965, Frankfurt/Main 1965. Der SPD-Parteivorstand fiel aus allen Wolken, als am 17. Juni 1965 der SHB-Bundesbeirat in der Frage der Notstandsgesetze voll und ganz die Aktionseinheit seines Wunschkindes SHB mit dem geächteten SDS billigte, der nun allerdings die Unterstützung einer Reihe von Industrie-Gewerkschaften hatte. Der SHB geriet in den Sog des SDS.

136 Jakob Kuny, ein älterer Herr mit Künstlermähne, war als Koch bei der britischen Besatzungsmacht in Berlin beschäftigt. Er erklärte sich selbst zum Kunstwerk und forderte in improvisierten Reden die Studenten der Technischen Universität auf, sich seiner »Kunyologischen Glaubensbewegung« anzuschließen. Nach einer Ankündigung am Schwarzen Brett der Technischen Universität, daß Jakob Kuny am 14. Dezember 1949 um 20.30 Uhr in der Jebenstraße zu seinen »Jüngern« sprechen würde, versammelten sich mehr als 500 Studenten gegen 19 Uhr am Bahnhof Zoo und forderten in Sprechchören »Kunyologie an allen Universitäten«, »Wenn schon Politologie, dann auch Kunyologie«. Die Polizei ging mit Gummiknüppeln gegen die Studenten vor. Nach mehrmaligem Durchbrechen der Polizeiketten zogen sich die Studenten zum Bahnhof Zoo zurück. Etwa 30 Studenten wurden festgenommen, 19 von ihnen vor Gericht gestellt.

Am 16. Dezember wurden die Studenten von der Anklage des Landfriedensbruchs freigesprochen. Am 21. Dezember überraschte der Polizeipräsident in Berlin, Dr. Stumm, die akademische Öffentlichkeit durch die Mitteilung, daß die Kunyologen von der FDJ unterwandert seien. Eine vom AStA der FU veranstaltete Diskussion »Wurden die Studenten zu Recht verhaftet?«, zu der tausend Studenten erschienen waren, mußte wegen »Erkrankung« des Hauptreferenten der Polizei ausfallen.

Dies scheint nach dem verlorenen Zweiten Weltkrieg das erste Mal gewesen zu sein, daß die Berliner Polizei in einem programmierten und eingeübten Verhaltensmuster nach Dienstvorschrift eine Menschenmenge niederknüppelte, die sich nicht Berlin-konform verhielt. Von Stumm über Duensing bis Hübner scheint es das tragische Schicksal aller Polizeipräsidenten dieser Stadt zu sein, die Willkür ihrer Beamten nachträglich mit verläßlicher Regelmäßigkeit durch kommunistische Unterwanderung — bekanntlich das E 605 für den Berliner Bären — zu legitimieren.

137 Es mag von Interesse sein, daß schon nach der Demonstration der FU-Studenten gegen den Auftritt von Werner Kraus am 11. Dezember 1950 die drei Stadtkommandeure der Westsektoren Berlins der Schutzpolizei erlaubten, künftig Tränengas gegen Demonstranten einzusetzen. (Die Demonstranten hatten die Polizeiketten durchbrochen und das Gastspiel verhindert.) Die Bewaffnung der Berliner Polizei beginnt also nicht erst Mitte der 60er Jahre, sondern bereits 1950 gegen eine Generation, die gerade aus Schützengräben und Kriegsgefangenenlagern zurückgekommen war und die Schnauze voll hatte.

138 Erich Kuby, Die Russen in Berlin 1945, München/Bern/Wien 1965, S. 326.

139 Der nicht erklärte Notstand — Dokumentation und Analyse eines Berliner Sommers, Kursbuch 12, Frankfurt/Main, April 1968.

140 Die Wahl des 1. AStA-Vorsitzenden Wolfgang Lefèvre war am 19. Februar 1965 im Gegensatz zu den Hoechster Vereinbarungen erfolgt, nach denen die Mitgliederverbände BDIS, LSD, SHB und SDS bei den Wahlen zu den studentischen Selbstverwaltungsgremien nicht gegeneinander kandidieren sollten. Lefèvre kandidierte ohne Absprache mit dem SHB gegen dessen Kandidaten Christoph Zöpel und wurde — mit den Stimmen der Korporierten — gewählt. Die Rechten spekulierten dabei offensichtlich auf einen baldigen Sturz des linken AStA und auf eventuelle Neuwahlen zum Konvent nach einer entsprechenden Urabstimmung. Eine Retourkutsche zum Fall Diepgen also.

141 K_1: Der amtierende Rektor der FU, Prof. Dr. Herbert Lüers, hatte sich geweigert, dem AStA für ein Podiumsgespräch zum Thema »Restauration oder Neubeginn — Die Bundesrepublik 20 Jahre danach« für den 7. Mai das Auditorium maximum zur Verfügung zu stellen, da der politische Schriftsteller Erich Kuby teilnehmen sollte. Kuby hatte im Juni 1958 auf einem »Politischen Forum« des AStA der FU zum Problem Freie Universität erklärt, ». . . daß der Name ein äußerstes Maß von Unfreiheit zum Ausdruck bringt«. Durch die Worte »Freie Universität« werde eine innere antithetische Bindung an die andere unfreie Universität jenseits des Brandenburger Tores fixiert. Damit habe er — so Lüers — die FU »in herabsetzender Weise« mit der Humboldt-Universität in Verbindung gebracht. Der AStA weigerte sich, Kuby auszuladen und machte den Konflikt öffentlich. Alle politischen Studentenverbände — mit Ausnahme des RCDS und der Korporationen, die sich schweigend verhielten — liefen gegen dieses Redeverbot Sturm. Der SDS organisierte als Protest gegen das »Raumvergabeverbot« am OSI für den 18. Mai 1965 den ersten Vorlesungsstreik an der Freien Universität. Die AStA-Veranstaltung fand, wie vorgesehen, mit Erich Kuby, Dr. Rudolf Krämer-Badoni, Fritz Vilmar, Prof. Dr. Ulrich Sonnemann und Prof. Dr. Ludwig von Friedeburg (Diskussionsleitung) statt, jedoch an der Technischen Universität.

K_2: Die zweite Stufe der Eskalation wurde durch einen Artikel des FU-Assistenten Ekkehart Krippendorff im »Spandauer Volksblatt« ausgelöst. Dort hatte dieser die — als Gerücht kenntlich gemachte — Information weitergegeben, Rektor Lüers habe den Philosophen Karl Jaspers in einem persönlichen Schreiben gebeten, anläßlich des 8. Mai nicht an der FU zu sprechen. (Offenbar wollte die reaktionäre Mehrheit der Ordinarien eine Veranstaltung zum Tage der Befreiung um jeden Preis verhindern.) Obwohl Krippendorff seine Vorwürfe am 19. Mai in derselben Zeitung zurücknahm, da er keine Beweise beibringen konnte, wurde sein Vertrag als Assistent auf Anweisung des Rektors nicht — wie sonst üblich — verlängert. Diese Maßnahme geschah über den Kopf des Geschäftsführenden Direktors des OSI, Prof. Gilbert Ziebura, hinweg, bei dem Krippendorff beschäftigt war. SDS und AStA griffen diesen Fall besonders deshalb auf, weil hier ein Vertreter des nicht organisierten und in der Satzung der FU nicht rechtlich abgesicherten »Mittelbaus« durch Zerstörung der Existenzgrundlage exemplarisch eingeschüchtert werden sollte. (Als der 1. AStA-Vorsitzende Wolfgang Lefèvre auf der Immatrikulationsfeier zum Sommersemester im vollbesetzten Auditorium Maximum das Verhalten von Rektor und Akademischem Senat in den Fällen Kuby und Krippendorff kritisierte, erzwangen einige Dekane den Abbruch der Rede.)

K_3: Auf dem 10. Deutschen Burschentag im Juni 1965 forderte der FU-Professor Dr. Karl August Bettermann die versammelten 5000 Waffenstudenten und Alten Herren in Anwesenheit des Rektors der FU, Prof. Dr. Herbert Lüers, und des Regierenden Bürgermeisters von Berlin und SPD-Kanzlerkandidaten Willy Brandt auf: »Machen Sie einen neuen Anfang, bringen Sie uns unsere Universität wieder in Ordnung. In diesem Sinne rufe ich: Burschen heraus!«

142 Auf Lefèvres politische Argumentation (»Es kommt nicht darauf an, wer einen Aufruf formuliert, sondern was der Aufruf aussagt . . . die Methoden amerikanischer Kriegführung in Vietnam . . . sind zweifellos die schlechtesten, die eine hochentwickelte Industrienation gegen ein Entwicklungsland anwenden kann.«) ging die Mehrheit der Redner nicht ein. Der SHB war hier in der äußerst delikaten Situation, den SDS-AStA in einer Frage zu Fall zu bringen, wo mindestens sein linker Flügel politisch mit diesem übereinstimmte. Der neue, im 2. Wahlgang mit den Stimmen des SDS und des AC gewählte 1. AStA-Vorsitzende Niels Kadritzke (SHB) rechtfertigte sein Eintreten für die Abwahl von Lefèvre damit, daß nur ein »unbelasteter« AStA-Vorsitzender die erforderlichen Konsequenzen aus den Ereignissen des Sommersemesters ziehen könne.

143 Der Kabarettist Wolfgang Neuss, selbst ein Produkt der Berliner Insulaner-Atmosphäre und des Kalten Krieges, machte hier nicht mehr mit und reagierte in seiner Zeitung »Neuss Deutschland« mit einem Aufruf, in dem er »um Unterstützung der amerikanischen Politik für Hitler in Vietnam« bat: »Wir bitten um Gasmasken und Luftschutzkeller für die Redaktionsstäbe der Westberliner Tageszeitung. Wie leicht fällt aus Versehen so eine Napalmbombe der Amerikaner auf das Ullsteinhaus.«

144 Zur Aufarbeitung der Erfahrungen der amerikanischen und deutschen Linken Anfang der 60er Jahre vgl. Michael Vester, Die Strategie der direkten Aktion, in: neue kritik, Heft 30, Juni 1965. Vester untersuchte, inwieweit in der amerikanischen Anti-Kriegs-Bewegung die »Analyse historischer Alternativen« an die Stelle von tradierten Formen des Protestes getreten sei. Am Beispiel eines ersten großen teach-ins am 15. Mai 1965 in Washington, auf dem die amerikanische Ostasien-Politik seziert wurde, versuchte Vester zu zeigen, daß von Studenten in den USA eine »wichtige Technik ernsthafter Diskussion«, die in der Tradition der direkten Demokratie stehe, wiederentdeckt worden sei. Das Argument im Disput sei jeder Gesinnungskundgebung haushoch überlegen. Das Washingtoner teach-in wurde über Rundfunk in die Universitäten von 35 Staaten übertragen und setzte dort neue Diskussionen und teach-ins in Gang. Die Strategie der teach-ins wurde wesentlich vom amerikanischen Studentenverband »Students for a Democratic Society« (SDS) geprägt. (Zum amerikanischen SDS vgl. Susanne Kleemann, Ursachen und Formen der amerikanischen Studentenopposition, Frankfurt/Main 1971.)

145 Der Vorläufer des Argument-Clubs, die Mitte der 50er Jahre entstandene »Studentengruppe gegen Atomrüstung an der Freien Universität Berlin«, gab seit Februar 1959 »Das Argument«, eine lose durchnumerierte Reihe von Flugblättern heraus. Ab März 1960 erschien »Das Argument« in broschierter Form als »Blätter für Politik und Kultur«. Herausgeber ist bis heute Wolfgang Fritz Haug, der Anfang der 60er Jahre zu den Schwerpunktthemen der Hefte eine Reihe von einzelnen Arbeitskreisen organisierte. Themen, die zum Teil in mehreren Heften in unregelmäßigen Abständen wiederaufgenommen wurden, waren u. a.: »Atomare Situation«, »Das neue Polen und die Deutschen«, Emanzipation der Frau, Probleme der Ästhetik, Faschismustheorien, Probleme der Entwicklungsländer und Schule und Erziehung. Bis Anfang der 70er Jahre war »Das Argument« neben der nk das wichtigste theoretische Organ der Neuen Linken in der Bundesrepublik und West-Berlin. Inzwischen steht diese Zeitschrift der DKP/SED nahe, sie versucht allerdings, bei aller Solidarität gegenüber der DDR und der Sowjetunion, eine kritisch loyale Position zu finden, die nicht nötig hat, die eigene Vergangenheit zu verdrängen.

146 Eine Einschätzung von Wolfgang Lefèvre, der nun wirklich niemals zur Dutschke/Rabehl-Fraktion gehört hat, verdeutlicht die Vorbehalte gegen die Intervention der z. T. hysterisierten Altgenossen, die ihrerseits durchaus verschiedener Meinung waren: »Da war eine Sitzung im Zentrum, also was heißt Sitzung: Da sausten die Altgenossen mit Schraubenziehern ran und entfernten erst mal die SDS-Embleme von der Tür, um den Überfall der

Schwarz-Hundertschaften zu vermeiden, und setzten sich also an den Tisch und schimpften. Sie wollten sofort ausschließen, da aber nur die Leute bekannt waren, die auch saßen, wollten sie in Abwesenheit der Betroffenen ausschließen. Zum Teil haben sie sich aufgeregt über die Philologie, also schlechten Satzbau, zum Teil noch außerdem über den Inhalt. Es war eine satirische Situation, weil man einige Genossen seit einem Dreivierteljahr das erste Mal wieder im SDS sah.« Die eigentlichen Rausschmeißer dieser Diskussion waren jedoch nicht die Mitglieder der späteren »November-Gesellschaft«, sondern Vertreter einer weitgehend praxislosen Theorie im AC wie Peter Furth und Wolfgang Fritz Haug. So versuchte Haug, die Plakatgruppe mit einem inzwischen bei solchen Gelegenheiten gängigen Marx-Zitat zu erschlagen: »An die Stelle der kritischen Anschauung setzt die Minorität eine dogmatische, an die Stelle der materialistischen eine idealistische. Statt der wirklichen Verhältnisse wird ihr der bloße Wille zum Triebrad der Revolution. Während wir den Arbeitern sagen: Ihr habt 15, 20, 50 Jahre Bürgerkrieg und Völkerkämpfe durchzumachen, nicht nur um die Verhältnisse zu ändern, sondern euch selbst zu ändern und zur politischen Herrschaft zu befähigen, sagt ihr im Gegenteil: ›Wir müssen gleich zur Herrschaft kommen, oder wir können uns schlafen legen.‹« (Karl Marx, Enthüllungen über den Kommunisten-Prozeß zu Köln, in: Marx-Engels-Werke, Bd. 8, Berlin [DDR] 1960, S. 412.) Diese Gruppierung von Altgenossen gründete nach Bildung der Großen Koalition im Jahre 1966 außerhalb des SDS und gegen den SDS-Landesverband Berlin die »November-Gesellschaft«. Nach den Aktionen der Kommune I und II (Fachidioten-Flugblatt) waren u. a. Horst Mahler, Walter Barthel, Ulrich K. Preuß, Dietrich Staritz, Solveig Ehrler, Lothar Pinkall, Klaus Meschkat, Barbara und Johannes Agnoli, Bernhard Blanke, Urs Müller-Plantenberg und Karl Guggomos überzeugt, daß der SDS in unpolitischen Aktionismus verfallen werde. Die Mitglieder der November-Gesellschaft gründeten am 30. April 1967 den »Republikanischen Club e. V.«.

147 Redner waren Ernst Lemmer, Franz Amrehn und Jürgen Wohlrabe. Ungefähr 600 CDU-Mitglieder, Sympathisanten und Korporierte nahmen mit Fackeln an der Kundgebung teil. Mehrere langhaarige Jugendliche wurden von Kundgebungsteilnehmern unter Gewaltanwendung und der Parole »Gammler raus« in den S-Bahnhof Zoo gedrängt und gezwungen, eine S-Bahn-Fahrkarte nach Friedrichstraße (Berlin, DDR) zu lösen. Anschließend wurden die Jugendlichen auf den Bahnsteig geschleift. Franz Amrehns Auslassungen über die »geistige Knochenerweichung« der akademischen Jugend war typisch für die Pogromstimmung an diesem Abend. Die Mehrheit der SDS-Mitglieder war damals überrascht, daß es in West-Berlin noch ein derartiges faschistisches Potential gab und dieses kurzfristig mobilisierbar war.

148 Georg Lukács hatte seine Begriffe und Kategorien im Juli 1920 in seinem Aufsatz »Legalität und Illegalität« zu einer Zeit entwickelt, als noch offen war, ob als Folge der russischen Oktoberrevolution und der ungeheuren Verelendung des Proletariats nach dem Ersten Weltkrieg in Europa weitere Revolutionen erfolgreich sein würden. Die ahistorische Übernahme dieser Kategorien läßt außer acht, daß Lukács auch hier keine zeitlose philosophische oder ästhetische Wahrheit verkündet hat, sondern sich mit der Strategie und Taktik der Komintern in einer bestimmten geschichtlichen Konstellation auseinandersetzte.

149 Auf der XX. o. DK vom 14. bis 17. Oktober 1965 in Frankfurt/Main wurde eine Resolution zum amerikanisch-vietnamesischen Krieg verabschiedet, in der die amerikanische Regierung des Genocides an der vietnamesischen Landbevölkerung beschuldigt wurde. Der SDS richtete einen Spenden-Fonds »Aufklärung über Vietnam« ein, mit dem der Frankfurter SDS-Kongreß »Vietnam — Analyse eines Exempels« am 22. Mai 1966 finanziert wurde.
Helmut Schauer und Hartmut Dabrowski wurden als Bundesvorsitzende wiedergewählt. Beirat: Frank Deppe (Marburg), Rudi Dutschke (Berlin) und

Christof Helberger (Mannheim). Die Wahl Dutschkes, der auf eine Kandidatur zum 1. Bundesvorsitzenden gegen Schauer im letzten Moment verzichtet hatte, um sein geliebtes Berlin nicht verlassen zu müssen, zeigte nicht nur die Bereitschaft des Bundesvorstandes, die Berliner Fraktion in die Verbandsarbeit einzubinden, sondern war auch Rudi Dutschkes Eingeständnis, daß das Unterwanderungskonzept der Subversiven Aktion obsolet geworden war. Darüber hinaus bedeutete die Übernahme einer Funktion im Verband für Dutschke den Schritt vom freischwebenden revolutionären Individuum zum Funktionär, der bestimmte organisatorische Traditionen akzeptierte und letztlich auch repräsentierte.

150 Es entbehrt nicht einer gewissen Ironie, daß die SHB-Forderung nach Einladung von amerikanischen Botschaftsangehörigen gerade vom Berliner SDS schon am 26. Februar 1966 übertroffen wurde. Die Berliner luden nicht nur den Botschafter der USA in der Bundesrepublik, Howard McGhee, sondern auch die Professoren Arthur Schlesinger, Henry Kissinger, Herman Kahn (Rand-Corporation), Hans-Joachim Morgenthau, George Kahin und Herbert Marcuse, die Journalisten Isidor Feinstein Stone und Philip Potter sowie die Senatoren Robert Kennedy, Wayne Lyma Morse und James William Fulbright ein. Die Vorstellung des Berliner SDS war, exponierte Vertreter des amerikanischen Imperialismus wie auch hervorragende Sprecher der amerikanischen Anti-Kriegsbewegung an die Universität einzuladen, deren Gründung nach 1945 von den Amerikanern mit initiiert und finanziert wurde. Vor der versammelten Studentenschaft sollten sie Rede und Antwort zum Völkermord in Vietnam stehen. Der Erfolg der Veranstaltung vom 26. Februar 1965 ließ sich jedoch nicht wiederholen, das offizielle Amerika kniff. Nur Herbert Marcuse kam, auf eigene Kosten allerdings, zum Frankfurter Kongreß.

151 Der Formierungsbegriff, den die Berliner hier ziemlich unreflektiert verwandten, ging auf die Erhardsche Vision einer »Formierten Gesellschaft« und letztlich auf US-Präsident Johnsons Traum einer »Great Society« zurück. Mit der gleichen Verve waren sie schon ein halbes Jahr auf die Begriffe von Lukács abgefahren. Diese Übernahme von Begriffen wurde im politischen Lernprozeß jedoch relativ schnell überwunden und wich mit zunehmender Praxis der Entwicklung einer eigenen Identität mit eigener Sprache.

152 Sollte die erste Forderung, eine die wesentlichen Ergebnisse aller Arbeitsgruppen zusammenfassende Podiumsdiskussion, nicht erfüllt werden, drohten die Berliner, nicht am Kongreß teilzunehmen und die Hochschulgruppen München, Köln u. a. ebenfalls zur Nichtteilnahme zu bewegen. Die Berliner hofften, auf dieser Podiumsdiskussion ihre praktischen Erfahrungen mit der Demonstration vom 5. Februar und der Reaktion der Springer-Presse dort einzubringen. Bei Erfüllung dieser ersten Forderung und gleichzeitiger Ablehnung der zweiten (Jürgen Horlemann sollte in der Arbeitsgruppe III »Außenpolitische Aspekte des Vietnam-Konflikts« das Hauptreferat halten) wollten die Berliner den Kongreß durch Totschweigen indirekt sabotieren und nur einige redegewandte Kader schicken. Manche Passagen des Berichts von Frank Deppe über die Vorstellungen der Berliner lesen sich heute wie absurdes Theater: »Um eine Überbrückung der relativ kurzen Zeit zwischen der Podiumsdiskussion und der Demonstration am Paulsplatz zu gewährleisten, sollen auf dem Universitätsgelände Würstchenstände aufgebaut werden. Der Demonstrationsplatz muß außerdem mit Jupiterlampen beleuchtet sein.« Höchstwahrscheinlich wollten die Berliner jedoch nicht — wie man vermuten könnte — das BV-Mitglied Deppe vergackeiern, sondern hinter diesen Formulierungen stand das durchaus ernst zu nehmende Konzept von Rudi Dutschke, daß auch während des Essens die Diskussionsgruppen zusammen am Ort bleiben und sich nicht in die ohnehin überfüllten Kneipen der Umgebung zerstreuen sollten. Jeder, der Jürgen Horlemann näher kennt, weiß, daß er immer schon ein Faible für die technischen Errungenschaften im Kommunikationssektor hatte: Ohne Jupiterlampen keine Fernsehübertragung.

153 Marcuses Referat, ein klassisches Beispiel einer engagierten Analyse des amerikanischen Imperialismus Ende der 60er Jahre, wurde in der nk 36/37 vom Juni/August 1966 veröffentlicht. S. auch den Nachdruck in: Siegward Lönnendonker/Tilman Fichter, a. a. O., Teil IV, S. 156 ff (s. Anm. 12).

154 Auf der XXI. o. DK des SDS vom 1. bis 4. September 1966 in Frankfurt/Main wurden Reimut Reiche (Argument-Club, Frankfurt/Main) zum ersten und Peter Gäng (FU Berlin) zum zweiten Vorsitzenden gewählt. Mit Helmut Schauer und Hartmut Dabrowski, die nicht wieder kandidierten, trat die Generation im SDS in den Hintergrund, die schon 1961 zur Zeit des Unvereinbarkeitsbeschlusses im Verband mitgearbeitet hatte. Politischer Beirat: Erich Eisner (München), Wolfgang Lefèvre (FU) und Lothar Wolfstetter (GSG, Herausgeber der gewerkschaftlich orientierten Heidelberger Blätter, Mannheim). Die Hauptreferate der DK hielten Wolfgang Lefèvre zum Thema »Möglichkeiten für die Hochschulpolitik des SDS« und die beiden Marburger Genossen Frank Deppe und Kurt Steinhaus zum Thema »Politische Praxis und Schulung im SDS«. Die DK beauftragte den neu zu wählenden Bundesvorstand, ein »Programm der innerverbandlichen Schulung als ein wesentliches Mittel für die innere Konsolidierung und für die Verbesserung der politischen Aktionsfähigkeit des Verbandes« zu entwickeln. Beim BV wurde ein »Schulungsreferat« eingerichtet. Aufgrund der bisherigen innerverbandlichen Diskussionen über richtige Aktions- und Aufklärungsformen gegen und über den amerikanischen Krieg in Vietnam beschloß die DK, der SDS werde auch »weiterhin allein oder gemeinsam mit anderen Organisationen die entschiedensten und aktivsten Teile der Opposition gegen den Vietnam-Krieg in der Bundesrepublik zu wirksamen öffentlichen Kundgebungen und Demonstrationen zusammenführen. Er fordert seine Mitglieder auf, sich durch ein sorgfältiges Studium der Ursachen und des tatsächlichen Verlaufs des Vietnam-Krieges auf die Tätigkeit als Referenten und Diskussions-Teilnehmer in öffentlichen Veranstaltungen vorzubereiten«.

155 Im Forum I: »Historische und politische Belastung der Ausnahmegesetzgebung« referierten: Prof. Dr. Karl Otmar Freiherr von Aretin, die Diskussionsleitung hatte Prof. Dr. Iring Fetscher, an der Diskussion nahmen teil: Herbert Faller (Stadtjugendamt Frankfurt/Main), Werner Vitt (Geschäftsführendes Vorstandsmitglied der IG Chemie), Erwin Essel (MdL Bayern, Bezirksleiter der IG Metall, SPD). Im Forum I beteiligten sich ca. 1500 Personen. Im Forum II: »Die Presse- und Meinungsfreiheit in der Notstandsgesetzgebung.« Referent: Prof. Dr. Walter Fabian (Herausgeber der Gewerkschaftlichen Monatshefte), Diskussionsleitung: Prof. Dr. Jürgen Habermas, Diskussionsteilnehmer: Karl-Hermann Flach (Frankfurter Rundschau), Jakob Moneta (IG Metall), Prof. Dr. Erwin K. Scheuch (Universität Köln) und Dr. Harry Pross (Radio Bremen). 800 Teilnehmer. Forum III: »Die Folgen der Notstandsgesetzgebung für den Alltag.« Referent: Rechtsanwalt Heinrich Hannover, Diskussionsleitung: Prof. Dr. Alexander Mitscherlich, Diskussionsteilnehmer: Willi Bleicher (IG Metall), Gösta von Uexküll (Journalist) und Dr. Helga Einsele. 500 Teilnehmer. Forum IV: »Notstandsplanung, Wirtschaft, Arbeitnehmerschaft.« Referent: Prof. Dr. Werner Hofmann, Diskussionsleitung: Prof. Dr. Peter von Oertzen, Diskussionsteilnehmer: Georg Benz (IG Metall), Dr. Georgi (IG Holz), Prof. Dr. Wilfried Gottschalch, Karl Küpper (stellvertretender Vorsitzender der IG Chemie, Papier und Keramik). 1300 Teilnehmer. Forum V: »Die Schubladenverordnungen und die Verfassungswidrigkeit von Notstandsregelungen.« Referent: Olaf Radke (MdL Hessen, SPD), Diskussionsleitung: Prof. Dr. Martin Draht, Diskussionsteilnehmer: Prof. Dr. Wolfgang Abendroth, Gerhard E. Gründler, Peter Riemer, Jürgen Seifert (SDS). 1300 Teilnehmer. Forum VI: »Notstandszwang, Gewissensfreiheit und Widerstandsrecht.« Referent: Prof. Dr. Ekkehard Stein, Diskussionsleitung: Prof. Dr. Gustav Heckmann, Diskussionsteilnehmer: Gerd Hirschauer (Herausgeber der links-katholischen »Werkhefte«), Oberkirchenrat Dr. Heinz Kloppenburg, Philipp Pless (MdL Hessen, SPD, 2. DGB-Landesvorsitzender), Herbert

Stubenrauch (Lehrer). 900 Teilnehmer.
Auf der Schlußkundgebung sprachen der marxistische Philosoph Prof. Dr. Ernst Bloch (Tübingen), der Mitherausgeber der »Kursbücher« Dr. Hans Magnus Enzensberger, der Verfassungsjurist Prof. Dr. Helmut Ridder und der IG-Metall-Funktionär Georg Benz. An der Kundgebung nahmen der 1. Vorsitzende der IG Metall, Otto Brenner, und über 24 000 Gewerkschafter, Akademiker, Falken, Naturfreunde, SPD-, FDP- und KPD-Mitglieder und Studenten teil. In über 300 Bussen waren Gewerkschaftsmitglieder aus allen größeren Industriegebieten der Bundesrepublik angereist.
Die Streikaktionen und Demonstrationen an fast allen Universitäten und Hochschulen, aber auch an vielen höheren Schulen und Berufsschulen der Bundesrepublik und West-Berlin während der 2. und 3. Lesung der Notstandsgesetze vor dem Deutschen Bundestag im Mai 1968 wären ohne den Bonner Kongreß, besonders aber ohne den Frankfurter Kongreß nicht möglich gewesen. SDS und IG Metall operierten hier erfolgreich nach dem Grundsatz: Jeder neue Agitator mobilisiert 100 Leute.

156 Prof. Dr. Ernst Fraenkel weigerte sich, auf die Rezension seines Seminars »Zur Theorie der Demokratie (unter Berücksichtigung der neueren amerikanischen Literatur)« inhaltlich einzugehen, da es sich bei der »sogenannten Rezension« um eine Wiederholung eines Argument-Artikels von Dr. Joachim Bergmann (Frankfurt/Main) handele. (Das betreffende Argument-Heft erschien allerdings erst über einen Monat nach dem Zeitpunkt, zu dem Fraenkel bereits die Druckfahnen des FU-Spiegels erhalten hatte.) Außerdem warf er dem Rezensenten vor, »dogmatisch gebundener Befehlsempfänger« zu sein. Fraenkel erklärte kurzerhand sein Seminar zum »Forschungsseminar«. Forschungsseminare fänden nicht nur »hinter geschlossenen, sondern schalldichten Türen« statt. Als der FU-Spiegel begann, auch Prüfungen zu rezensieren, hielt Fraenkel keine Prüfung mehr ab und ließ die ausgesperrten Studenten in der Luft hängen, bis der FU-Spiegel alle Rezensionen — aus den im Text genannten Gründen — einstellte.

157 Zu den Demonstrationen vom 10. und 17. Dezember 1966 vgl. Siegward Lönnendonker/Tilman Fichter, a.a.O., Teil IV, S. 130 ff (s. Anm. 12).

158 Und die Studenten standen tatsächlich hinter dem SDS. Am 26. Januar 1966 hatte die Politische Polizei auf der Suche nach Hinweisen auf die Verfasser des »Fachidioten-Flugblattes« (4 bis heute anonyme Professoren der FU hatten Strafantrag gestellt) die Räume des SDS-Zentrums besetzt und die Mitgliederkartei beschlagnahmt. Zwei Tage später solidarisierten sich auf einer Protestdemonstration über 2000 Studenten, Professoren und Schriftsteller gegen die Polizeiaktion, unter Beteiligung aller politischen Studentenverbände, einschließlich des RCDS. Auf der Abschlußkundgebung an der Gedächtniskirche sprachen Günter Grass, Hans Magnus Enzensberger, der gerade an die FU berufene Soziologe Prof. Dr. Dieter Claessens und der 1. AStA-Vorsitzende der FU, Knut Nevermann (SPD).

159 Der gesamte Wortlaut des Ausschlußantrages gegen die K I findet sich in Siegward Lönnendonker/Tilman Fichter, a.a.O., Teil IV, S. 436 ff (s. Anm. 12).
Levèvre kommentierte 1969 in einem Interview diese unheilige Allianz zwischen »Alter-Keulen-Riege« und der Kommune so: »Die November-Gesellschaft hatte sich verstanden als diese sozialistische Avantgarde, die solche Grüppchen wie den SDS von außen stabilisiert und auf den richtigen Pfad bringt. Das ist also der wüste Plan alter Männer, anders kann man das überhaupt nicht mehr bezeichnen. Das war aber natürlich auf die Dauer unpraktisch. Außerdem gab es auch sehr bald Differenzen in der November-Gesellschaft selbst; die war nämlich viel zu breit angelegt, da gab es eben Leute, die heute mit Recht in der Drehscheibe (die Kneipe des Berliner EXTRA-Dienstes, T. F./S. L.) sitzen, z. T. auch Liberale, ich kenne die Namen nicht so gut, weil ich mit denen ja nie zusammen war... Es ist richtig, daß ...auf dieser Sitzung die Politik verfolgt wurde, die Kommunarden, vor allem Leute wie Eike Hemmer, als Arbeitskollektiv in den Vorstand hineinzuschicken, und zwar, wie ich glaube... aus keinem anderen Grunde als dem, daran den SDS zerbrechen zu lassen.«

160 Nachdem Rektor Lieber der Studentenschaft angeboten hatte, die Disziplinarverfahren zu stoppen, falls die Studenten den Konventsbeschluß ablehnten, sprachen von 10173 FU-Studenten, die an der Urabstimmung teilnahmen, 4709 (46,1 %) dem Konvent das Vertrauen aus und 4383 (43,3 %) stimmten für den Rektor. Der sogenannte »Dritte Weg« (eine Tarnorganisation der Korporierten) gab die Devise aus, weder für AStA und Konvent noch für den Rektor, sondern ungültig zu stimmen. 1081 Studenten gaben weiße Stimmzettel ab. Das Ergebnis spiegelte die Kräfteverhältnisse an der FU wider. Nach rund zwei Jahren Mobilisierung bedeutete dies zwar einen großen Erfolg, zeigte aber andererseits, daß die Linke in einer polarisierten Situation nur eine äußerst knappe Mehrheit hinter sich hatte.

161 Eike Hemmer und Dieter Kunzelmann sind inzwischen bei den deutschen Maoisten gelandet, Hemmer nach dem Scheitern seines Vereins »Rote Fahne« bei Ernst Aust und Kunzelmann als Funktionär bei der Bündnisorganisation der maoistischen KPD »Rote Hilfe e. V.«. Kunzelmann distanziert sich heute zwar abstrakt vom »intellektuellen Anarchismus« und seinen damaligen »kleinbürgerlichen Träumereien«, hat bisher jedoch keinen ernsthaften Versuch einer kritischen Aufarbeitung seiner Rolle in der SPUR-Gruppe in der Subversiven Aktion, in der K I im Blues etc. unternommen. Wahrscheinlich war niemand innerhalb der Neuen Linken auf soviel Horror-Trips wie Dieter Kunzelmann. Jemand, der so viele Genossinnen und Genossen reingerissen hat, sollte vielleicht mal einige Jahre den Mund halten und nachdenken, um seine Fehler so aufzuarbeiten, daß andere etwas davon lernen können. Statt dessen kommt er dieses Mal in der Verkleidung eines maoistischen Funktionärs daher, jedoch immer treu dem situationistischen Prinzip, das Umherschweifen, den »beschleunigten Durchgang durch verschiedene Umgebungen« als Lebensinhalt zu begreifen. (Mal sehen, wie lange er's bei der Firma Semler, ehemals Horlemann & Semler aushält.)

Rainer Langhans meditiert heute mit adrett gestutztem Haar darüber, warum er wohl mit seinem Pop-Konzern High Fish gescheitert sei und ihn anschließend Gott überfallen habe. Fritz Teufel war nach seiner 2jährigen Haft wegen angeblicher Brandstiftung desillusioniert und verbittert. Im September 1975 wurde er in Berlin erneut verhaftet und sitzt seitdem wegen angeblicher Mitgliedschaft in der Desperado-Gruppe »2. Juni« in Untersuchungshaft.

Jan Carl Raspe machte 1971 sein Soziologie-Diplom mit der Note 1. Er geriet weniger aus politischer Überzeugung, sondern aus einer äußerst schwierigen persönlichen Situation heraus in den Umkreis der Desperado-Gruppe »Rote Armee Fraktion« (RAF). Er wurde im Stammheimer Schauprozeß in erster Instanz zu lebenslänglicher Haft verurteilt.

Hans-Joachim Hameister arbeitet heute als Public-Relations-Manager bei dem Gruppentherapeuten Dr. Günter Ammon, nachdem er angekündigt hatte, er werde gerichtlich gegen jeden vorgehen, der ihn als Marxisten bezeichne. (Hier braucht er nun wirklich keine Angst zu haben.)

Der wesentliche Anspruch der Kommune, die Aufhebung der Trennung von Privatsphäre, bürgerlicher Existenz und politischer Praxis, die es dem einzelnen ermöglichen sollte, im Kollektiv seine Identität zu finden, scheiterte völlig. Die Parodie auf den faustischen Traum der deutschen Philosophie, die Schaffung des neuen Menschen, endete kläglich. Die ehemaligen Mitglieder von K I und K II brauchten Jahre, um sich einigermaßen wieder zu stabilisieren, wenn sie es überhaupt geschafft haben.

162 Mitglieder des erweiterten Beirates wurden Rolf Czeskleba, Peter Damerow, Rudi Dutschke, Sigrid Fronius, Manfred Hammer, Ursel Henning, Karl-Joachim (Kajo) Heymann, Nikolaus Kuhnert, Wolfgang Lefèvre, Dirk Müller, Peter Neitzke, Hermann Pfuetze, Ulrich K. Preuß, Bernd Rabehl, Christian Semler und Ulrich Ströhle.

163 Im Gegensatz zu heutigen Roten Morgen, Fahnen, Hilfen etc., aber auch zu allen möglichen Sponti-Infos waren seit Mitte der 60er Jahre Studentenzeitungen wie FU-Spiegel oder DISKUS durchaus ernst zu nehmende, gutgemachte Publikationen, die tatsächlich gelesen wurden, aufklärten und politisches Be-

wußtsein an den Universitäten veränderten. Was »Die Weltbühne« während der Weimarer Republik war, »Der Ruf« von Kriegsende bis zu seinem Verbot durch die amerikanische Besatzungsmacht im Jahre 1947, das waren Mitte der 60er Jahre der FU-Spiegel in Berlin und DISKUS in Frankfurt/Main.

164 Ein Jahr zuvor hatte Rudi Dutschke das Projekt einer Gegenuniversität entwickelt, die einerseits an die Tradition der Marxistischen Arbeiterschulung (MASCH) von Karl A. Wittfogel, Karl Korsch, Hermann Duncker bis hin zu Bertolt Brecht während der Weimarer Republik anknüpfen und die Anstöße der kalifornischen »free universities« aufnehmen sollte, in denen der amerikanische SDS mit Konzepten wie »cooperative self-education« und »counter curricula« experimentierte. Dutschke strebte in Kreuzberg eine Art von Arbeiter-Universität an, in der FU-Studenten und Jungarbeiter zusammen leben, voneinander lernen und gemeinsam kämpfen sollten. Durch die Gründung einer revolutionären pädagogischen Anstalt hoffte er der Einheit von Theorie und Praxis näher zu kommen. (Das im Frühjahr 1968 von Rudi Dutschke und Gaston Salvatore gegründete und weitgehend vom italienischen Verleger Gian Giacomo Feltrenelli finanzierte »Internationale Nachrichten- und Forschungs-Institut« (INFI) war der letzte — sehr reduzierte — Versuch, ein solches Projekt am Rande des SDS zu initiieren, diesmal mit dem Schwerpunkt: antiimperialistischer Kampf.)

165 Die seit Januar 1966 erscheinende verbandsinterne »SDS-Korrespondenz« sollte die Diskussion von aktuellen Projekten intensivieren: »Als so verstandenes Medium der Kommunikation und Meinungsbildung wird die SDS-Korrespondenz nicht periodisch, sondern dann erscheinen, wenn über spezifische Probleme oder eine bestimmte Konzeption... eine ...breite Diskussion notwendig ist.«
Die Überschriften des vorgeschlagenen Schulungsprogramms dokumentieren, daß sich seit damals in den Köpfen der Schulungsleiter von DKP, MS Spartakus, dem heutigen »Sozialistischen Hochschulbund« (SHB) und anderen STAMOKAP-Anhängern erschreckend wenig geändert hat: »1 Sozialwissenschaftliche Grundbegriffe.... 2 Grundstrukturen des Kapitalismus..., 3 Ökonomische Aspekte der Entwicklung der kapitalistischen Gesellschaft..., 4 Politische Aspekte der Entwicklung der kapitalistischen Gesellschaft..., 5 Nachholende ursprüngliche Akkumulation..., 6 Grundstrukturen der internationalen gesellschaftlichen Entwicklung seit dem 2. Weltkrieg..., 7 Gesellschaftliches Bewußtsein und sozialistische Strategie.« Über den letzten Punkt, die Gretchenfrage für die Antiautoritären, fanden sich in diesem Entwurf noch keine näheren Ausführungen.

166 Der Text des Referats ist nicht veröffentlicht worden. Die schriftlich fixierten Stichpunkte wurden Rudi Dutschke entweder bei einer der zahlreichen Hausdurchsuchungen geklaut oder er hat sie selber verschusselt. Selbst die Berliner Delegierten wurden damals durch dieses Referat überrascht. Die meisten von ihnen sahen sich auf der DK nach mehreren Wochen zum ersten Male wieder. Bernd Rabehl beschrieb im Jahre 1970 die Situation in einem Interview so: »Ich war zusammen mit dem Christian Semler in Jugoslawien; wir lebten dort auf einer Datscha und versuchten einen Beitrag zu schreiben für ›Rebellion der Studenten‹, was wir ja damals schon vorbereitet hatten. Und das Wichtigste war eben, daß wir da noch einmal in Ruhe durchdiskutierten, was eigentlich der 2. Juni bedeutete, welche Konsequenzen zu ziehen sind, ob die Theorie stimmt, daß revolutionäre Intelligenz isoliert als Übergangsklasse fähig ist, diese Gesellschaft zu revolutionieren oder nicht, wo wir eigentlich noch einmal die grundlegenden Marxschen Kategorien diskutierten. Rudi hatte ein Bildungserlebnis in Amsterdam: Korschs ›Buch der Abschaffungen‹. Das ist ein Buch, das Korsch nach der Niederlage der Spanischen Revolution zwischen 1938 und 1940 geschrieben hat. Eine Niederschrift dessen, was die Marxisten eigentlich falsch gemacht haben, was eigentlich beseitigt werden muß im Sozialismus und was im Grund von Anfang an Agitationsmaterial für die Sozialisten sein muß, damit sie sich nicht von den Arbeitern und Kleinbürgern isolieren. Was man immer propagieren muß, um die Massenbasis zu erhalten, was man

anders machen will. Daß man also nicht propagieren darf: Sozialismus bedeutet bessere Rationalität der Produktion, bessere Produktivität oder so, sondern daß ganz bestimmte Strukturen zerschlagen werden müssen. Und Rudi sah also da Parallelen zur Chinesischen Kulturrevolution, die von Anfang an Teil der Organisation sein muß, und wollte das dann vermitteln mit seinem Ansatz, auch den Ergebnissen der Psychoanalyse, die er eigentlich jetzt zum ersten Mal richtig versteht und richtig anzuwenden versucht. Die Ansätze der ›Subversiven Aktion‹ und unsere Ansätze, von Rosa Luxemburg her, waren einfach nicht miteinander zu vermitteln. Und er sieht hier über Korsch die Vermittlung. Wir treffen uns in Frankfurt, nachdem wir uns 2 Monate nicht gesehen haben... Christian und ich diskutieren in Jugoslawien genau umgekehrt. Wir waren überrascht über sein Referat, und er ging dann auch ein Zweckbündnis ein mit Krahl. Krahl stand damals schon eigentlich fest in der Tradition der Frankfurter Schule und auch des Habermas-Einflusses und war eben moralisch-anarchistisch, was er immer noch ist, er ist eigentlich ein Moralphilosoph.«

167 Darunter: Bertrand Russell, Jean-Paul Sartre, Ernst Bloch, Helmut Gollwitzer, Herbert Marcuse, Eric J. Hobsbawm, Luchino Visconti, Michelangelo Antonioni, Pier Paolo Pasolini, Giorgio Strehler und das Piccolo Teatro Milano, Hans Werner Henze, Luigi Nono, Alberto Moravia, Lelio Basso, Peter Weiss und ein weiteres halbes Hundert Schriftsteller.

168 Nicht uninteressant dürfte die Aufgabe für Revolutionstheoretiker sein, herauszufinden, inwieweit ein agent provocateur in bestimmten historischen Situationen eine objektiv revolutionäre Funktion erfüllen kann. Im Effekt bleibt es gleichgültig, ob ein Revolutionär seine Angst überwindet oder ob ein agent provocateur handelt, der überhaupt keine Angst zu haben braucht, weil er kein Risiko eingeht, außer dem, daß sein Herrchen sauer wird. Als die Autos brannten, war Urbach high. Ob Kurt Neubauer die objektiv revolutionäre Tat nachträglich billigte, entzieht sich bis heute unserer Kenntnis.

169 Malte J. Rauch und Samuel H. Schirmbeck, beide Mitglieder des SDS Paris, wiesen auf den starken Eindruck hin, den das geschlossene Auftreten des SDS auf dem »Internationalen Vietnam-Kongreß« auf die verschiedenen maoistischen, trotzkistischen u. a. Fraktionen der zersplitterten französischen Linken — jenseits der KPF — gemacht hatte: »Das Bild, das sich jetzt vom SDS in Frankreich zu entwickeln begann, war das einer revolutionären Organisation, die zum ersten Mal nach dem Krieg in Westeuropa über den verbalen Protest hinaus Aktionsmethoden entwickelte, die von der bürgerlichen Gesellschaft als Bedrohung ernst genommen wurden.« Obwohl er es nie war, habe Daniel Cohn-Bendit als Sprecher des SDS gegolten. Bereits am 13. und 19. April gab es in Paris Solidaritätsdemonstrationen für Rudi Dutschke vor der Botschaft der Bundesrepublik Deutschland. Die eigentliche Fanalwirkung — so Rauch und Schirmbeck — sei von dem Spiegel-Titelbild mit dem umgestürzten Bauwagen auf dem Kurfürstendamm und den Studenten mit roten Fahnen ausgegangen: Man muß nicht auf die Arbeiter warten, sondern kann selbst handeln. Vgl. Malte J. Rauch/Samuel H. Schirmbeck, Französische Reaktionen auf die Osterunruhen, in: Oskar Negt/Heinz Grossmann (Hrsg.), Die Auferstehung der Gewalt — Springerblockade und politische Reaktion in der Bundesrepublik, Frankfurt/Main 1968.

170 Z. B. veranstaltete der SDS Hamburg am 7. Mai ein Notstands-Happening: Ca. 40 Genossen stürmten in Phantasieuniformen eines (noch) nicht existierenden »Universitäts-Schutzcorps« (USC) mit Gummiknüppeln bewaffnet zur Mittagszeit die Mensa und befahlen den völlig verstörten Studenten, sich sofort vor dem Haupteingang des Auditorium maximum in Reih und Glied aufzustellen: »Dies ist eine Notstandsübung!« Wer sich wehrte, wurde »festgenommen«. Gleichzeitig wurde eine Reihe von Professoren aus ihren Zimmern heraus für eine »Antibakteriologische Universitäts-Schutztruppe« zwangsverpflichtet« und aufgefordert, ihre Privatwagen zur Evakuierung der anderen Dienstkräfte zur Verfügung zu stellen. Den herbeieilenden Journalisten wurde erklärt, die Übung gelte für den Ernstfall der Verhinderung eines vom SDS

angezettelten Streiks im Rücken der kämpfenden Bundeswehr. Leiter der Übung war der knapp einen Monat vorher untergetauchte und von der Polizei gesuchte SDS-Funktionär Karl-Heinz Roth.

171 Seit Oktober 1965 schwelte am Japanologischen Institut der Freien Universität ein Konflikt zwischen den Studenten und dem wissenschaftlichen Leiter, Prof. Dr. Hans Eckardt, der in seinen Seminaren und Übungen antisemitische Äußerungen von sich gegeben hatte, oft angetrunken war, sich Frauen gegenüber beleidigend verhielt und dessen wissenschaftliche Qualifikation darüber hinaus — auch von eigenen Kollegen — in Frage gestellt wurde. Der Akademische Senat hatte trotz wiederholter Beschwerden keinen Grund für die Einleitung eines Disziplinarverfahrens gesehen. Dieses Durchhalten des Kollegialitätsprinzips um jeden Preis hatte ihm jetzt die erste Institutsbesetzung in der Geschichte der FU eingebracht.

172 Die Vollversammlung des »Otto-Suhr-Instituts« (OSI) beschloß am 13. Juni 1968 die aus dieser Diskussion hervorgegangene neue Satzung. (Das Ordinarienprinzip war schon vorher abstrakt als abgeschafft erklärt worden.) Institutsorgane des OSI sollten sein: die Institutsvollversammlung, der Institutsrat und die Institutsleitung. Der Institutsrat, dem nach dieser Satzung alle wesentlichen Aufgaben zufielen, sollte drittelparitätisch besetzt werden mit 1. Lehrstuhlinhabern, 2. Studenten und 3. Assistenten, Dozenten und Personal (im Verhältnis 3:2:1). Nachdem der Akademische Senat die Satzung zweimal abgelehnt hatte, ermöglichte das Abgeordnetenhaus von Berlin schließlich am 10. September 1968 über die Köpfe des Akademischen Senats hinweg die Erprobung der Satzung durch ein »Vorschaltgesetz«.
Udo Knapp und Eike Schweichel, damals zwei SDS-Aktivisten am OSI, die der Satzung nicht zugestimmt hatten, plädierten im August 1968 in der neuen kritik für die Satzung, die notwendig Kompromißcharakter hätte haben müssen: »Dennoch ist sie ein Erfolg studentischer Hochschulreformbemühungen. Diese Reform demokratisiert formal die Entscheidungsstruktur am Otto-Suhr-Institut.« Andererseits werde die Praxis mit dieser Satzung die Grenzen der Reform und die Unmöglichkeit einer wirklichen Demokratisierung des Arbeitsplatzes Universität ohne gleichzeitige Demokratisierung der Gesellschaft unter Beweis stellen. Wichtiger als die Satzung sei die neue kollektive Arbeitsweise, die im Streik entstanden sei. Durch das neue politische Bewußtsein der Studenten und die durch die Satzung abgesicherten Freiräume könne tendenziell die Trennung von politischer Arbeit und Studium überwunden werden. Hier zeigte sich bereits eine gefährliche Entwicklung innerhalb des SDS: In Hochschulresolutionen der Delegiertenkonferenzen und in Publikationen des Verbandes gab es zwar theoretische Einschätzungen funktionalistischer Tendenzen der Hochschulreform. Was aber in West-Berlin die Koalition von Studenten und Parteien des Abgeordnetenhauses gegen die Ordinarien konkret bedeutete, wurde nicht einmal angesprochen. Statt dessen flüchtete man sich in Spekulationen über den subjektiven Faktor und begriff nicht, daß die Sozialdemokratie, die 1948 zwar die FU wesentlich mitgegründet hatte, jedoch erst 20 Jahre später eine Hochschulkonzeption entwickelte, sich jetzt formierte und an der FU die Macht übernahm.

173 Die Tonbandaufzeichnung der Diskussion wurde publiziert und ist nachzulesen: Herbert Marcuse, Das Ende der Utopie, Herbert Marcuse diskutiert mit Studenten und Professoren West-Berlins an der Freien Universität Berlin über Möglichkeiten und Chancen einer politischen Opposition in den Metropolen im Zusammenhang mit den Befreiungsbewegungen in den Ländern der Dritten Welt, Berlin 1967.
An den Diskussionen über die Referate von Herbert Marcuse »Das Ende der Utopie« und »Das Problem der Gewalt in der Opposition« beteiligten sich u. a. Margherita von Brentano, Dieter Claessens, Rudi Dutschke, Peter Furth, Wolfgang Lefèvre, Richard Löwenthal, Alexander Schwan und Jacob Taubes. An der Podiumsdiskussion »Vietnam — Die Dritte Welt und die Opposition der Metropolen« beteiligten sich u. a. Rudi Dutschke, Peter Gäng, Herbert Marcuse, René Mayorga, Klaus Meschkat und Bahman Nirumand.

174 Zwar geht Reimut Reiche hier auf ganz konkrete Erfahrungen ein. Sein Begriff vom autoritären Staat, den Max Horkheimer im Frühjahr 1940 zur Analyse des Hitler-Staates entwickelt hatte, traf jedoch nicht die Berliner Verhältnisse. Sicher ist auch falsch, daß er das Berlin-Syndrom auf die Bundesrepublik übertrug. Wenn man den Begriffsapparat jedoch einmal beiseite läßt, bleibt, daß Reiche die Studenten davor warnte, die politischen und existentiell möglichen Konsequenzen eines offensiven Widerstandes innerhalb einer polarisierten nachfaschistischen Gesellschaft zu bagatellisieren, ein Vorwurf, den Jürgen Habermas gegen den SDS zu erheben pflegte.

175 Zwar erschien noch im selben Jahr in der Europäischen Verlagsanstalt ein Band, in dem Oskar Negt, Arnhelm Neusüss, Reimut Reiche, Klaus Dörner, Claus Offe und Herbert Lederer und eine Reihe weiterer alter SDS-Genossen arbeitsteilig auf die verschiedenen Vorwürfe von Habermas antworteten. Jedoch fanden — gemessen an sonstigen inhaltlichen Diskussionen im SDS — nur noch defensive Abwiegelung und Beklagen eines angeblich unsolidarischen Verhaltens von Jürgen Habermas statt. Intellektuelle Redlichkeit und Freude am Streit schienen den Bach runter. Meschkat unterstellte Habermas z. B., seine Thesen seien nur die Retourkutsche auf die banalen Formen der mißglückten Universitätsbesetzung im Mai 1968 in Frankfurt. Reimut Reiche warf Habermas vor, dieser könne nicht begreifen, daß die neue Sensibilität der studentischen Bewegung Ausdruck eines schon vorhandenen neuen Realitätsprinzips sei. Oskar Negt nahm Habermas zwar persönlich in Schutz und gestand ihm auch zu, daß die Auflösungserscheinungen im SDS den Eindruck einer inneren Zersetzung erweckten, bestand jedoch auf der These, daß diese Zerfallserscheinungen notwendige Voraussetzungen für eine neue Qualität der Organisation seien. Vgl.: Die Linke antwortet Jürgen Habermas, Frankfurt/Main 1968.

176 Es entbehrt nicht einer gewissen Komik, daß bei allen Beteiligten offenes Geheimnis war, was der Hausbesitzer von der Universitätsverwaltung verlangt hatte: den früheren Zustand der Räumlichkeiten so schnell wie möglich wiederherzustellen. Die Autoritäten der Kritischen Theorie, die auch nicht vor der Analyse der »Authoritarian Personality« zurückgeschreckt waren, hatten nach ihrer Rückkehr aus dem amerikanischen Exil Anfang der 50er Jahre die schon fast liebenswerte Naivität besessen, sich in die Höhle des Löwen einzumieten: Eigentümer des Gebäudes des Soziologischen Seminars in der Myliusstraße war die — nach Hitlers Machtergreifung »entjudete« — Frankfurter Ärztekammer.

177 Für den Band II von »Die Linke im Rechtsstaat« haben wir eine Analyse der Zersetzung des SDS und der Herausbildung der maoistischen und trotzkistischen Aufbauorganisationen, aber auch der Desperadogruppen vorgesehen.

178 Dabei kam es fast überall zu der absurden Szene, daß RCDS und Junge Union zusammen mit SDS, RC und SHB demonstrierten, wobei es natürlich zu zahlreichen Schlägereien kam. Die Stimmung im SDS gibt eine Antwort Christian Semlers auf Zwischenrufe des RCDS auf einem teach-in in der TU wieder: »Genossinnen und Genossen, ich möchte vorschlagen, daß sich diejenigen, die hier dauernd Zwischenrufe machen und sich heuchlerisch mit Genossen Dubçek identifizieren, hier darüber erklären, was sie dazu beigetragen haben, daß der sozialistische Kurs der CSSR tatsächlich stabilisiert wird. Im Gegensatz zum SDS und den anderen linken Organisationen, die seit Monaten an der Stabilisierung dieses demokratischen Kurses mitwirken. Diese Heuchler! In Wirklichkeit hüpft ihnen das Herz vor Freude über die Intervention der sowjetischen Armee.«

179 Frank Deppe, Parlamentarismus — Parlamentarische Aktion — Sozialistische Politik, in: neue kritik Nr. 44, November 1967 (Als Referat gehalten auf der XXII. DK des SDS in Frankfurt/Main). Deppe über eine Reihe von Genossen, falls sie das Wort »Organisation« überhaupt nur hörten: »Organisation, d. h. Partei, und damit stehen wir schon wieder bis zum Hals im parlamentarischen Kretinismus.« Dutschkes Organisationsbegriff — so Deppe — sei mehr von einem »diffusen antiorganisatorischen Affekt« bestimmt und nicht durch

kritische Aufarbeitung der Parteiengeschichte. »Wenn er behauptet, daß jede Partei nur die Widersprüche der alten Parteien reproduzieren könnte und daher sinnlos sei..., so versetzt er damit seiner eigenen Prämisse, daß Tradition die schöpferische Weiterentwicklung von historisch Konkret-Gewordenem sei, einen handfesten Fußtritt.« Deppe plädierte dafür, daß die Sozialisten den Wahlkampf und das Parlament als Plattform für linke Politik nutzen sollten. Helmut Schauer unterstützte Deppe in einem mit drei Sternen gezeichneten Beitrag »Der lange Marsch vor der Institution des Parlaments« in der nächsten nk-Nummer: An der »jungen Linken« liege es, »ob die parlamentarische Aktion, Wahlkampf und Arbeit im Parlament, in Inhalt und Form neu bestimmt, zur Unterstützung der ›außerparlamentarischen Opposition‹ wird, sich der Integration entzieht und das System der Herrschaft entschleiert«.

180 Um einiges differenzierter war die Ablehnung des Parlamentarismus durch die Projektgruppe Räte in West-Berlin, die im Vorwort zu der von ihr herausgegebenen Broschüre »Parlamentarismusdebatte« erklärte, die Integration der SPD in die bürgerliche Gesellschaft und ihre Umwandlung in eine Volkspartei sei das historische Resultat einer unbewußten und unreflektierten Teilnahme am Parlamentarismus. Die Projektgruppe ließ offen, ob die bewußte und reflektierte Teilnahme in bestimmten historischen Situationen nicht opportun oder gar notwendig sein könnte. Dies spiegelte sich auch in der Auswahl der Texte wider: Anton Pannekoek, Der Imperialismus und die Aufgaben des Proletariats; ders., Die Entwicklung der Weltrevolution und Didaktik des Kommunismus; Georg Lukács, Zur Organisationsfrage der Intellektuellen; ders., Zur Frage des Parlamentarismus; Paul Friedländer (Pseudonym für Ernst Reuter, im Jahre 1920, als er diesen Artikel schrieb, noch Mitglied der KPD-Zentrale, später SPD-Mitglied und Regierender Bürgermeister in West-Berlin), Die Beteiligung an den Wahlen für das Parlament; Ladislaus Rudas, Revolutionärer Parlamentarismus.

181 »Modell der drei Ebenen und zwei Räte... Unsere Schwächeposition und die faktische Überlegenheit unseres zentralistisch organisierten Gegners auf allen Gebieten macht, wie sich aus der Praxis der revolutionären Bewegung in der 3. Welt und den Metropolen nachweisen läßt, es notwendig, unseren Kampf dezentralisiert zu organisieren, um 1) als Organisation zu überleben und 2) alle Kräfte, die zum faktischen Widerstand bereit sind, zu entfalten und somit den Kampf optimal auszuweiten. Der SDS wird sich auf Grund seines Selbstverständnisses derart organisieren, daß nicht weiterhin durch die Perpetuierung autoritärer Strukturen die Selbstinitiative an der Basis, die Selbstorganisierung der Gruppen, mithin die Revolutionierung der Revolutionäre...« Das hört man jetzt schon seit 10 Jahren. Vgl. die Fortsetzung dieser Organisationsdebatte z. B. in: Info Berliner undogmatischer Gruppen; Norddeutsche Fresse usw., usw.

182 In den kommissarischen Bundesvorstand wurden Michael Baermann (Frankfurt/Main), Jochen Noth (Heidelberg) und Hans-Gerhardt (genannt Joscha) Schmierer (Heidelberg) gewählt. Auf der Hannoveraner DK wurde wiederum ein kommissarischer BV eingesetzt: Eberhard Becker (Heidelberg), Klaus Behnken (Tübingen), Udo Knapp (Berlin), Günther Mangold (Heidelberg) und Reinhard Wolff (Berlin). (Im BV arbeiteten außerdem die Frankfurter Meino Büning, Detlev Claussen und Monika Steffen mit.) Wolfgang Lefèvre führte die Uneinigkeit dieser DK auf die »starke Ungleichzeitigkeit« der SDS-Hochschulgruppen zurück. Während in der Provinz noch theoretisiert würde, praktizierten die »Großstadt-SDSler« schon den Angriff gegen die Polizei. Als niemand mehr irgend jemandem zuhörte und sich die Devise durchsetzte »Brecht dem BV die Gräten, alle Macht den Räten!«, fand es der Berliner Delegierte Bernd Rabehl »einfach irrsinnig«, nach diesem »Zirkus« einen neuen BV zu wählen und reiste demonstrativ vorzeitig ab.

183 Im Jahre 1969 gab es insgesamt 190 000 Jungsozialisten, 1973 rund 250 000. Nach Abzug der Jusos, die die Altersgrenze überschritten haben, verbleibt ein Zuwachs von rund 100 000, ein einmaliger Durchbruch der SPD in der

Bevölkerungsgruppe, die man klassenunspezifisch als Jugend bezeichnet.

184 Auf regional durchaus wichtige Aktivitäten örtlicher SDS-Gruppen während der Zerfallsphase des SDS, z. B. die militanten Demonstrationen in West-Berlin gegen die Verhaftung und das Ausfliegen von sieben Deserteuren der Bundeswehr, darunter Manfred Grashof, Ende Juli/Anfang August 1969, den »Heidelberger Winter« 1968/69 (Kampf gegen die technokratische Hochschulreform, Besetzung der Universität durch die Polizei im Januar 1969 und den Verbotsantrag der baden-württembergischen Landesregierung gegen den Heidelberger SDS) und den nach kurzer Zeit gescheiterten Versuch, im Dezember 1973 den »SDS Hannover« neu zu gründen, kann im Rahmen einer Kleinen Geschichte des Bundesverbandes nicht mehr eingegangen werden. Ereignisse mit überregionaler Bedeutung, wie z. B. die Funktion des »Berliner EXTRA Dienstes«, einer gemeinsamen Gründung der Keulenriege im Mai 1967, die Gegengründung dazu, die »Rote Presse Korrespondenz« (RPK), im Februar 1968, die Berliner Randgruppenkonferenz im Februar 1970, die Ruhrkampagne als Bemühung der Berliner, im Sommer an Rhein und Ruhr Arbeiter zu mobilisieren, der Versuch des letzten kollektiven SDS-Bundesvorstandes, auch noch den VDS zu liquidieren, die kampflose Aufgabe der West-Berliner verfaßten Studentenschaft in einer allgemeinen Räte-Euphorie, die RPK-Konferenz im Dezember 1969 und die Partei-Neugründungen sowie die fast schon kulturrevolutionären Auswirkungen der »antiautoritären Kindererziehung« und des Zentralrats der Kinderläden, das sind Unterkapitel eines anderen Buches über die Zerfallsphase des SDS und das Scheitern der antiautoritären Studentenbewegung. Für die Berliner Situation existiert ein interessanter Überblick von Margareth Kuckuck, Student und Klassenkampf — Studentenbewegung in der BRD seit 1967, Hamburg 1974.

Namenregister

Standort der in diesem Buch zitierten Dokumente: Zentralinstitut für sozialwissenschaftliche Forschung (ZI 6) der Freien Universität Berlin.